让 我 们 一 起 追 寻

〔美〕
海伦娜·罗森布拉特　　著

徐曦白　　译

THE LOST HISTORY OF
LIBERALISM

From Ancient Rome to
the Twenty-first Century

The Lost History of Liberalism：From Ancient Rome to the Twenty-first Century

By Helena Rosenblatt

Copyright ©2018 by Princeton University Press

HELENA ROSENBLATT

自由主义
被遗忘的
历——史

从古罗马到
21 世纪——

社会科学文献出版社
SOCIAL SCIENCES ACADEMIC PRESS (CHINA)

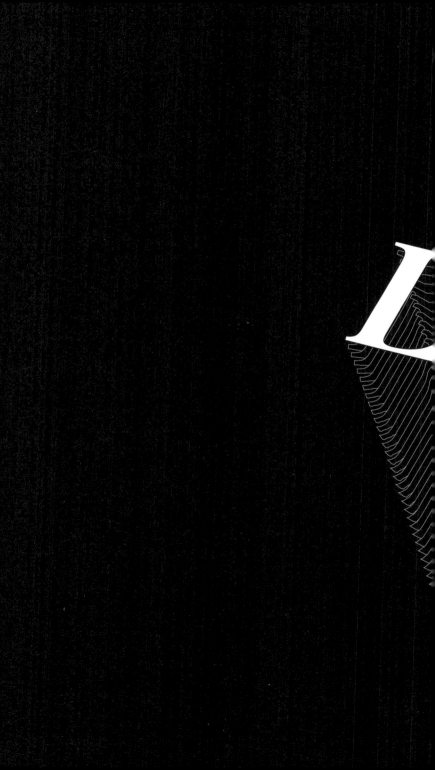

致 马文

目　录

致　谢

　　笔者研习自由主义已有多年，受到众多学者的影响和塑造，　　〔xi〕
在此无法一一列举，不过仍要特别感谢其中几位。梅尔文·里
克特（Melvin Richter）多年前引导我进入概念史的领域，在亨
特学院（Hunter College）期间，他常常利用午餐餐叙时间与我
分享他的渊博知识。我还要诚挚地感谢迈克尔·弗里登
（Michael Freeden）、约恩·莱昂哈德（Jörn Leonhard）和哈维
尔·费尔南德斯·塞巴斯蒂安（Javier Fernández Sebastián），他
们都是概念史领域具有开创性的学者，他们的作品为我提供了
无尽的灵感来源。

　　我要特别感激所有阅读过我的手稿——无论是节选还是完
稿——并向我提出批评和鼓励的朋友，他们包括：大卫·贝尔
（David Bell）、奥雷利安·克莱图（Aurelian Craiutu）、迈克尔·
弗里登、阿兰·卡汉（Alan Kahan）、詹姆斯·密尔（James
Mill）、塞缪尔·摩恩（Samuel Moyn）、哈维尔·费尔南德斯·
塞巴斯蒂安、杰罗德·塞格尔（Jerrold Seigel）、丹尼尔·施坦
梅兹－詹金斯（Daniel Steinmetz-Jenkins）、杰西·普林兹
（Jesse Prinz）和 K. 史蒂文·文森特（K. Steven Vincent）。感
谢主办者邀请我出席菲利普·佩蒂特（Philip Pettit）和梅利
莎·莱恩（Melissa Lane）在普林斯顿大学组织的研讨会、马拉
加大学举办的第 7 届概念史与政治思想研讨会（CONCEPTA），
并在杰夫·霍恩（Jeff Horn）和大卫·特洛扬斯基（David

Troyansky）主持的纽约法国历史研究小组中分享本书的初稿。每次参会都能帮助我厘清并打磨我的想法。

在写作本书的九年中，我很荣幸地担任了研究生中心历史学博士项目的主任一职。没有玛丽莲·韦伯（Marilyn Weber）的协助与合作，我不可能同时做好这两份工作。我对她的感激溢于言表。我还要感谢研究生中心的前任主任威廉·凯利（William Kelly）、现任主任蔡斯·罗宾逊（Chase Robinson）和高等研究项目主任唐纳德·罗博特姆（Donald Robotham）给予我的慷慨协助。对历史学教研室的乔书亚·弗里曼（Joshua Freeman）、达格玛·赫尔佐格（Dagmar Herzog）、托马斯·凯斯纳（Thomas Kessner）和大卫·纳索（David Nasaw）等人的同事之谊，我要表达深深的谢意。研究生中心的大卫·科拉桑托（Davide Colasanto）、妮科尔·法尔曼（Nicole Farman）和尼古拉斯·列维（Nicholas Levi）以及洛桑大学的马蒂·纳林达尔（Mathie Narindal）等才华横溢的研究生帮助我进行了翻译。斯塔法诺·德卢卡（Stefano DeLuca）热心地帮我找到了一些相关的意大利文文献。最后，我要感谢研究生中心图书馆几位非凡的馆员，他们的专业与高效堪称典范。

普林斯顿大学出版社的布里吉塔·冯·莱恩伯格（Brigitta van Rheinberg）很早就开始关注我的研究，这对我来说是一大幸事。她出色地指引我完成了整个写作过程，既礼貌又坚定地促使我找到自己的声音并大声表达出来，对此我感激不尽。我非常感谢她的敏锐、耐心和坚持。同时，也要感谢她的助理阿曼达·皮里（Amanda Peery）和詹尼·沃洛维奇（Jenny Wolowicki），她们既礼貌又富有职业精神，感谢约瑟夫·达姆（Joseph Dahm）的编辑工作。

　　最后，我要向吉姆·米勒（Jim Miller）的帮助、支持和友情表达深深的敬意。在关键时刻，他提供了重要的建议和精神支持。没有他和布里吉塔的指导，本书肯定不会像现在这样精彩。

　　在个人方面，我要感谢我的丈夫始终支持我的写作并提供了不少创见，我的孩子们对我也多有爱护。在写作本书时，我又迎来了两个可爱的孙女纳塔莉（Natalie）和凯洛琳（Caroline），她们是快乐的无尽来源。

绪　论

> 研究一个单词的历史绝不是浪费时间。
>
> ——吕西安·费弗尔（Lucien Febvre），1930 年

"自由主义"（liberalism）是我们的语言中一个无处不在的 〔1〕
基本词语。¹但自由主义也是一个备受争议、引发激烈论战的概
念。一些人认为它是西方文明对人类的馈赠，另一些人则认为
它是西方衰落的原因。批判和捍卫自由主义的著作可谓汗牛充
栋，却鲜有人能在论述中保持中立。批评者认为它带来的恶劣
影响罄竹难书，他们说自由主义破坏了宗教、家庭和人类共同
体，是道德水平松懈和享乐主义的思想，甚至带有种族主义、
性别歧视或帝国主义色彩。捍卫者则当仁不让地认为人类最好
的一面都是拜自由主义所赐——比如我们关于公平、社会正义、
自由和平等的观念。

然而，事实是我们对自由主义的理解相当混乱。人们对这
个名词的用法各不相同，通常是无意识的，有时则是刻意为之。
结果是鸡同鸭讲，完全不可能展开理性讨论。在谈论自由主义
之前，最好先搞清楚我们在讲什么。

在这方面，业已出版的自由主义史对我们裨益甚少。首先，〔2〕
这些研究常常相互矛盾。比如最近出版的一部著作认为自由主

义源于基督教。[2]另一部著作则认为自由主义源于对基督教的**反抗**。[3]其次，自由主义的谱系学将其源头和发展归功于一些大思想家，上榜者却不尽相同。约翰·洛克（John Locke）常常被誉为自由主义的奠基人之一。[4]但也有人将这个殊荣授予霍布斯（Thomas Hobbes）或者马基雅维利；还有人认为应当上溯至柏拉图甚至耶稣基督。有些人把亚当·斯密（Adam Smith）和一些经济学家列入榜单，其他人则不将其列入。应当说明的是，这些早期思想家都不认为自己是自由主义者，也不信奉任何以自由主义为名的理念，因为这个词语和概念当时还不存在。我们对自由主义的理解取决于如何选择并解读这些重要思想家，这也是不言而喻的。从马基雅维利或者霍布斯谈起的通常是自由主义的批判者，而从耶稣基督谈起的往往是自由主义的捍卫者。

在本书中，我无意对自由主义进行批判或者辩护，我旨在查明自由主义的含义并勾勒出其变迁的历史脉络。我会说明当时的人在谈及"自由"和"自由主义"时是什么意思。我会阐明自由主义者如何界定自己以及他们在谈论自由主义时意指何物。这是一段从未被讲述过的历史。

大多数学者承认自由主义的定义是个问题。他们著书开篇就会坦言自由主义是一个难以解释、难以把握的概念。然而奇怪的是，他们中的大多数又会自己给出一个定义，然后建构出一套支持这个定义的历史。我认为这样的论述颠倒了逻辑次序，在本书中，我将厘清我们的思想，并还原真实的历史。除特别标明外，所有翻译都属作者自译。

此外，还有一些谜团和奇事。在现今法国等地的口语中，
[3] 自由主义意味着崇尚"小政府"，而在美国却意味着崇尚"大政府"。当代美国的自由至上主义者（libertarian）声称他们才

是真正的自由主义者。然而，所有这些人又似乎是同一个自由
主义传统的一分子。为何如此？又是如何演变至此？我会一一
作出解释。

因而，从根本上说，笔者要写的是一部自由主义的**词语史**
（*word history*）。[5] 我很肯定，如果不留意词语的实际使用情况，
那么我们讲述的历史将不可避免地大相径庭，甚至相互冲突。
这样的历史将缺乏史实根据，并充斥着各种张冠李戴。

我的研究方法让我获得了一些意外发现。其一是法国在自
由主义的历史中占据的核心地位。不谈法国和历次法国革命，
就无法讲述自由主义的历史。我们也不能忽略这一个事实，在
自由主义的发展历程中，许多最深刻、最有影响力的思想家来
自法国。其二是德国的重要性，德国对自由主义的历史贡献就
算没有被完全忽略，也被大大低估了。事实上，法国在 19 世纪
早期创造了自由主义，德国在半个世纪后重塑了这个概念。直
到 20 世纪初，美国才将自由主义据为己有，也是从那以后，自
由主义才成为美国的政治传统。

读者将会发现，许多如今不那么知名的人物曾为自由主义
作出重要贡献。德意志神学家约翰·萨洛莫·塞姆勒（Johann
Salomo Semler）创立了宗教自由主义。法国贵族夏尔·德·蒙
塔朗贝尔（Charles de Montalembert）很可能是"自由民主"
（liberal democracy）一词的发明人。还有一些关键人物向美国
的《新共和》（*New Republic*）杂志投稿，才将这个概念引入美
国并传播开来。

通常被视为权威经典的自由主义者，比如约翰·洛克和约
翰·斯图尔特·密尔（John Stuart Mill），在我的叙述中确实扮
演了重要角色，但是读者会发现，他们沉浸于他们那个时代的 〔4〕

论战中。他们与法国和德国的思想家保持交流，并受到了后者的启发。他们的作品是直接写给当时的读者的，不是写给我们的；他们讨论的问题是他们那个时代的问题，不是我们这个时代的问题。此外，我还会特别提到一些**无意中**推动了自由主义发展的人物，比如拿破仑一世、拿破仑三世、奥地利首相克莱门斯·冯·梅特涅（Clemens von Metternich），以及不断迫使自由主义者打磨并发展其理念的各式反革命人士。

最后，我将努力讲清一个在我看来被历史遗忘的重要事实。大多数自由主义者在内心深处是道德家。他们的自由主义和我们今天听到的原子式的个人主义风马牛不相及。他们在谈论权利时一定会强调义务。大多数自由主义者相信，人们之所以享有权利是**因为**他们要承担义务，大多数对社会正义的问题也抱有浓厚的兴趣。他们始终不认为可行的人类共同体能够仅仅建立在自利（self-interest）之上。他们不断告诫人们要警惕自私的危害。自由主义者孜孜不倦地倡导慷慨、德行和公民价值。当然，这不代表他们都能以身作则或者完美地实践这些价值。

我还希望能够呈现一点，那就是将自由主义视为主要致力于保护个人权利和个人利益的英美传统，这在自由主义的历史中是一个相当晚近的现象。它是 20 世纪的历次战争，特别是冷战期间对极权主义的恐惧的产物。在此前的几百年中，自由的含义完全不同。那时自由的含义是成为能够给予并且具有公德心的公民，意味着理解公民之间的相互联系并通过自己的行为促进共同利益（the common good）①。

〔5〕 从一开始，自由主义者就对道德改良的必要性抱有近乎痴

---

① The common good 也译作 "共善" 或 "共同善"。中文中多将其作为 "公共利益"（public interest）的同义词。——译者注

迷的态度。他们将其视为一项伦理工程。这种对道德改良的关注有助于解释自由主义者对宗教的持续关注，本书的另一个目的就是重新校正我们的讨论，为这一重要事实提供空间。我将展示宗教思想和争议如何从一开始就驱动围绕自由主义的争论，并如何将人们分化到互相敌视的阵营之中。对自由主义最早的攻击之一就是称其为"宗教政治异端"，这为后来几百年的争论定下了基调。时至今日，自由主义仍然要在无休止的指控面前为自己辩护，这些指控称自由主义是非宗教化和不道德的。

自由主义者自视为道德改良者，这不意味着他们就没有罪过。近期有大量著作揭露了自由主义的阴暗面。学者们揭示了许多自由主义者内心的精英主义、性别主义、种族主义和帝国主义思想。人们不禁要问，一个致力于平等权利的意识形态为何会支持这些邪恶的行径？我当然不否认自由主义有比较丑恶的一面，但是我会将自由主义的思想置于当时的语境中，讲述一段更加微妙和复杂的历史。

本书自然不可能无所不包。尽管我会提到世界各地的自由主义，我的论述重点将是法国、德国、英国和美国。这个选择在一些人看来可能是随意和局限性太强的。当然，其他国家对自由主义的历史也有所贡献，但是我确信自由主义诞生于欧洲，并由此向外扩散。更具体地说，自由主义源于法国大革命，之后无论扩散到哪里，自由主义都与法国的政治发展保持密切联系并深受其影响。

开篇的一章讲述自由主义的史前史。在始于古罗马政治家西塞罗，终于法国贵族拉法耶特侯爵（Marquis de Lafayette）的第一章里，我将解释"自由主义"这个词出现之前，自由（liberal）作为形容词对应慷慨（liberality）这一名词时是什么 〔6〕

意思。"自由"一词的这段上古史很值得了解，因为在此后的数百年中，凡是号称自由主义者的人都会认同这一古老**而具有道德意味**的理想，词典也一直沿用这种对"自由"的传统定义。直到 20 世纪中期，美国哲学家约翰·杜威（John Dewey）仍然坚持认为，自由主义指的是"慷慨和大方，特别是精神和品格上的慷慨和大方"。他说，自由主义与"个人主义的信条"毫不相干。第一章将讲述这个起初指代罗马公民理想品质的单词是如何被基督教化、民主化、社会化并政治化的，以至于到了 18 世纪末，人们已经用它来形容美国宪法了。

接下来，本书的主要部分将聚焦法国与自由主义交织的历史中的四个重要事件，即 1789 年、1830 年、1848 年和 1870 年的革命，以及这几次革命引发的跨大西洋论战。自由主义的故事实际上要从第二章讲起，这一章讲述这个名词的诞生以及围绕自由主义的各种争议。讨论的话题包括自由主义与共和主义、殖民主义、自由放任主义（laissez-faire）和女权主义的关系，这些都是本书后续章节将会展开讨论的话题。其中最重要的话题大概是自由主义与宗教之间的紧张关系，这源于法国大革命的激进政治，本章将会详述。第三章讲述从 1830 年到 1848 年革命前夕自由主义的演进，重点考察社会主义和保守主义等新型政治意识形态的兴起，以及在法国走向另一场大革命的过程中，这些意识形态如何打击了自由主义。第四章讲述的是：自由主义在 1848 年的动乱中似乎失败了，自由主义者是如何应对这种失败的。他们将几乎所有的精力都倾注到家庭、宗教和共济会等制度的建设上，将其视为一项本质上关乎教化和教育的工程。第五章转而讨论自由主义治理的话题，重点是拿破仑三世、亚伯拉罕·林肯（Abraham Lincoln）、威廉·格莱斯顿

[7]

（William Gladstone）和奥托·冯·俾斯麦（Otto von Bismarck），讲述他们的领导如何引发了有关道德、自由主义和民主之间相互关系的新思维。"自由民主"的理念自此诞生。第六章探讨1870 年第四次法国革命及其影响，描述了法兰西第三共和国在建立共和派眼中全世界最自由的教育体系的过程中，与天主教会展开的斗争。第七章讲述一种对社会主义理念较为友好的新自由主义是如何在 19 世纪末期诞生的，以及另一种"古典的"或者"正统的"自由主义是如何针锋相对地被创造出来的；新、旧自由主义哪一种才是"真正"的自由主义的问题引发了一场大论战。结尾的第八章讲述自由主义如何在 20 世纪初进入美国的政治语汇，并逐渐被视为一种美国特有的思想传统，最终与美国的全球霸权纠缠在一起。全世界的决策者现在都在争论：美国的自由主义在国内外事务中到底指的是什么。在后记中，我将尝试回答，我们现在为什么会认为自由主义的核心诉求集中在私人权利和个人选择上。我将讨论 20 世纪中叶自由主义的美国化是如何完全遮蔽了本书中所讲述的历史的，以至于很多人如今已经完全忘记了这段历史。

第一章　自由的含义——从西塞罗到拉法耶特

> 自由：（1）并非出身卑贱的；（2）成为绅士；（3）慷慨、大方、物质丰富的。
>
> ——《约翰逊字典》，1768 年

问问今天的人们什么是自由主义，你会得到各式各样的回答。自由主义是一种思想传统、一种政府形式、一种价值体系、一种态度或者一种心态。然而，不变的一点是：人们公认自由主义的核心议题是保护个人的权利和利益，政府的作用也是保护这些权利和利益。每个人都应当享有最大限度的自由来作出各自的人生选择，并按照自己的意愿加以实践。

然而，聚焦于个人和个人利益实际上是一个相当晚近的现象。就连"自由主义"一词也是 19 世纪初才出现的，在此前的几百年中，自由一词的含义截然不同。在近两千年中，自由意味着展现公民的德行，表现出对共同利益的热忱以及尊重人与人之间相互联系的重要性。

共和时期的起源：一种道德和公民理想

我们可以从古罗马政治家、作家马库斯·图留斯·西塞罗

（Marcus Tullius Cicero，前106 – 前43）讲起。西塞罗是西方思想史中读者最多和被引用最多的作家之一，他雄辩地阐述了自由（liberal）的重要性。这个词源于拉丁文的 *liber*（有"自由"和"慷慨"的双重含义）以及 *liberalis*（"与生而自由的人相称的"）。这两个词的名词形式是 *liberalitas*，即英文的 liberality（"慷慨"）①。

　　这里首要的一点是：在古罗马，自由意味着当事人具有公民身份，不是奴隶，不受主人专断意志的制约，也不屈从于任何人。罗马人认为，只有在法治和共和宪法的情况下，才有可能实现这种自由状态。需要法律和政治上的安排以确保政府致力于共同利益，即 *res publica*②。只有在这种条件下，个人才有希望获得自由。

　　但是对古罗马人而言，一部共和宪法并不足以确保自由；还需要公民践行慷慨，也就是在对待其他公民时需秉持高尚而大方的态度和行为方式。自由的对立面是自私，罗马人称之为"奴隶性"——那是一种只从自己的需要、利益和享乐出发的思维和行为方式。慷慨最宽泛的含义是指合乎伦理并且宽宏的态度，古人认为这对自由社会的团结和平稳运行至关重要。英文中这个词译为 liberality。

　　西塞罗在《论义务》（*On Duties*，前44年）中对慷慨的阐述虽已跨越千年，依然铿锵有力。他写道，慷慨是"人类社会 〔10〕

---

　　① Liberal 作形容词时具有多重词义，由古代的"慷慨"引申为"宽宏"，直到近代演变为"自由"，因此很难用一个中文词语来概括。本章中"慷慨"作形容词时皆指原文中的 liberal 一词，名词形式对应 liberality。Liberal 作名词时根据语境译为"自由派"或"自由主义者"。——译者注

　　② 拉丁文的 *res publica* 既可以指公共利益，也可以指公共事务。作者此处强调的是公共利益的词义。——译者注

的纽带"；自私不仅在道德上可憎，还会摧毁社会；"互助"是人类文明的基础；自由人在道德上有义务慷慨待人；自由的状态意味着在"给予和获得"时必须有利于共同利益。

西塞罗认为，我们不是为了自己而出生的，我们来到这个世界是为了他人，他写道：

> 我们出生不只为了自己……人类是为了人类而出生，为了人类之间能够互相帮助，由此，我们应该遵从自然作为指导者，为公共利益服务，互相尽义务、给予和得到，或用技艺，或用劳动，或尽自己的能力使人们相互更紧密地联系起来。[1]

西塞罗之后一个世纪，另一位著名且影响深远的罗马思想家鲁齐乌斯·安奈乌斯·塞内加（Lucius Annaeus Seneca，约前 4 - 65）在《论恩惠》（*On Benefits*，63）这部长篇著作中详细阐述了慷慨的原则。他详细解释了如何以合乎道德和有利于形成社会纽带的方式给予、接受和返还他人的馈赠、帮助和服务。塞内加和西塞罗都认为，无论是给予者还是接受者都要有慷慨的态度，才能使以交换为基础的体系正常运作，换言之，需要无私、大方和感恩的态度。塞内加借用希腊斯多葛派哲学家克利西波斯（Chryssippus，约前 280 - 前 207）的比喻来形容慷慨的美德：给予、接受和返还恩惠就如同美惠三女神（the Three Graces）① 的绕圈起舞。对西塞罗和塞内加这样的古代思想家来说，慷慨基

---

① 即希腊神话中的卡里忒斯，是代表人生所有美好事物的三位女神，常在诸神的聚会上载歌载舞，是大自然赐予的快乐和多彩生活的人格化。希腊社会建立在给予和回馈的基础上，美惠三女神也是这种价值体系的化身。——译者注

本上就是凝聚世界并使其正常运行的力量。

　　践行慷慨并非易事。西塞罗和塞内加用大量篇幅阐述了给予和获得需要遵循的原则。和人身自由（freedom）① 一样，慷 〔11〕慨也需要正确的推理、道德坚持、自律和自控。慷慨很明显也是一种贵族精神，是人身自由、富有、社会关系优越的人设计出来并约束自己的。在古罗马，也只有他们才有能力给予并接受恩惠。对贵族阶级和统治者而言，慷慨是特别值得褒扬的品质，屡见于古代碑文、官方题词和文献。

　　如果说慷慨是贵族和统治者应有的美德，那么培养他们的博雅教育（liberal arts education）② 也是如此，这种教育需要大量的财富，还需要闲暇时间以供学习。教育的主要目的不在于提供职业培训或者教导学生如何获取财富，而在于培养学生成为态度积极、富有美德的社会成员。博雅教育旨在教导未来的社会领袖如何在公共场合思想恰当、谈吐清晰，使他们能够有效地参与公民生活。公民不是与生俱来的，而是后天养成的。西塞罗常常主张博雅教育应当培养人文精神（humanitas），即对待其他公民时应有的合乎人道的态度。生活在罗马时期的希腊历史学家普鲁塔克（Plutarch，46－120）认为，自由教育能够滋养高贵的灵魂，改善统治者的道德，使他们不受私欲影响并具有公共精神。[2]换言之，这对培养慷慨的情操来说是必不可少的。

————————

①　英语中的 freedom 和 liberty 都译为自由，区别在于 freedom 源于古日耳曼语，主要强调个人的自主、人身自由和免于他人干涉，较少包含源于拉丁文的 liberty 所包含的额外含义。——译者注

②　也译作通识教育，字面意思是自由技艺教育。在现代语境中，一般指文学、哲学、数学、自然科学和社会科学等学科。在古代语境中，指成为贵族所需的"七艺"，即语法、逻辑、修辞、算数、几何、音律和天文，这与中国古代贵族教育体系要求君子掌握的"六艺"不无相似之处。本书将 liberal arts education 译为博雅教育，将 liberal education 译为自由教育。——译者注

中世纪的重新阐述：慷慨的基督教化

古代世界步入中世纪后，古代的慷慨观并未因此亡轶，而是在基督教化后由安波罗修（Saint Ambrose）[3]等天主教早期教父①继续传播。安波罗修特意以西塞罗的《论义务》为范本写了一本书，重新阐述了西塞罗的主要思想和原则。他写道，真正的共同体基于正义和善意，正是慷慨和仁慈将社会凝聚在了一起。[4]

〔12〕

慷慨这一概念因此在中世纪被附加了爱、慈悲，特别是慈善心（charity）等基督教价值。人们认为这些价值不仅对共和政体是必要的，对君主政体也是如此。基督教徒被告知，上帝的悲悯和耶稣的爱都是慷慨的。基督教徒应当通过爱和给予来模仿上帝。从中世纪开始，无论是法语、德语还是英语词典，都将"自由"定义为"乐于给予"者的品质，并将"慷慨"定义为"自由给予或支出的品质"。托马斯·阿奎纳（Thomas Aquinas）等知名的中世纪神学家都通过自己的著作传播了这种观念。[5]

中世纪教会继续将博雅教育视为培养社会领袖的理想教育方案。博雅之艺常常被拿来与"奴仆技艺"（servile arts）或者"工匠技艺"（mechanical arts）作对比，后者主要是满足缝纫、纺织和锻造等人类较低级的需求，前者则有助于培养优秀的智力和品德。博雅教育为年轻人投身公共事业并为国效力打好了基础。和古代世界的情形一样，博雅教育是区分精英和大众的

---

① Early Church Fathers，也译作教父或早期教父，指天主教会早期的宗教作家和宣教师。他们的著作被认定为具有权威性，可以作为教义的指引或例证。——译者注

身份标签。基督教徒无论贫富都被要求践行慷慨，但人们继续认为慷慨对"社会地位崇高"的人来说尤其重要。

文艺复兴时期的博雅

慷慨在文艺复兴时期依旧是一种贵族的，或者说是君主的美德。正如文艺复兴时期的诸多文本所写，贪婪"无疑是卑鄙和邪恶的标志"，而慷慨则是贵族应有的美德。[6]此时的博雅教育范畴逐渐扩大，影响力也与日俱增。意大利人文主义者皮埃罗·保罗·韦尔杰里奥（Pietro Paolo Vergerio，1370 – 1445）推崇西塞罗，他在《论绅士风度和青年的自由教育》（"On the Noble Character and Liberal Studies of Youth"）中重新阐释了许多古典的教育理念。这本书于 1402 年初版，到 1600 年时已再版 40 次，是文艺复兴时期再版和印数最多的教育学著作。韦尔杰里奥解释说，博雅教育将受教者从"没有思想的庸众"中提升出来，[7]为他们未来成为领导者提供了合法性依据和准备。在书籍的陪伴下就不会滋生贪欲，男童可以学到美德、智慧和公民义务。 〔13〕

韦尔杰里奥的论述关注**男性**，这当然不是意外，自由教育自诞生之日起就是为年轻男性而不是女性服务的，它与独立、公共演讲和领导力相关，当时的人很难想象这与妇女有什么关系，对妇女又有什么价值。西班牙人文主义者胡安·路易斯·维夫斯（Juan Luis Vives，1493 – 1540）的《论基督教妇女的教育》（*The Education of a Christian Woman*，1524）是文艺复兴时期女性教育领域**最**重要的著作，被译为英文、荷兰文、法文、德文、西班牙文和意大利文。在书中，维夫斯认为，对妇女的教育应当着重训练她们的家务能力，最重要的是让女性保持贞操。男性"具备各种利国利己的技能"是合情合理的，但只要教会女性"守贞、静默、服从"就足够了。[8]他认为宗教教条对此格外有效。

这并不意味着在文艺复兴时期没有任何女性接受过博雅教育。证据显示，一些贵族妇女的受教育程度颇高，[9]有些甚至曾撰文支持博雅教育。但是对自由女性的偏见在一定程度上解释了为什么在这些罕见的妇女接受博雅教育的案例中，人们通常认为女性受教育反映了其父亲的慷慨，而不是她们自己的慷慨品质。荣耀和声望要归于这位文艺复兴时期的大家长（paterfamilias），因为这表明他有能力负担奢侈的用度，而且不用担心受教育程度过高的女儿嫁不出去。至于受教育的妇女本人则常常成为嘲讽和中伤的对象。常见的责难是高深的教育使女性过于男性化，使她们成为两性关系中的掠食者。就连"自由"一词在形容女性时也令人侧目，因为这种描述通常带有性含义。自由女性成了滥交的代名词。1500年前后的一首叙事诗告诫人们，女人通常"在私下里……是很自由的"[10]，这反映了人们长期以来的偏见，认为女性狡诈、罪恶、淫荡。

然而，对于文艺复兴时代的男童，特别是那些天生就要继承权贵地位的男童来说，慷慨的品质和培养他们的博雅教育都是不可或缺的。荷兰人文主义者、神父和神学家鹿特丹的伊拉斯谟（Erasmus of Rotterdam，1466 – 1536）将这些受过良好教育的男子比作"培育元老官、行政官、修道院长、主教、教皇和皇帝的苗床"[11]。他的两部教育学著作《论基督教君主的教育》（The Education of a Christian Prince，1516）和《论儿童的教育》（The Education of Children，1529）[12]都认为在（富裕的男性）个体的成长中，博雅之艺的重要性仅次于对基督教的虔诚。

[14]

他特别阐明,"慷慨"不仅仅是"馈赠",还是"运用(你的)权力行善"。[13]文艺复兴时期的艺术家依旧用美惠三女神这个古老的比喻来象征慷慨。人文主义博学家莱昂·巴蒂斯塔·阿尔伯蒂(Leon Battista Alberti,1404－1472)引用塞内加来解释这一点:"一位姐妹给予,另一位姐妹接受,第三位姐妹回赠,所有这些都应该在完美的慷慨之举中有所体现。"[14]对阿尔伯蒂和许多文艺复兴时期的思想家来说,慷慨的美德是自由和大方的社会所必需的。[15] 〔15〕

给予的政治

文艺复兴时期的书籍经常劝诫精英要谨慎思考如何获取和处置财富的问题。行为指南类书籍将慷慨列为一种美德,认为它能够克制男人"对金钱的欲望和贪婪"。慷慨也包括在花钱时要"有益而不过度"[16]。慷慨的人用自己的财富支持亲朋好友,帮助那些因身外之因陷入贫困的人,但不会花钱炫富。[17]知晓花钱的原则才能彰显个人价值。[18]

对统治者而言,注重适度花费也被视为一种格外重要的品质。巴尔德萨·卡斯蒂利奥内(Baldassare Castiglione)的《廷臣论》(Book of the Courtier,1528)是这一时期主要的贵族价值手册,这本书提出"美好而智慧的君主……应当乐善好施",上帝会因此奖赏他。[19]不过统治者也被告诫不得铺张浪费。伊拉斯谟告诫君主在花销时要恰当而有节制,特别是绝对不能赏罚倒置。[20]尼科洛·马基雅维利(Niccolò Machiavelli,1469－1527)以其特有的综合了现实主义和理想主义的思想而闻名,他曾警告说,慷慨的君主在花销时不应超出自己的能力,否则会导致资源枯竭,迫使他加税,而这又会压迫人民并激起他们的仇

〔16〕 恨。[21]同样，常被视为现代怀疑主义奠基人的法国作家米歇尔·蒙田（Michel Montaigne，1533－1592）也告诫统治者，在行慷慨之举时要审慎并注重正义，谨防杀鸡取卵（pour the seed out of the bag）。[22]

即使到了17世纪和18世纪，精英和统治者仍被告诫要行慷慨之道，但在给予时不能随意为之。法国政治家、作家尼古拉·法雷（Nicolas Faret，1596－1646）特别区分了慷慨与铺张。君主的慷慨应当始终以理性、审慎和适度为指导，在充分考虑职位、出身、年龄、贫富和名望的情况下，以有序的方式施予"体面人"。最重要的是，君主绝对不能行"危害式慷慨"，也就是绝对不能过度支出而导致财政枯竭。[23]其他手册也表示，需要区分新富阶级的一掷千金和长期以来公认的慷慨美德。1694年的第一版《法兰西学院词典》（*Dictionary of the Académie française*）将"自由"定义为"乐于向有德之人给予的人"，到了第四版又加上了"挥霍之人和慷慨之人有很大区别"。

新教带来的发展

新教的宗教改革改变了慷慨一词原有的天主教含义，这种变化是细微的，至少一开始是这样的。新教的《圣经》传播了一个理念，即慷慨不仅是君主或者贵族的价值，还是一种普世的基督教精神。早期的《圣经》将"慷慨"译为"高尚"或者"合乎君主身份的"，而新的英语和清教版本则剔除了这种与高贵身份的关联，改译为 liberal。在《英王钦定本》（1604～1611）中，这个词出现了几次，每次的含义都是慷慨给予，特别是对穷人的慷慨布施。[24]此外，《箴言》（11：25）（*Proverbs* 11：25）也提到上帝会奖赏慷慨之举："好施舍的，必得丰裕；
〔17〕

滋润人的，必得滋润。"①

1628 年 4 月 15 日，伦敦的白厅举行了一场英王查理一世到场的布道会。这场布道会体现了慷慨的词义重心发生了细微的变化。兼具诗人、律师和牧师身份的约翰·多恩（John Donne，1572 – 1631）在布道会伊始就重申了人们熟知的原则：慷慨是王公贵族和"伟人"们必备的品德；但是他又补充说，即便是芸芸众生、普罗大众也应当践行慷慨。多恩提醒教众"耶稣是慷慨的上帝"，并宣称所有基督教徒都应该慷慨布施，这一点非常重要。他又说，慷慨不只是分享自己的财产，重要的是不断找到"新的慷慨之道"。《以赛亚书》（32）说："慷慨之人行慷慨之事，并常以慷慨自持。"② 因此人们应当"相信慷慨之源"，"接受慷慨之道"，并且"慷慨行之"。多恩告诫教众不要对他人心存恶念，以示慷慨。慷慨不仅是分享财富，还包括分享知识和智慧。多恩呼吁应传播这些思想，甚至要向大众传播。不过他也有所保留，那就是只能对基督教徒行慷慨之举，否则就是"精神上的挥霍"，是一大罪过。[25]

在道德书籍和布道会中无休止地宣扬慷慨，背后的原因当然不是为了对财产进行有效的再分配或者撼动现有的宗教政治

---

① 此处为"和合本"译文。"英王钦定本"原文为：The liberal soul shall be made fat; and he that watereth shall be watered also himself. 亦可参考"思高本"："慈善为怀的人，必得富裕；施惠于人的人，必蒙施惠。""和合本修订版"："慷慨待人，必然丰裕；滋润人的，连自己也得滋润。"——译者注

② 此处为译者自译。"英王钦定本"原文为：But the liberal deviseth liberal things; and by liberal things shall he stand。"和合本"作："高明人却谋高明事，在高明事上，也必永存。""思高本"作："但是贵人策划高贵的事，他常以高贵行事。"可见中文译本在处理这个词时，多是按照本书作者所提到的天主教传统，将其译为"高贵""高明"或"高尚"。——译者注

秩序。无论天主教还是新教，大多数神父或牧师要求信众按照自己的社会地位来给予，不能因此而影响这种地位。《马太福音》（26：11）说"常有穷人和你们同在"①，这通常被解释为贫穷是社会和政治秩序中不可避免的一部分。一本典型的英语礼仪手册写道："智慧的上帝见到平等会给世界带来灾祸，便创造了等级秩序，使有些人贫穷，有些人富裕。"但慷慨传播了善意、仁慈和基督教徒之间的兄弟情谊，成为维系社会的纽带。[26]

因此，在一些重要方面，慷慨在早期的现代欧洲起到了维护现有的社会政治和宗教秩序的作用。正如西塞罗、塞内加和他们的弟子所知的，馈赠礼品是社会的黏合剂。社会的运行和团结正是通过给予和接受"恩惠"实现的，用塞内加的术语来说，这包括各式各样的帮助、荣誉、特权和服务。基督教的慈善和施舍也传播了善意和共同体的观念。此外，展现慷慨也能增强一个人在社会中的尊严和地位。

美国例外论与自由传统

然而，基督教的慷慨观，特别是清教的版本可能而且确实催生了一些具有潜在破坏性的观点。清教布道者约翰·温斯罗普（John Winthrop，1587 – 1649）1630 年到达马萨诸塞湾殖民地时发表的著名的"山巅之城"布道词就是例证。温斯罗普在"阿贝拉"号商船上就宣告，他的清教徒团体正在经历一个特殊时期，这要求他们必须展现出"超常的慷慨"（extraordinary liberality）。他强调，在当时的艰苦条件下，不存在"**过度慷慨**"。**超常的慷慨是唯一的生存希望**。**社群中的所有成员**都必须

---

① 此处为"和合本"译文。——译者注

慷慨地相互对待，要将公共利益置于个人得失之上。这一布道词后来常被用来佐证美国例外论，称美国立国的慷慨原则是全世界的指路明灯。来到美国的殖民者应当"相互承担他人的重担"，并视自己为"因爱而联系在一起的耶稣同行者"。[27]　〔19〕

温斯罗普对超常慷慨的倡导在 17 世纪当然是个异数。更普遍的观念是劝诫人们实践谨慎的、有所区分的、贵族式的慷慨，这对贵族和王权现状构成的威胁较小。在荷兰自然法学者胡果·格劳秀斯（Hugo Grotius，1583 – 1645）眼中，人在天性上是社交和理性的动物。人们有能力慷慨待人，而且在道德上义不容辞地要这样做。从 1534 年到 1699 年，西塞罗的《论义务》发行了 14 个英文版本和数不清的拉丁文版本，成为威斯敏斯特、伊顿以及牛津、剑桥诸多学院的基本教材。1678 年到 1700 年，塞内加的《论恩惠》删节版也得以编纂出版。[28]欧洲各地的精英学校都在教育男童：社会依赖于他们的慷慨——依赖于他们的大方、德行和公民价值。

因此，到 17 世纪中叶，欧洲人将慷慨作为必备的美德，已经有超过两千年的历史了。如果说存在什么自由传统，那就是这个传统。

托马斯·霍布斯和约翰·洛克论慷慨

我们现在常常将托马斯·霍布斯（1588 – 1679）和约翰·洛克（1632 – 1704）视为自由主义的创始人。这很奇怪，因为他们从来没有使用过这个词，而且两人对慷慨有截然不同的看法。

霍布斯彻底反对上文描述的自由传统。他宣称人的本性是暴力和自私的。人类"贫困""污秽""野蛮"，被针对他人的　〔20〕

恐惧所驱动，战争是他们的自然状态。霍布斯断言，人类不可能自我管束或者和平相处，除非有一位强大的领袖"使人们畏服，并指导其行动以谋求共同利益"。只有君主专制掌控的强有力的统一政府，才能避免"每个人对每个人的永恒战争"。[29]霍布斯的论述中没有出现慷慨。

欧洲各地的自然法哲学家、道德家和宗教思想家对霍布斯的观点感到惊骇，指责他是无神论者并且道德败坏。他们通常会搬出西塞罗这一权威，长篇累牍地论证对人性更乐观的看法，并重新申明慷慨对社会起到的现实作用和核心重要性。人们既有能力，同时也义不容辞地要实践慷慨。上帝赋予了人类向他人表达善意的能力。在霍布斯的批评声中，对慷慨之力的信仰不仅存活了下来，甚至更加流行了。

在法国，一群深受詹森主义（Jensenism）影响的天主教道德家形成了与霍布斯颇为相似的观点，并颇具影响力。[30]布莱兹·帕斯卡（Blaise Pascal）、弗朗索瓦·德·拉罗什富科（François de la Rochefoucauld）、皮埃尔·尼可尔（Pierre Nicole）和雅克·埃斯普里（Jacques Esprit）都对人性抱有相当悲观的看法。用帕斯卡的话来说，人是邪恶而卑鄙的生物，永远被自爱（self-love）驱使着。[31]另一位著名的法国道德家皮埃尔·尼可尔也信奉詹森主义，他认为人类对自己的爱"没有限制或度量"，这使人残忍、暴力、不公正。没有君主专制的约束，人类必将陷入互相为敌的永恒战争状态。恐惧和贪婪才是社会的黏合剂。[32]霍布斯和法国詹森派信徒都认为，人们礼貌相[21]待并不是因为人具有践行慷慨的内在能力，而是完全出于自利。

有意思的是，詹森派并不否认慷慨的重要性。他们将慷慨描述为一种虚假但仍旧必要的美德。在他们看来，慷慨和礼貌差不多，是人们隐藏罪恶天性的一种做法。雅克·埃斯普里在1678年的《论人类道德的虚假》（*Falsity of Human Virtues*）中总结了詹森主义的看法，他说大多数人不过是在"**假装**慷慨"。[33]不过值得注意的是，好几位詹森派思想家，特别是尼可尔，最终得出结论，认为即便是这种伪善之举，对人类社会的运行也是必要的；慷慨不一定要真诚才能凝聚社会。

其他哲学家、神学家和作家则反对或者不理会这种悲观人性论及其对罪恶动机和伪善的执念。约翰·洛克就是这样一位哲学家。洛克翻译过几篇尼可尔的论文并突出了正面解读。他写道，"爱与尊重是社会的纽带"，它"对维系社会十分必要"，社会依赖这种"善意的流通"；没有它，社会就"很难凝聚起来"。[34]

洛克在著作中反复提到，人类天生就有能力而且义不容辞地要慷慨待人。在他最具影响力的著作《人类理解论》（*Essay Concerning Human Understanding*，1689）中，洛克驳斥了正统的原罪观和当时流行的认识论理论，提出道德观念不是天生的，而是后天学习获得的；因此，所有人都有能力并且应当学习那些指导人生的道德原则。在《基督教的合理性》（*The Reasonableness of Christianity*，1695）中，洛克强调了基督教徒行善举的重要性。耶稣命令我们："爱我们的敌人，向憎恨我们的人行善，祝福那些诅咒我们的人，为迫害我们的人祈祷；在受伤时耐心而顺从，保持宽仁、慷慨和悲悯。"[35] 〔22〕

这种认为人类具有慷慨待人的能力和义务的观点也是洛克《政府论》（*Two Treatises of Government*，1690）的立论基础。他在书中再次指出，人们对他人负有责任，特别是为保全人类生存而出力的义务。洛克认为不需要君主专制的统治，这主要是因为人们能够合乎伦理地行事。在这一点上，他明确反对霍布斯。处于自然状态的人有能力了解并且遵从道德法则。换句话说，正是因为人们有能力慷慨待人，才有了以高度自治为特点的有限的君主立宪制。

洛克对本书中所讲的自由传统还有不少其他贡献。例如他谈到了教育儿童习得慷慨的重要性。在《教育漫话》（*Some Thoughts Concerning Education*，1693）中，他列举了几种他认为儿童必须要学习的最基本的道德原则：应当教育儿童对他人"仁慈、慷慨、礼貌"；应当"扫除"自私自利，并注入"相反的品格"；儿童应当学会"轻松地舍弃自己的财物并自由地给予朋友"。[36]洛克的学生和朋友，第三代沙夫茨伯里伯爵（Third Earl of Shaftesbury，1671 – 1731）则说，这种教育能够带来"慷慨的秉性和性格、良好的爱好以及高尚的取向"[37]。

苏格兰神学家乔治·特恩布尔（George Turnbull，1698 – 1748）在他那本广为流传的《各学科自由教育之观察》（*Observations on Liberal Education in All Its Branches*，1742）中进一步阐释了这些原则。他解释道，自由教育的目的是训练年轻人成为社会的合 [23] 格成员。因此，必须教会他们"自我掌控"和他笔下的"内心的自由"，也就是克服自私和堕落。需要训练年轻人热爱正确的事物：正义、真理和人类更大的利益。这才是"使思想更人道"和"唤醒慷慨之情"的内涵。[38]

启蒙运动时期的慷慨

今天有不少人认为自由主义源于启蒙运动，但需要重申的是，在 18 世纪，从来没有人谈论过自由主义。这个词和对应的概念还没有被发明出来。慷慨倒是借由全新的传播形式继续得到提倡，获得了前所未有的广泛传播。

　　启蒙运动时期的慷慨仍旧是一种主要与高贵出身和贵族精英相关的美德。约翰逊博士（Dr. Johnson）所著的《约翰逊字典》（*Dr. Johnson's Dictionary of the English Language*）将"自由"定义为"并非出身卑贱"和"成为绅士"。和以前一样，人们广泛认为只有少数人才能获得相应的教育并学到自由人的那种"慷慨而善良的秉性"[39]。约翰·洛克的教育学著作是写给绅士子弟的，他倡导的道德准则也是贵族式的。他为绅士子弟讲授道德，为绅士组织社交俱乐部，并在著作上署名"绅士约翰·洛克"[40]。沙夫茨伯里认为，适合绅士的教育应当培养出社会的天然领袖，他们应当具备"文雅和慷慨的品格"，而不是"粗鄙的性格"。[41]特恩布尔那本广为流传的《各学科自由教育之观察》是写给"贵族和绅士"子弟的。自由教育是为了让"出身良好"的男童养成"真正慷慨并带有男子气概的性情"。[42]

　　18 世纪提倡自由教育的书籍常常会提到绅士和男子气概。当时几乎没有人认为女性的心灵也需要提升。弗朗索瓦·费奈隆（François Fénelon）的《论女子教育》（*On the Education of Girls*，1687）简要概括了这一社会共识。这本书是应生育了九个女儿的博维利耶尔公爵和公爵夫人（Duke and Duchess de Beauvilliers）之邀所写，问世后不久就被译为英文和德文，并在 18 世纪和 19 世纪多次再版，成为当时最流行的教育手册之一。费奈隆写道，女子的教育应当恪守狭窄的范畴，务必"尽可能限制她们的思想"，让她们把精力集中在家务上，也就是"努力持家，取悦丈夫并养育儿女"；绝对不应该为女性提供人文教育，因为这会使她们"分心"。[43]

　　一百年后，即便是亚当·斯密（1723～1790）这样开明的改革者依然认为他那个时代的女童只需要学习对她们而言**有用的课程**，而无须学习"其他东西"。女子所受教育的各个部分都应该培养她们完成命中注定的家务角色："增进她肉体上自然的丰姿，形成她内心的谨慎、谦逊、贞洁及节俭等美德：教以妇道，使她将来不愧为家庭主妇等等。"[44]斯密那个时代的医学理论认为智力劳动有损女性的健康，这种对妇女"天性"的解读强化了传统的女性教育观。[45]

然而，同样是在启蒙运动时期，自由男性的心灵塑造却受到了前所未有的重视。斯密本人就得益于博雅教育，这使他能够进入大学深造并最终成为格拉斯哥大学的道德哲学教授。斯密在那里师从弗兰西斯·哈奇森（Francis Hutcheson，1694 - 1746）学习道德哲学，后者的学说特别强调慷慨的重要性，也就是"对他人行善举"[46]。哈奇森在格拉斯哥大学的教授就职讲座就题为"论人类的社会本性"（"The Natural Fellowship of Mankind"）。他明确驳斥了霍布斯的利己主义哲学观，认为人类与生俱来就具有道德感，这使人们能够视同情、慷慨和仁爱为美德，并促使人们以此为行为准则。他讲道，"我们的心灵文化主要是形成对义务的公正观念"，并时刻牢记共同利益才是最重要的义务。[47]要了解这些义务，哈奇森推荐学生阅读西塞罗、洛克和沙夫茨伯里的著作。

[25]

自由的观念常常与对穷人的傲慢乃至毫不遮掩的鄙视掺杂在一起。当然在法国就是如此。即便到了 18 世纪，慷慨依旧与贵族身份紧密相关。天主教布道者和主教让 - 巴蒂斯特·马西永（Jean-Baptiste Massillon，1663 - 1742）在一篇著名的布道词中解释道，下层阶级缺乏慷慨待人的能力，慷慨、高尚的情操和对受苦之人的同情是贵族的标志。[48]约翰·洛克也有过类似的观察。他说，博雅教育的对象不是"陷于劳作、被窘迫的状况所奴役的普罗大众"。他写道，穷人子弟年满三岁就应该开始工作。[49] 作为英国殖民主义的代言人，洛克也曾撰文支持奴隶制。[50] 直到19世纪，报刊、书籍和字典仍然在传播这些观念，将博雅教育描述为"适合绅士和学者的"，而"工匠行当和手工艺"方面的教育则适合那些注定要从事"奴仆"职业的"下等人"。[51]　　〔26〕

在美国，地位较为稳固的士绅同样倾向于认为普通人生来就思想狭隘顽冥。乔治·华盛顿手下的将领纳瑟内尔·格林（Nathanael Greene，1742 – 1786）就说"大部分人"永远是"狭隘、自私和不自由的"。不能把他们和天性更为高尚的绅士混为一谈。[52] 华盛顿本人就提到过"羊群般的大众"，约翰·亚当斯（John Adams）则称之为"普通人的牧群"。他写道："普通人根本没有学习、修辞和天分的观念。"他们"粗鄙、乡野的脑筋"很容易被带入歧途。

启蒙运动带来的转变

虽然启蒙运动延续了对慷慨的重视，它同时也为这个单词注入了新的用法。慷慨的内涵得到扩展，从某种意义上来说，实现了民主化。现在不仅可以谈论慷慨的个人，还可以谈论慷慨（自由）的**情操**（liberal sentiments）、**理念**和**思维方式**。更多的人能够展现出这些情操、理念和思维方式，比如作家、学者、布道者、官员、受过教育的大众，甚至是整整一代人。

博雅教育仍然被视为培养精英子弟慷慨品格的重要手段，但启蒙运动时期的哲学家们开始认为在其他地方也可以学到如何慷慨。人们在任何社交场所都可以学到慷慨，比如当时非常

[27] 流行的绅士俱乐部、共济会会所、沙龙和艺术展览。[53] 18 世纪伦敦的一所绅士俱乐部就将其宗旨定为"通过自由对话和理性探究共同进步"。俱乐部的成员认为"精神上的慷慨"有利于进步，俱乐部所做的就是在全国范围内传播这种理念。[54] 他们认为通过自由思想和自由交流就能实现慷慨，而且这种慷慨还能促进整个社会的进步。

　　苏格兰史学家威廉·罗伯逊（William Robertson，1721 - 1793）特别热衷于记录慷慨理念的传播。他写道，纵观历史，自由的情操一直在壮大，并在欧洲广为传播。这使欧洲人的举止更绅士、更优雅、更文明。[55] 一位 18 世纪的德国思想家指出，自由的学说与历史上理性、道德和进步的力量是同步的。[56] 很多人认同这一点。乔治·华盛顿对他那个时代"与日俱增的慷慨情操"大加赞赏，确信这"会给人类带来良好的影响"。[57]

　　慷慨促进人类进步的最重要的方式之一是培养宗教宽容。这是一个新的理念。基督教认为惩罚异教徒是一种慈善之举，因为能够在上帝面前挽救他们并且防止社会堕入混乱，这种看法至少可以追溯到圣奥古斯丁（Saint Augustine，354 - 430）。法国的宫廷传教士雅克 - 贝尼涅·博须埃（Jacques-Bénigne Bossuet，1627 - 1704）劝诫国王要慷慨待人并为"人类的利益"作"宏大的构想"，[58] 但他同时又颂扬国王进一步迫害法国新教徒、强迫新教徒改宗、关押并驱逐数十万法国人的做法，
[28] 完全看不到二者之间的矛盾。没有证据显示他和同时代其他人认为慷慨的美德与宗教宽容的理念之间有什么联系。

　　约翰·洛克应当是第一位将这二者联系在一起的学者。他有感于路易十四对法国新教徒的大肆迫害，担心国内新教徒之间的纷争愈演愈烈，于是在《论宗教宽容》（*A Letter Concerning*

Toleration，1685）中将慷慨和宽容的概念结合在一起。洛克提出，宽容不仅是"耶稣基督的福音所赞同的"，还是"真正的教会的主要标志"。这样，洛克就将宗教宽容上升为一种基督教义务。不过，他说仅仅相互宽容还不够。基督教徒受命必须**慷慨**待人。洛克写道："不，我们不能仅仅满足于为伸张正义而采取的狭隘措施……还必须加上仁爱、宽宏**和慷慨**。这是福音书所指示的，是理性所引导的，也是我们与生俱来的社会天性要求于我们的。"[59]至少对他那个时代来说，洛克极大地扩展了慷慨的对象，纳入了所有新教教派，甚至包括异教徒、穆斯林和犹太教徒。不过洛克的慷慨依然有局限；大部分天主教徒和无神论者就不在其中。[60]范围的继续扩大还有待后人完成。

确实，纵观 18 世纪，宗教宽容成为自由的核心价值。信奉新教的非国教徒（Dissenters）①——也就是那些不属于英国圣公会的新教徒——在宗教宽容理念的传播中格外重要。他们在法律上遭遇了各式各样的障碍，于是发起运动，以慷慨的名义要求废除带有限制性的法律。比如非国教徒的牧师塞缪尔·赖特（Samuel Wright，1683 – 1746）在一篇论"自由之物"的布道词中，宣称自由意味着要勇敢面对那些固执偏见之人。慷慨的原则要求所有基督教徒都要支持"世俗与宗教事务中的自由原则"[61]。这样，慷慨不但与宗教宽容联系在一起，还与争取政治和司法改革联系在了一起。

〔29〕

理查德·普列斯（Richard Price，1723 – 1791）是非国教徒团体的领袖之一，也是本杰明·富兰克林（Benjamin Franklin）

---

①　也写作英格兰非国教徒（English Dissenters），指在 17 世纪和 18 世纪脱离当时的国教英格兰圣公会，并创立了独立教会的英格兰新教教徒。——译者注

和托马斯·杰斐逊（Thomas Jefferson）的朋友。他对"自由情操"提出了下列观点："（这种情操）消除了恶意的偏见，使人们在相处时不再感到拘束；使人们能够以同样的满足和愉悦看待邻里、朋友和熟人，无论他们遵从何种礼拜形式或信仰体系。"[62]《牛津英语词典》（*Oxford English Dictionary*）记录，到1772年，"自由"的词义已经转变为："不带偏见、成见或顽固之见；思想开明、宽容。"到17世纪末，越来越多秉持自由理念的绅士开始倡导更加广义的宗教宽容，称其为各国政府应当采纳的最"公正与自由"的政策。[63]

乔治·华盛顿就是这样一位绅士，作为美国总统，他提出并倡导自由的宗教政策，他指的是慷慨和宽容的政策，不仅给予不同的新教教派信仰自由，也给予天主教徒和犹太教徒信仰自由。他在1790年3月15日那封著名的《致美利坚合众国天主教徒的信》（"Letter to the Roman Catholics in the United States of America"）中写道："随着人类更加自由，人们更愿意允许所有言行符合社会合格成员标准的人同等地享有公民政府的保护。我多么希望美国能够成为正义和慷慨方面最领先的国家之一。"[64]几个月后，他又致信纽波特的希伯来教众："美国公民有权称赞自己，因为我们为人类树立了一个广泛和自由的政策典范——这是值得效仿的政策。所有人都享有相同的良心自由①和公民身份带来的豁免权。"[65]不久之后，美国将因自由的宗教法律闻名世界，政教分离也将被视为典型的美国原则。

〔30〕

---

① 良心自由（liberty of conscience 或 freedom of conscience）原意特指人们可以听任自己的良心来选择宗教信仰的自由，后引申为不受他人干涉，选择接受任何观点、思想和价值观的自由，与"思想自由"同义。——译者注

自由主义神学和自由派基督教

启蒙运动对慷慨的历史还有一项重要贡献：它创造了"自由主义神学"（liberal theology）和"自由派基督教"（liberal Christianity）的概念，它们对自由主义的历史影响一直被严重忽视。"自由主义神学"是德意志新教学者约翰·萨洛莫·塞姆勒（1725～1791）创造的，他在1774年第一次使用了这个名词。[66] 塞姆勒的自由主义神学指的是一种开明的、学术化的宗教观点和解读《圣经》的方式，因而适合启蒙时代的自由人。[67] 这是一种没有教条限制并对批判性的探讨持开放态度的神学。塞姆勒对待《圣经》的"自由"态度使他断言：基督教的精华不是教条式的，而是道德上的。

塞姆勒的理念引发了旷日持久的激烈争论，争论的议题是宗教自由主义与正统之间的关系。他的自由主义神学很快在德意志扎根，到18世纪末，已经成为最有影响力的神学流派，其影响力甚至超出了德意志地区。1812年，美国的"一位论派"① 杂志《综合知识与评论》（*General Repository and Review*）盛赞塞姆勒，称他是"最有学识、最开明的"神学家，因为他"为自由的心灵打开了自由驰骋的空间"并倡导"大胆而自由的学说"。[68]

与"自由主义神学"相对的"自由派基督教"的概念可能诞生于美国，推动者是波士顿地区的一个人数不多但十分活跃的新教团体。他们被称为"自由派基督教徒"，有时也被称为"自由党"，最终定名为"一位论派"。他们最知名的倡导者是

---

① "一位论派"（Unitarianism）是一个基督教教派，也称一神论派或唯一神教派；这个教派强调只存在一位唯一的上帝，否认三位一体学说和耶稣基督的神性。——译者注

威廉·埃勒里·钱宁（William Ellery Channing, 1780 – 1842）[69]，
[31] 他的著作被译为外文，在美国以外广泛传播。自由派基督教和
自由主义神学都引发了激烈和持久的争议，这对自由主义的历
史产生了重大影响，在许多人看来也损害了自由主义的声誉。

自由派基督教徒一般是受过教育的富裕绅士。他们认为自
己的宗教适合彬彬有礼、知识渊博、品位高尚、接受过自由教
育的人。这样的人对没有受过教育的人展现出的"糟糕的不自
由"状态十分厌恶，[70]后者极易受到"激情"的蛊惑，脑筋也容
易固执狭隘。自由绅士的宗教是"平静和理性的，是思想与思
索的产物"。[71]它完全是大众化的基督教复兴主义运动中常见的
各种"宗教狂热""充满愤恨的大呼小叫以及惊厥一般的战栗
和躁动"的对立面。[72]

对其倡导者而言，自由派基督教是一种人们急需的新型基督
教，与他们那个时代的启蒙价值更加兼容。它不纠结于人类原罪
的阴暗理论，也不大谈教条和超自然，而是强调道德举止的重要
性以及人类有能力改善自我的信念。令自由派基督教徒自豪的是，
他们对其他新教教派十分宽容，同时也友善、理性。他们的宗教培
养的正是洛克最欣赏的教士之一提倡的"自由而慷慨的性情"[73]。

"慷慨"理念的政治化

并不是所有启蒙运动时期的思想家都认同社会正在慷慨理念
的影响下走向进步。随着经济发展、变革并创造出了前所未有的
财富，一些人开始担忧伴随它而产生的日益严重的不平等、浮华
[32] 和自私。日内瓦哲学家让－雅克·卢梭（Jean-Jacques Rouseau,
1712 – 1788）在18世纪中叶发表了一篇惊世骇俗的论文，驳斥了
博雅教育正在改良社会的观点。他声称博雅教育仅仅是掩盖了社

会严重腐败的实情，[74]这听起来很像之前的詹森派。人们变得更渊博、更礼貌，却丧失了公民价值和对公共利益的热忱。现代人根本达不到西塞罗等人描述的古罗马理想公民的水平。

苏格兰思想家对经济变革的影响格外担忧。亚当·弗格森（Adam Ferguson，1723-1816）深研西塞罗和卢梭，他感到重商主义的价值观正在泛滥，对此十分厌恶。自私正在威胁维系社会的纽带，将苏格兰变成一个"农奴之国"[75]。过分看重商业和财富使人们放弃了公民义务，导致了更著名的苏格兰学者亚当·斯密笔下的"陌生人社会"。

除了卢梭、弗格森和斯密，还有很多启蒙思想家对如何让公民更加关心公共福利有过深入思考。在这些思想家眼中，当时的博雅教育无法实现这个目标。就连约瑟夫·普利斯特里（Joseph Priestley，1733-1804）这样的科学家也批评当时的博雅教育过于注重技术层面，而根本没有什么博雅的内容。他说，有用的博雅教育应当更注重与公民相关的部分。一位苏格兰改革派人士写道，学生应当学习爱国主义；另一位则提出男童应当学习对自由和公共精神的热爱，甚至是对宪法的热忱。亚当·弗格森提醒人们，慷慨不是彬彬有礼或世故圆滑的代名词，而是"将自己视为我们心爱的共同体中的一员的习惯……对我们来说，这个共同体的公共利益才是崇高的追寻目标和行为准则"，真正的自由情操关注的是维护自由的宪法，[76]鼓励的是公民参与。〔33〕

从自由特许状到自由宪法

自中世纪以来，国王和皇帝会向城镇、公司或个人颁发特许状（charter），赋予他们权利或特权。如果人们认为特许的权利十分稳固，并且包含大量的经济权益和自治权，就会将颁发特许状的君主或者这些特许状称为"自由"的。[77]英格兰人告别故土前往新世界时，会携带授权建立殖民地的文书，通常被称为自由特许状。[78]在 18 世纪中期英美关系紧张时，争论的焦点就是英国政府是否有权力更改这些特许状的条款并向殖民地征收新的赋税。美国人坚持认为这种强征违背了特许状，也违背了英国宪法对其的保护。这些特许状不再慷慨，不再基于互惠（reciprocity）原则①，也不再自由。

正是在这种高度政治化的环境中，亚当·斯密出版了他的名著《国民财富的性质和原因的研究》（*An Inquiry into the Nature and Causes of the Wealth of Nations*，1776）②。这部书如今被誉为古典自由主义的奠基之作，内容直指美国问题。斯密本人称其为"对大不列颠整个商业体系……极其激烈的批评"[79]。他不但谴责英格兰的贸易政策，倡导他所谓的"自由（free）进口和自由出口的自由体系"，还用北美的经济来反衬英格兰经济的缺陷。美国体现了遵循自由天性的体系的优点，在农业领域不受限制的投资迅速提升了财富和国力。[80]相比之下，英国以关税、补贴、垄断经营和各种合法手段构建出的复杂而腐朽的体系，只能让富人更富，却使其他国民陷入贫穷。

〔34〕

斯密在《国富论》中使用的"自由"一词，词义接近读者现在熟知的古代词义。那个时代接受过良好教育的绅士都明白这个词的道德意味。在第四篇第九章中，斯密赞同"让每个人**在平等、自由与正义的自由计划下，按照各自的路线，追求各自的利益**"。他的读者马上就会意识到，斯密的"自由计划"

---

① 也译作对等原则。——译者注
② 以下简称《国富论》。——译者注

不仅包含人身自由（freedom），还包括慷慨和互惠。

人们常常忘记，斯密的第一部重要著作是伦理学领域的，这部书可能是他最有影响力的作品。在《道德情操论》（*Theory of Moral Sentiments*，1749）中，斯密写道："不愿意动用自己力所能及的一切方法增进全社会同胞的福利的人，无疑不是一位好公民。"他继续写道："贤明有德之人随时都愿意牺牲自己的个人利益，以成全他所属的那个阶层或团体的公共利益。他也随时愿意牺牲这个阶层或团体的利益，以成全国家或主权者的更大利益，毕竟前者只是后者的一个组成部分。"[81] 此外，斯密还将"慷慨"列为人类最主要的美德之一，并用大量篇幅讨论了感恩和仁爱。[82]

斯密在《国富论》中倡导的自由原则是"合乎公众利益的"，而商业原则符合的却是英国商人和制造业者的"吝啬贪婪"，他们和拥有地权的贵族一起与公共利益为敌。[83] 斯密捍卫自由贸易，因为自由贸易能够增进"最底层人民"的福利，并对"穷苦之人有利"。[84]　〔35〕

美国人把《国富论》解读为对美国脱离英国之举的肯定，这并不令人惊讶。《国富论》出版后不到几个月，大陆会议就决定向所有外国船只开放美国港口，美国要求自由贸易的呼声与日俱增。这个新生国家的生死存亡就系于此。通过与世界各国谈判达成新的自由贸易协定，美国人希望能开启一个繁荣和平的新时代。1776 年 7 月 4 日，大陆会议发布《独立宣言》（"The Declaration of Independence"），宣布美国从大英帝国中独立出来，并陈述了这样做的理由。

美国人主张，政府的权威来自被统治者的同意。组建政府是为了保障人类不可剥夺的权利，当政府破坏这些目的时，人民有权利反抗甚至推翻政府。此外，人人生而平等，拥有生命、自由和追求幸福的权利。很快，新成立的十三个州都通过了各自的成文宪法，这些宪法差不多都基于同一原则：组建政府是为了保护人类不可剥夺的权利。

当然，关注权利和权利保护并不是 1776 年才出现的现象。英国政府本身就承认其颁发的特许状赋予了殖民地一定的权利和特权。主要区别在于：《独立宣言》所述的权利现在被视为自然、平等和有约束力的权利；人们不再将其理解为慷慨的君主赋予的特权，因此君主也不能再剥夺这些权利。

[36]

这种权利观的转变相应地带来了"自由"一词用法上的变化。以前人们用它指代君主对臣民作出的慷慨且热爱自由的让渡，或者贵族精英宽宏和宽容的举止，现在它用来指代人民自主通过立法建立慷慨和自由的政体。

美国——全世界最自由的国度

此后，随着欧洲人逐渐了解美国宪法，出现了一场关于英美两国政府的形式哪一种更自由的争论。美国人常常夸耀自己的宪法是世界上最自由的，各式充满爱国色彩的布道词也传播了这一理念。美国的布道者将基督教、共和主义和自由主义的语言融为一体以传达这一点。在 1780 年一场纪念马萨诸塞州宪法的布道会上，曾在哈佛大学学习并在波士顿任职的公理会牧师塞缪尔·库珀（Samuel Cooper，1725－1783）就提到，美国"如此自由的政府和高明的政治制度"会吸引来自世界各个角落的移民。[85]曾在耶鲁大学受教并担任耶鲁学院院长的公理会牧师埃兹拉·斯泰尔斯（Ezra Stiles，1727－1795）也将美国的共和体系视为人类能够想象到的"最公平、最自由、最完美"的制度。[86]牧师约瑟夫·莱思罗普（Joseph Lathrop，1731－1820）指出，英国的宪政曾经"比欧洲大部分国家的政府形式都要自由"，但是现在美国宪法"更加自由"。[87]这些说法被不断地重复。戴维·拉姆齐（David Ramsay）在1789年出版的《美国革命史》（History of the American Revolution）中总结了美国宪法比欧洲各国宪法更自由的根本原因。他写道："现代欧洲各国政府的自由，很大程度上是王权或者军事领袖妥协、让步或者慷慨给予的结果。只有在美国，理性和自由才同时在宪法的制定中得以体现。"[88]

〔37〕

欧洲人也讨论了哪种政府形式更自由。理查德·普莱斯的结论是美国的制度更自由。他的《对美国革命重要性的观察》（Observation on the Importance of the American Revolution）出版于1784年，并很快被译为法文。他写道，美国的政府比"迄今为止世界任何地方的政府都要自由"[89]。许多欧洲人表示赞同。[90]美国的宪法使美国成为自由之地和全世界最自由的国家。

自由的国家不一定是民主国家。无论从哪个方面衡量，18世纪的美国都不民主。更不用说对当时的大部分人而言，"民主"就是无政府和暴民统治的代名词。不过美国亦不承认世袭特权。因此，它要求**每一位公民**都展现出"真正高尚的慷慨情操和友爱"，这是每个人为"所有人的共同利益"作出的公民承诺。[91]

欧洲人对美国宪法的推崇不代表他们认同美国宪法的各个方面，许多人憎恶奴隶制并在著作中加以谴责。苏格兰法学教授约翰·米勒（John Millar，1735－1801）是亚当·斯密的学生，他在1778年就写道："观察到那些每天高谈阔论政治自由，并将自己的征税权视为人类不可剥夺之权利的人，竟然使大部分

〔38〕 同胞身陷于不仅财产被剥夺，而且几乎所有权利都被剥夺的境地，而且对此毫无顾虑，这实在是不寻常的奇观。财富似乎从未造成如此刻意的局面，使自由主义的论点成为一句戏言，并展示出人类的行为从根本上而言很少会以什么哲学原则为指导。"[92]

在这片英国的前殖民地上，"自由情操"越来越难以兼容对奴隶制的支持。[93]1780 年 3 月 25 日，《宾夕法尼亚邮报》（*Pennsylvania Packet*）刊载了一篇提倡废除奴隶制的文章，作者署名为"一位自由主义者"（A Liberal），这大概是这个词第一次作为名词出现。[94]另一位署名"自由人"（Liberalis）的作者于 1781 年致信《宾夕法尼亚日报》（*Pennsylvania Journal*）："良好的辉格党人应当反思，在欧洲人看来，这些州的公民是多么的言行不一，他们熟知自己的权利，却仍旧对贫苦非裔的遭遇视而不见。"他很自然地宣告："所有人都是自由和平等的。"[95]然而，众所周知，当时的联邦宪法不仅没有废除奴隶制，反而对其加以保护。

此外，反废奴主义者还主张奴隶制与自由原则完全没有冲突。一位反废奴主义者写道，这个国家的自由和立国原则并不排斥奴隶制。今天被誉为保守主义创始人的英国政治家埃德蒙·柏克（Edmund Burke，1729 - 1797）也不认为奴隶制有损美国南方的"自由精神"（spirit of freedom）。相反，他提出正是在美国南方，自由（freedom）才"更加高尚和自由"[96]。

一些人认为自由原则应当适用于女性。约翰·亚当斯出席费城大陆会议时，妻子阿比盖尔给他写过一封著名的信："我想你一定会参与制定新的法典，我希望你在新法典中会想到妇女，在对待她们时能够比你的祖辈更加慷慨友善。不要把无限的权

力交予丈夫。记住，只要有可能，男人总想做暴君。"[97]当她的
丈夫对此不理不睬时，阿比盖尔·亚当斯（Abigail Adams， 〔39〕
1744－1818）致信政论作家默西·奥蒂斯·沃伦（Mercy Otis
Warren，1728－1814），对迄今没有一部"建立在公正和自由原
则之上的法律可以保护我们"，使得"霸道与暴虐之人""伤害
我们却不受惩罚"[98]表达了极大的沮丧。

　　美国自由政府体系的建立确实引发了人们对博雅教育的目
的和受众的重新思考。以出版字典、拼写课本和文摘闻名的诺
亚·韦伯斯特（Noah Webster，1758－1843）希望美国能够建
立全新的公共教育体系，以彰显与欧洲的区别。他引用法国启
蒙思想家孟德斯鸠的话，主张美国的教育体系应当"合乎其政
府原则"。在专制统治下，人们不应接受教育，或者只能接受很
少的教育；在君主统治下，教育要以公民的阶级来划分；但在
共和国里，"（政府）掌握在人民的手里"，知识应当更广泛地
传播，甚至要传播到"贫困的人们"那里。他解释说："当我
谈到知识的传播时，我指的可不仅仅是拼写课本和《新约全
书》。"知识也不仅限于科学。对韦伯斯特来说，极其重要的一
点是："教育体系应当……在美国青年的心灵中注入道德和自由
的原则，并以公正和自由的政府观启发他们。"[99]

　　美国人的教育机会在独立战争后的几年中得到了巨大的扩
展。一些人甚至坚信妇女的教育也应该得到扩展。本杰明·拉
什（Benjamin Rush）是一名军医，也是《独立宣言》的签署人
之一，他在《论女性的教育》（"Thoughts upon Female Education"，
1787）中对许多男性在女性教育方面所持的"不自由"观点表
达了遗憾。他们担心自由教育会使他们的妻子不再专心家务，〔40〕
更难管教。拉什认为这都是错误的想法。更好的教育会使美国

的母亲们成为更好的妻子、伴侣和子女的教育者。美国政府的共和制度要求必须给予美国女性适当的教育。这样，她们才能更好地将政府的原则、理念传授给美国公民。

* * * * * *

我们可以看到，在法国大革命前夜，"自由主义"这个词虽然还没有被发明出来，但劝诫人们践行慷慨（自由）在欧洲已经有数百年历史的传统了。这个词一开始指的是罗马公民的理想品格，包括对自由、慷慨和公民理念的热爱，后来逐渐被基督教化、民主化、政治化，以至于到了 18 世纪，它已经被用来形容美国宪法了。人们声称自由的宪法需要自由的公民——这些人热爱自由、慷慨大方、充满公民理念，并且理解人与人之间的联系以及自己对共同利益所要承担的义务。他们只有通过博雅教育才能学到这种价值观。一些人还坚信这需要一种宽容、理性、对科学和自由探究保持开放态度的自由的基督教。

第二章　法国大革命与自由主义的
起源，1789 ~ 1830

名之辩即实之辩。

——斯塔尔夫人（Madame de Staël），1810 年

1787 年 8 月 3 日，拉法耶特侯爵致信好友乔治·华盛顿，〔41〕
向他报告了喜讯："自由的精神正在这个国家迅速传播，自由的
理念正从王国的一角传到另一角。"[1]拉法耶特曾在美国独立战争
中为华盛顿效力，并对美国宪法推崇备至。他兴奋地向华盛顿
报告，几个世纪以来生活在君主专制压迫下的法国人民，已经
做好准备要建立一套和美国类似的自由主义政府体系了。

拉法耶特写这封信时，正在参加法国国王路易十六的显贵
会议，当时路易十六的财政破产，人民要求改革。会议的目的〔42〕
是就如何化解危机向国王提出建议。当然，拉法耶特不可能想
到一场革命即将爆发，并带来了一套被后人称为"自由主义"
的理念。

我们习惯于自由主义是英美传统的说法，对自由主义诞生
于法国大革命可能会感到惊讶。自由主义这个词是 1811 年前后
才创造出来的，拉法耶特和他的朋友斯塔尔夫人、邦雅曼·贡
斯当（Benjamin Constant）等人第一次赋予了它内涵。

* * * * * *

几百年来，"自由"一词形容的都是统治精英的美好品德，在古罗马时期，指的是共和国的公民，在 18 世纪的法国指的则是贵族。1771 年，巴黎出版的一本词典记录了当时依旧盛行的看法：慷慨是"贵族必备"的品格。[2] 在法国大革命前夜，"自由"一词形容的依旧是统治阶级宽宏和爱国的理想。自由意味着贵族义务（*noblesse oblige*）①，背后是一整套基于世袭特权的等级化社会政治制度。毫无疑问，许多法国贵族认为自己在这个传统意义上是自由的。

然而，在拉法耶特和他的朋友们的努力下，一种与之竞争的新词义开始得到传播。一些人开始用这个词来形容美好的**理念、情操**，甚至是**宪法**。拉法耶特常常称赞他所说的美国的"自由"② 宪法或者"自由制度"，[3] 这也是"自由"一词的政治含义开始流行的原因之一。

[43]

美国宪法的影响力在革命前的几年里越来越大，法国人此时正在争论是否需要政治改革。美国联邦宪法的文本于 1787 年 11 月传到法国，在所谓的"亲英派"（*anglomanes*）和"亲美派"（*américanistes*）之间引发了英美两国宪法孰优孰劣的激烈辩论。这场辩论随着 1789 年革命的爆发和国民议会开始推动改革而日趋激烈。拉法耶特大力倡导美国宪法，他不仅参加了显贵会议和之后的三级会议，还参加了国民议会。他的朋友托马斯·杰斐逊时任美国驻巴黎公使，也在这些议题上提出过建言。

---

① 或称"位高责重"。中世纪的传统社会观认为，贵族有义务为社会承担责任，大意为"地位越高，责任越重"。——译者注

② 原文为 free and liberal，两个词都是自由的意思。——译者注

在他们的圈子里，自由宪法的理念开始传播开来。

国民议会前期改革中最重要的一项改革举措，无疑是由拉法耶特和杰斐逊协助起草的《人权和公民权利宣言》（"The Declaration of the Rights of Man and of the Citizen"）。[①] 《人权宣言》的语言风格酷似美国的《独立宣言》，开篇的两条就阐明：人人生来而且始终都是自由、平等的，政府的目的是保护这些权利。其他条目则规定一切主权归于国民，政府的权力应为所有人服务。还有一条承诺所有法国公民都有权亲自或经由其代表参与法律的制定。这些简明易懂的条目意味着旧制度被废除了。法国似乎正在走向拉法耶特等人期望已久的那种自由制度。

大革命前期相对和平的阶段在大西洋两岸几乎所有地方都引发了热烈反响。在英格兰，辉格党领袖查尔斯·詹姆士·福克斯（Charles James Fox）称这场革命是"世界史上最伟大的事件"。许多持自由理念的英国人表示赞同。法国似乎正在抛弃专制主义并开始采纳和英国相似的自由宪政。一些人致信法国国民议会，盛赞代表们的"自由原则"和他们正在制定的"自由法律"，这些相对新颖和政治化的名词的使用频率越来越高。美国公众的态度总体上是热情的，许多德意志人、西班牙人和意大利人也对法国大革命表示欢迎，并希望他们那里也能进行自由改革。 〔44〕

当然，不是所有人都感到高兴。很快就爆发了一场激烈争论，焦点问题是刚刚通过的改革是不是真正自由的。这场争论造就了政治理论的经典之作——埃德蒙·柏克的《反思法国大革命》（*Reflections on the Revolution in France*）[②]，这本小册子现

---

① 以下简称《人权宣言》。——译者注
② 以下简称《反思》。——译者注

在被誉为保守主义的开山之作。

从本书的角度来看，柏克的文字中最有意思的一点是他拒绝将"自由"一词的解释权让给法国的革命者。他坚称这些革命者是"不自由"（illiberal）的。这种文字游戏在今天看来可能很无聊，但其在整个 19 世纪的力度和持久性都表明了这个话题的重要性。正如斯塔尔夫人所解释的："名之辩即实之辩。"[4]"自由"一词引发的争夺战远远超出了语义学范畴。

激战始于英国。教士、哲学家理查德·普列斯于 1789 年 11 月 4 日发表的布道词点燃了一场争议的大火。我们知道，普列斯是一位宗教上的非国教徒，他一直奔走呼吁废除针对非国教徒的法律歧视。他还是本杰明·富兰克林的朋友，并以支持美国独立战争闻名。这一次，普列斯在一场纪念英格兰 1688 年至 1689 年革命一百周年的活动中，号召英国人学习美国和法国的大革命，对本国的立国原则也实行自由化（liberalize），这很可能是"自由化"一词的来历。[5]

[45]

普列斯的布道词是直接写给英国人民的，他宣称英国人民和法国人民一样都有权利选择自己的领导人，并有权在领导人执政不当时罢免他们，甚至可以依照人民的意愿改变政府形式。在这篇演讲问世后不久，普列斯所在的伦敦革命协会致信法国国民议会代表，表达了友善之意，并表示其成员支持他们"自由和开明的情操"。[6]和普列斯一样，他们希望本国的宪法也能得到自由化。

普列斯的布道词出版后广为流传并引发了激烈争论。著名的辉格党议员埃德蒙·柏克对此十分惊愕。柏克坚定支持以宪政限制王权，反对迫害天主教徒，他和普列斯一样都支持美国独立战争。他肯定也认为自己是一位传统意义上的自由派。然而，在他看来，法国的事情性质完全不同。柏克的理由是，美国人争取的是历史上业已存在的权利，而法国人则在发明新的权利。他还十分担心法国的人民主权（popular sovereignty）和自然权利的理念会跨越英吉利海峡传到英国。他的《反思》一书为贵族统治的正当性作了激烈辩护。他痛斥法国立法者"自以为是的无知"和"野蛮的举止"，并坚称这些人**"不是自由派"**。法国的命运已经落入"猪一般的群众"（swinish multitude）之手。[7]柏克的小册子一出版就成为畅销书，头五周内就售出 1.3 万册，第一年就加印了十一次，并被译为其他文字在欧洲广为传播。　　　　　　　　　　　　　　　　　　　　　　　　　　〔46〕

　　法国到底发生了什么事令柏克如此不安？在普列斯的布道词出版后的几个月中，法国代表通过了一系列改革措施，撼动了法国传统贵族和教会组织的根基。1790 年 6 月 19 日，代表们宣告永久废除世袭贵族制，废除长子继承制，取消一切封建庄园的捐税和什一税，修会圣愿①也不再具有法律效力。

　　即将到来的财政危机促使代表们采取了影响深远的额外措施。1789 年 11 月，他们没收了教会的几乎所有财产，希望通过拍卖来偿还国债。他们许诺，政府将为教士支付薪水。接着，代表们通过了可能是最激进、最有争议的一项措施，也就是所谓的《教士的公民组织法》（"Civil Constitution of the Clergy"）。1790 年 7 月通过的这项措施没有事先征询教皇和法国天主教会领袖的意见，就直接将所有天主教教堂充公，使其隶属于政府。

---

①　即加入天主教修会时所作的宗教誓言，包括神贫、贞洁和服从。批评者指出，很多年轻人在未充分考虑或者在被胁迫的情况下发愿成为修道士或修女，誓言终身有效，无法解除，影响个人自由。1790 年 2 月 13 日通过的法令废除了修会圣愿并解散了全国的各类修会。——译者注

这项法案重新划分了已有的教区边界，并取消了超过三分之一的主教辖区。最令人惊讶的是，法案规定选民可以直接选举所在教区的牧师和主教。当代表们的改革遭遇抵制时，他们的反应是要求所有教士签署对《教士的公民组织法》效忠的誓词，否则就要被迫辞职。最终有超过半数的法国教士拒绝效忠，另有许多天主教信众因同情当地的牧师转而反对大革命。

〔47〕 柏克的《反思》一书无情地谴责了所有这些措施，并将代表们称为试图毁灭宗教的狂热的无神论者。他的遣词造句无意中透露了他的贵族思维。他指责代表们行为粗鄙，有如"肮脏的野蛮人"。代表们显然不知绅士为何物，因此也不可能是自由的。换言之，柏克坚守了"自由"一词与贵族相联系的旧词义，并以此攻击法国国民议会代表，说这些代表只不过是为了个人利益而肆意破坏的野蛮人和叛国者。[8]柏克预测，法国将迎来灾难。

同情法国大革命的英国读者在读过《反思》后反驳了柏克的污蔑和指控。柏克将人民称为"猪一般的群众"，这引发了激烈的回应。[9]历史学家凯瑟琳·麦考利（Catherine Macaulay）批评柏克缺乏他试图捍卫的那些品质，自己就不是自由者。[10]后来以倡导女权闻名的玛丽·沃斯通克拉夫特（Mary Wollstonecraft）则以"自由"一词的新词义，谴责了柏克的贵族偏见和他对自由价值观的拒斥。[11]不过，真正切中要害的是政治哲学家、活动家托马斯·潘恩（Thomas Paine），他在自己的畅销书《人的权利》（*The Rights of Man*）的第一部分中批评道，柏克的贵族倾向使他完全没能看到"个人"与"原则"之间的重要区别。[12]潘恩意识到，重要的问题不再是某个个体或者群体是否自由，而是国家的立国原则是否自由。

　　潘恩的《人的权利》第二部分于 1792 年出版时，法国国民议会已经通过了更多的改革措施。1791 年通过的宪法创立了以一院制议会为基础的有限君主制，将投票权赋予所有年满 25 岁并缴纳过相当于三天薪水的直接税的白人男性。虽然女性没有获得投票权，但新通过的法律将离婚合法化，扩大了女性的继承权，并使女性有可能获得抚养私生子的经济补贴。国民议会还全面改革了赋税体系，通过法律终结了封建制度对经济的阻碍。议会废除了行会制度，取消了内部关税和垄断经营，减少了对进口的限制，在圣多明各发生大起义①后，又废除了殖民地的奴隶制。瑞士作家斯塔尔夫人称赞代表们为法国提供了保障所有人享有公民自由所需的"自由制度"。[13]斯塔尔夫人不仅以此纪念和褒扬了这些改革，还促进了"自由"一词的新词义和这个词的运用。 〔48〕

　　但是自由制度面临强大的敌人，其中最强大的莫过于天主教会和波旁王朝。1791 年春天，教皇庇护六世（Pope Pius Ⅵ）作出了全面声讨法国大革命的决定。在通谕《当此考量》（Quod aliquantum）中，他谴责《人权宣言》和《教士的公民组织法》这两部法律是对教会的恶毒攻击和破坏。三个月后，路易十六（Louis ⅩⅥ）作出了一个相关的决定，同样影响深远。他试图从法国出逃到奥地利，与在那里筹划反革命事宜的贵族流亡分子会合。逃亡前，他留下了谴责当时所有改革的告国民书。国王在穿越国境线前被捕，并被押回巴黎监禁起来。他的逃亡被指控为叛国行为，最终，他于 1793 年被处决。

　　今天的史学家们将随后的那段历史描述为革命的歧途：相

---

　　① 1790 年，法属圣多明各爆发黑奴起义，推翻了法国殖民统治，建立了海地共和国。——译者注

对温和与和平的第一阶段转变为更激进、更暴力的第二阶段。学者们仍旧在争论革命步入歧途的原因，但有一点是毫无争议的：暴力的不断升级以及愤怒的群众对事态不断施加的高压，严重损害了革命的声誉。短短几个月内，法国的旧王朝就被推翻并被共和国取代。国王和王后以叛国罪被审判处决。一场全面战争导致几十万人丧生。在西部，王党分子的起义演变为血腥的内战，导致无数惨剧和双方伤亡。雅各宾派专政对"人民公敌"的"恐怖统治"（the Terror）又把数千人送上了断头台。在批评者眼中，这一阶段不是革命步入歧途，而是革命合乎逻辑的发展结果。"自由原则"带来的只能是混乱。柏克的担忧和预测似乎成真了。

〔49〕

激进的革命者认为天主教会是最强大的敌人，这并不是错误的判断，他们因此掀起了一场铲除基督教的运动。数以千计的教士被迫辞职，他们被囚禁、杀害或者被迫藏匿、流亡。公开的祈祷活动被禁止，可见的基督教标志被移除，教堂、宗教遗迹和宗教形象遭到破坏或者毁坏。城镇、街道和广场被重新命名，去除所有与圣徒、国王、王后或者贵族相关的名称。格里高利历被废止，改用"共和历"；新历法以十天为一周，没有基督教安息日，并以法兰西共和国成立之日而不是耶稣降生之日作为纪元的起点。革命者在各个方面都致力于将基督教仪式改为世俗仪式。巴黎圣母院的大教堂被改名为"理性的圣殿"。反革命理论家约瑟夫·德·迈斯特（Joseph de Maistre）认为革命的自由和激进阶段没有任何区别，在他看来，都是"撒旦式"的，[14]此类谴责在之后的一百多年中都有不少附和者。

贡斯当与斯塔尔夫人的自由原则

随着雅各宾派最重要的领袖马克西米连·罗伯斯庇尔

（Maximilien Robespierre）被推翻并被处决，恐怖统治在 1794 年
夏天画上了句号。一年后，来自瑞士的邦雅曼·贡斯当和斯塔 〔50〕
尔夫人来到巴黎，并很快成为一对令人敬畏的伴侣，这段关系
维持了 17 年之久。针对革命带来的一系列棘手问题，他们构想
并阐释了一套后来被统称为 "自由主义" 的理念。

斯塔尔夫人原名安妮－路易丝－热尔梅娜·内克尔（Anne-
Louise-Germaine Necker），她的父亲雅克·内克尔（Jacques
Necker）是日内瓦著名的银行家，曾在法国君主制的末期担任
路易十六的财政大臣。斯塔尔夫人早熟且才华横溢，她母亲在
巴黎举办的沙龙聚集了城中的知识和政治精英，她在少女时代
就在那里接触了启蒙思想。1794 年遇到贡斯当时，她已经嫁给了
瑞典驻法国大使埃里克·马格努斯·德·斯塔尔－荷尔斯泰因
（Eric Magnus de Staël-Holstein），并在巴黎经营着自己的沙龙，往
来者都是城中的知识和政治精英，比如托马斯·杰斐逊以及和她
儿时就认识的拉法耶特。此时的斯塔尔夫人已经是著作颇丰的作
家和名人，她深谙当时的政治论战，并决心有所作为。

邦雅曼·贡斯当此时还默默无闻。他生于洛桑，父亲是为
荷兰共和国效力的瑞士军官。贡斯当从小就展示出聪明才智，
他先是被送到位于巴伐利亚的埃尔兰根大学学习，后来又到爱
丁堡大学深造。在爱丁堡时，他深入研究了苏格兰的启蒙哲学，
并对宗教研究产生了强烈兴趣。大革命爆发时，他正担任不伦
瑞克－沃尔芬比特尔公爵（Duke of Brunswick-Wolfenbüttel）的
内侍，在那里他以旁观者的身份目睹了事态的发展。贡斯当后
来回忆，在那段早年的激情岁月中，他自称民主派，甚至支持
过罗伯斯庇尔；不过他很快就改变了立场。不管怎样，贡斯当
和斯塔尔都渴望在巴黎的乱局中发挥作用。 〔51〕

贡斯当在 1794 年秋天遇到斯塔尔之后，立刻坠入爱河并对她展开了猛烈追求，斯塔尔最终接受了他的追求，两人开始了一段漫长而激荡的感情。虽然他们的浪漫感情跌宕起伏，他们却在将近 20 年的岁月中维持了长期的学术和政治伙伴关系。关系亲密到有时根本无法区分哪些文字是贡斯当写的，哪些文字是斯塔尔夫人写的。

坠入爱河又满怀抱负的贡斯当于 1795 年春天陪伴斯塔尔夫人来到巴黎，此时，罗伯斯庇尔倒台还不到两个月。巴黎的政治气氛紧张且两极分化，政府夹在右派和左派的极端主义中间：左边是对恐怖统治的终结感到失望并表示绝不妥协的新雅各宾派，他们周围是要求废除私有财产的巴贝夫派；右边则是死忠的王党和筹划推翻政权的愤怒的逃亡分子。贡斯当连续出版了好几本精彩的小册子，一举成名。在这些出版物中，他捍卫了他和斯塔尔眼中革命的核心成果和所谓的"自由原则"（liberal principles），成为第一批使用这个提法的法国作家。[15]

初生牛犊的贡斯当并没有讲明究竟哪种政治理念和制度符合他所说的自由原则。他和斯塔尔夫人也从未使用过"自由主义"一词，这个术语当时还没有被发明出来。他们也只是逐渐发现了一套我们现在称为"自由主义"的准则。不过，有几点很清楚。他们二人都希望能够巩固并保卫革命的主要成果，既要防止反革命，又要防止再度发生恐怖统治。最急迫的问题是，需要恢复法国的和平与稳定，这一点至关重要。最终产生自由主义思想的思辨正是从这里开始的。

〔52〕　　　自由主义被打造出来，是为了保护法国大革命的成果免于各种极端主义势力的侵袭，无论是来自左派、右派还是上层、底层的极端主义。贡斯当和斯塔尔夫人于 1795 年来到巴黎时，

"自由原则"意味着捍卫共和国政府、防止反革命，也意味着支持法治和公民平等、宪政和代表制政府，还有支持各种权利，其中首要的是新闻自由和宗教自由。除此之外，自由原则的含义比较模糊，亦存在争议。

自由派和民主派在当时不是同义词，这一点也很确定。我们今天过于习惯于"自由民主"的提法，以至于很容易将二者混淆。在那个更早的时代，自由主义刚刚诞生，自由和民主的原则常常是相互对立的。当然，以我们今天的词义来看，贡斯当和斯塔尔都不是民主派。恐怖统治只是强化了他们对大部分法国男性（更不要说女性）完全没有准备好行使政治权利的看法。被政治鼓动的群众不断地展现出非理性、无纪律和具有暴力倾向的特征。和1791年的宪法一样，贡斯当与斯塔尔夫人捍卫的1795年宪法也对担任公职和投票权设定了严格的财产资格。用斯塔尔夫人的话来说，他们支持的是"最优秀者组成的政府"，这不能与民主混为一谈。[16]

作为自由派，他们关心的也不仅仅是宪政方面的安排。"自由"的主要含义还是一整套道德和公民价值，比如大方、慷慨、开放和宽容，这些价值在革命的激进阶段几乎完全消失了。起初，一些革命家天真地相信推翻旧制度就能够自发地引发一场道德复兴。[17]他们的理论是，一旦解除了君主、贵族和天主教强加给人们的枷锁，人类就能重新恢复其自然的美好状态。然而，令他们失望的是，后果似乎恰恰相反。革命释放出了恐怖的激情，公众的道德似乎更差了，而不是更好了。

被政治鼓动的穷人并不是唯一的问题所在。斯塔尔夫人哀叹道，她目之所及全都是上流阶级的腐败和自私。[18]她写道："我们需要的是矫正利己主义的办法"，"人的一切道德力量都

〔53〕

聚焦于自己的利益"。[19]寒冬和不断上涨的食品价格使穷人陷入了难以想象的苦难，而向革命军队提供物资或者在教会用地拍卖中投机的人却积累了大量财富，沉迷于炫耀性消费，并公然炫富。1795 年冬天，不少无法养活子女的母亲投入塞纳河自尽，而新贵们却在奢华的晚宴派对上炫耀财富。对斯塔尔夫人来说，自由原则意味着展现出善良、慷慨和同情，失去了这些，法国将万劫不复。

她的小说旨在促进并传播这些必要的美德。贡斯当后来解释说，斯塔尔夫人的书意在培养"绅士、高尚和慷慨的情操"。[20]远在美国的先验论者玛格丽特·富勒（Margaret Fuller）也提到了这些作品积极的道德教化作用。

培养道德就会牵扯宗教，这个观点当时尽人皆知。但是，"自由之友"们在这里遇到了一个严重问题。按照传统，天主教会也在法国教授道德。但是对斯塔尔夫人和邦雅曼·贡斯当这样的自由派来说，教会几个世纪以来一直支持君主专制和基于等级与特权的压迫制度，这使它没有资格再教授道德。不能

[54] 相信教会能够促进共和国的道德复兴。这在一定程度上解释了为什么督政府①会延续铲除基督教的运动，以及当时出现的关于用什么取代天主教来教化法国的争论。

斯塔尔夫人和邦雅曼·贡斯当参与了这些激烈的论战，他们都有开明新教的背景。贡斯当甚至在德意志学习过自由主义神学，并在其影响下开始撰写一本关于宗教的巨著。[21]他们都相信天主教是一种过时的宗教，妨碍了他们的政治原则，其迷信的教条和对人类原罪的强调永远也不可能促进道德上的改良；

---

① 督政府是 1795 年 11 月至 1799 年 10 月期间掌握法国最高权力的政府。——译者注

相反，只会加剧贡斯当所说的"道德萎缩"和"麻木化"。[22]教会使法国人迷信、消极、软弱。斯塔尔夫人在 1798 年写道，不改变宗教，共和国就不可能生存下去。[23]

不出意外，这些理念引来了愤怒的回应。贡斯当和斯塔尔居然捍卫革命，支持督政府，并将自己的原则称为"自由原则"，这令保王派的对手极为震怒。他们二人用原先与基督教和贵族精神联系在一起的术语来攻击教会和贵族。他们拥护的革命处决了一位合法的君主，剥夺了贵族世袭的特权，还没收了天主教会的财产。此外，他们支持的政府还在持续进行一场残酷的铲除基督教的运动，用军队镇压王党的和平示威。[24]在反革命分子和保守派眼中，这些行为怎么也不能算是合乎"自由"的。

事实上，并不是所有的天主教徒都认为他们的宗教无法与自由的政治原则兼容。阿贝·亨利·格雷瓜尔（Abbé Henri Grégoire）等少数天主教领袖就公开坚持宗教能与政治自由兼容。[25]格雷瓜尔来自洛林地区，是坚定的共和主义者，他宣誓执行《教士的公民组织法》，被选为主教，并不辞辛劳地致力于建立一个对革命原则友好的新型宪政天主教会。1792 年，他被选入国民公会，甚至在恐怖统治中也幸存了下来，并在督政府时期进入五百人院。在他主持的报纸《宗教年鉴》（*Annales de la religion*）中，格雷瓜尔盛赞了诞生于革命的政治体系，并认为天主教教义"与自由原则可以达成完美的和谐"。[26]

然而，现实的情况似乎并非如此。格雷瓜尔的宪政教会信众寥寥，而地下的反革命教会却在迅速扩张。不过，格雷瓜尔开启了一段关于天主教与自由原则关系的漫长而激烈的争论。人们问道，有没有可能既做天主教徒，又做自由派呢？宗教和自由主义之间**到底有**怎样的关系？

〔55〕

拿破仑粉墨登场

尽管斯塔尔和贡斯当竭尽所能，他们的理想还是没能实现。督政府没能稳定法国。1799 年，拿破仑·波拿巴发动政变，终结了督政府的这一努力。对反革命和内战的恐惧使包括斯塔尔和贡斯当在内的许多人转而支持拿破仑，希望他能够巩固并保卫自由原则，使革命和平收场。

一开始，形势似乎还不错。政变后的第二天，拿破仑在著名的雾月十九日宣言中承诺将捍卫"保守的、防护性的和自由的理念"[27]。许多人认为这意味着他会致力于恢复和平，保卫革命成果并打击反革命。王党分子也是这样认为的，《法律之友报》（*L'Ami des Loi*）观察到："拿破仑口中的自由理念和贵族口中的自由理念意思完全不同。"[28]

〔56〕

斯塔尔和贡斯当等自由派在全力支持拿破仑时并没有想到他们正在背叛自己的原则。此时的斯塔尔夫人甚至将拿破仑称为"法国最杰出的共和主义者……是所有法国人当中最自由的"[29]。不过，他们很快就大失所望。早在 1801 年，沮丧的拉法耶特就致信托马斯·杰斐逊，表示法国的局势正在迅速恶化，革命早期播撒的"自由的种子"正在被碾碎。[30]邦雅曼·贡斯当于 1799 年成为拿破仑的保民院委员，他后来利用这个职位谴责拿破仑的政策，结果被迅速解职。斯塔尔夫人则把揭露拿破仑"野蛮专制"[31]统治的真相作为自己的使命，并被迫流亡海外。在海外期间，贡斯当一直陪伴在她身边。

拿破仑对自由原则的践踏分为几个方面。他修改法国宪法，将所有实权都掌握在自己手中，又进一步将法国的行政体系集权化，由省长直接对他负责。掌权后，拿破仑立刻宣布天主教

对 "增强良好政府的根基"[32]十分重要，并开始与教皇谈判如何恢复教会。这促成了 1801 年的《教务专约》（ "Concordat" ），通过这一条约，拿破仑将教会转变成了自己日益专制的政权的有力盟友和支持者。

新宪法赋予所有男性投票权，但政府精心控制并暗中操纵选举。拿破仑查禁了巴黎 73 份报纸中的 69 份，剩下的都被整合进政府部门。他取缔政治俱乐部，用间谍和线人来对付反对派。他命令特工跟踪贡斯当和斯塔尔。1802 年，他在殖民地恢复了奴隶制，又在 1803 年至 1804 年修改了离婚法，使女性受到格外的限制。当然，他还发动了数次掠夺和征服战争。〔57〕

拿破仑的宣传机器试图将他塑造为 "自由理念的英雄"，这个称呼随着他的部队行进得到传播。意大利报纸起初报道说，"自由的人们" 热情地迎接法国军人，希望他们能把意大利从政治和教会的压迫中解放出来。然而，随着拿破仑的军队肆意劫掠欧洲的 "解放" 区以及他扶持的领导人越来越暴虐，人民的态度开始发生转变。欧洲各地都开始出现何为真自由派、何为假自由派的论战。一个人能否既是自由派，又是 "拿破仑主义者" 呢？一本意大利词典提醒人们，自由意味着展现出慷慨、仁慈和热爱自由。在政治领域，这意味着支持宪政政府。按照这个定义，拿破仑和他的士卒都 "不是自由派"[33]。

拿破仑对革命的背叛还在继续上演。1804 年，他在教皇和法国各地区主教的见证下自行加冕为皇帝。几年后，他成立了由中央集权政府控制的帝国大学。此后的教学必须倡导对皇帝和他的王朝的忠诚。大学的创校文件中写道，是皇帝和他的王朝保卫了 "宪法中宣告的自由理念"[34]。

事实上，拿破仑建立的是一种新型的威权主义政权，这是

〔58〕对贡斯当和斯塔尔坚信并为之奋斗的信念的讽刺。拿破仑的批评者们意识到他创立的独裁体系中有一些前所未有的新元素，于是发明了新的词语加以描述。贡斯当称其为"篡权"[35]。其他人则称其为"波拿巴主义"[36]，最后又叫"恺撒主义"（Caesarism）[37]。对他们来说，拿破仑政权显然不是自由政权，这也促使贡斯当阐明真正的自由政权是什么样的，这样的政权又应该坚持何种理念。

许多人认为皇帝的经济政策再一次违背了自由原则。街头巷尾都在传他正在考虑恢复垄断和禁令并增加关税和赋税。这一状况促使让－巴蒂斯特·萨伊（Jean-Baptiste Say）这位亚当·斯密最杰出的法国弟子撰写了《论政治经济学》（*Treatise on Political Economy*）一书。他利用亚当·斯密的理念攻击拿破仑的政策，严厉地批评关税和禁令，以此倡导他所说的自由贸易原则，强调将所有国家都视为朋友会带来的好处。[38]此外，和斯密一样，他也表达了对殖民地体系的强烈反对，这种反对不仅基于禁令和关税，也基于对奴隶制的反对，萨伊称其为"暴力的剥削方式"[39]。他写道，这是一种在道德上可憎的制度，它既使主人堕落，也使奴隶堕落。奴隶制无法给任何人带来什么经济效益，却对人民构成了不正义的赋税。1803 年出版的《论政治经济学》成了畅销书，很快被译为英文，在英格兰和美国的课堂上教授，传播了早期的自由主义政治经济学理念。

不出意料，萨伊的书激怒了拿破仑。他要求萨伊作出修改，否则就查禁此书。萨伊拒绝后，被保民院解职。此前，他和贡斯当同在 1799 年被选入保民院。拿破仑统治结束前萨伊未获准再出版著作。为了驳斥他的观点，皇帝鼓励出版褒扬关税制和
〔59〕殖民体系的著作，比如弗朗索瓦·费里埃（François Ferrier）

1805 年所写的《论政府及其与商业的关系》（*On Government Considered in Its Relations with Commerce*）。这本书公开嘲讽了斯密和萨伊的理念，将其贬低为幼稚的幻想。[40]费里埃借此机会将革命斥为可怕的灾难。[41]他告诉一位友人，法国人就像被宠坏的孩子，对他们必须铁腕治国。[42]这本书多次再版，进一步强化了人们对关税、殖民体系与威权统治紧密相关的认识。对读者而言，自由的政治和自由的贸易政策才是相辅相成的。

　　拿破仑对自由政治的背叛还体现在他操纵和诱骗民众的方式上。自由派认为拿破仑人为制造出来的支持度进一步证明了群众的不成熟、不理性和易于受骗。这证明了法国的道德败坏，皇帝从中受益，又反过来加剧了这种败坏。贡斯当写道，拿破仑"毁掉了道德"。他用荣誉、特权和物质奖励来贿赂他人，用军事胜利来转移人们的视线。在拿破仑的这种专制统治下，人们"堕入了自私的深渊"，变得更加封闭，只关心自己的个人利益和享乐，结果是道德和政治上的冷漠，慷慨的理念"从此枯竭"。[43]

　　拿破仑利用宗教支持自己的做法特别令人侧目。几乎所有的法国主教都参加了拿破仑的加冕典礼并支持他的政权。天主教会和拿破仑政权结盟的顶峰是 1806 年的"帝国理教问答"（Imperial Catechism），它声称拿破仑皇帝是"上帝的受膏者"，如果有人顽抗"上帝亲手建立"的政治秩序，就会"遭受永恒的天谴"。[44]

　　自由派并没有放弃取代天主教的希望。在某些方面，这种愿望更强烈了。革命已经极大地打击了法国教会，因此，一些人嗅到了机会。他们说，法国需要的不是天主教，而是能培养一位好公民必备的精神和品性的开明宗教。但是，是哪一种宗〔60〕

教呢？贡斯当和斯塔尔夫人倾向于自由派新教，这种想法有不少支持者。1803 年，声名卓著的法兰西学会举办了一场论文大赛，题目是评价新教改革的长远影响。此时，拿破仑刚刚与教廷签署协定，对参赛者来说，这正是评价该协定的机会。不出意外，获得第一名的论文倡导自由派新教，并对天主教带来的危害作出了警告。

论文的作者是斯塔尔夫人的朋友夏尔·德·维勒斯（Charles de Villers）。他生于法国的天主教家庭，在大革命期间移居德意志。维勒斯在著名的圣经研究中心哥廷根大学接受了最先进的德意志宗教理念，这一次他将这些理念传达给了法国读者，其中一些理念可以追溯到约翰·萨洛莫·塞姆勒，我们在上一章提到过，他在 1774 年创造了"自由主义神学"的概念。

维勒斯的论文提出了一个根本性的问题：自由的政治原则能否在没有自由的宗教原则的支持下存活下来？作者的答案是否定的。他告诫人们留意天主教与国家结盟带来的危害。他写道，法国需要的不是鼓励迷信、反智和盲目崇拜权威的倒退的宗教，而是"新教的自由理念"。只有新教才会鼓励作为公民所必需的批判性思维和对自由的热爱。维勒斯认为，自由派新教鼓励的价值观认同并支持自由的道德和政治原则。[45]维勒斯的论文在 1804 年出版后再版过三次。约翰·斯图尔特·密尔的父亲詹姆斯·密尔（James Mill）非常欣赏这篇论文，以至于他在 1805 年将其译为英文并撰写了一篇盛赞它的前言。

[61] 不知道当时有多少人相信法国能够改信自由派新教；不管怎样，历史终究没有那样发展。将自由派新教奉为国教的提议直达王庭，但被皇帝否决。令许多人极度失望的是，情况正相

反，在反革命宣传家路易·德·博纳尔德（Louis de Bonald）和约瑟夫·德·迈斯特等人的鼓动下，出现了一场天主教的复兴。这些多产的作家掀起了一场诋毁中伤自由原则倡导者的运动，鼓吹对既定秩序的服从。像阿贝·格雷瓜尔这样的天主教徒为此进退两难。这也强化了许多人的认识，即天主教和自由政府的原则是不相容的。

自由党与自由主义的诞生

正当拿破仑不自由的国内政策迫使法国的自由派发展并提炼自己的理念时，他发动的战争也引发了第一波自由党的诞生。[46]瑞典国王古斯塔夫四世·阿道夫（Gustav Ⅳ Adolph）是君主专制的支持者，坚决反对法国大革命，他于 1805 年对法国宣战。虽然在战场上取得了胜利，但在随后与法国的盟友俄罗斯和丹麦的战争中，瑞典丧失了大片国土。部分对国王不满的高级官员在 1809 年发动宫廷政变废黜了国王。在这前后，出现了一个自称"自由党"（the liberal party）的群体。我们对它的成员组成知之甚少，只知道他们都深受法国大革命的理念影响，并倡导法律面前人人平等、宪政和代表制政府、新闻自由、良心自由和贸易自由等原则。他们被称为"自由的一边"或者就叫"自由派"。〔62〕

西班牙的自由党则是在拿破仑的军队 1808 年入侵西班牙、废黜西班牙国王费尔南多并拥立拿破仑的长兄约瑟夫登基后不久出现的。西班牙人民迅速发动起义并在加的斯成立政府。1810 年，议会（Cortes）中的一部分议员开始自称为"自由派"（Liberales），并将对手称为"奴仆派"（Serviles），这个词取自拉丁文的 servi，意为"奴隶"。西班牙自由派和瑞典自由派一样，都倡导法律面前人人平等、宪政、代表制政府的原则。斯塔尔夫人愉快地写道："自由的脉动正在席卷西欧。"[47]

西班牙的新宪法不仅在欧洲引发了大讨论，也在西属美洲①引发了讨论。新宪法鼓励了那里的独立运动，这些运动基于当地人对自由原则应当如何化为实践的理解。[48]甚至印度和菲律宾都有对西班牙宪法的讨论。[49]从某些方面来看，这部宪法在当时是十分激进的。它将投票权赋予"除非裔以外的所有人，无论其学历或财产状况如何"，建立了一套比英国、美国和法国更民主的制度。[50]然而，有意思的是，西班牙的自由派和其他地方的自由派不同，他们并不倡导宗教自由。宪法第十二条明确规定："西班牙国家的宗教现在而且永远都是那个唯一的、正确的、使徒式的罗马天主教。国家以明智和公正的法律保护天主教，并禁止信仰其他宗教。"

〔63〕西班牙自由派的梦想很快就破灭了。在与拿破仑谈判后，原来的国王得以复位。在保守派和天主教会的鼓动下，国王宣布议会的行为非法，立法全部无效。他恢复了君主专制以及与之相伴的宗教裁判所。多达 1.2 万名自由派人士入狱或被迫流亡。[51]当局发动了一场污名化自由派的运动，也就是在这前后，人们开始使用"自由主义"一词。

这个单词最早的使用记录显示，它是作为一个侮辱性的词语被发明出来的。19 世纪早期出现了数量异常多的各种"主义"。这些新词最常见的用途是用来指控他人的思想异端，比如重浸派、路德教派或者加尔文教派。[52]"自由主义"一词最早的印刷记录出现在 1813 年自由党诞生后不久的一份西班牙报纸

①　即西班牙在美洲的殖民地。——译者注

上。这份报纸问道："自由主义是什么？"接着就解释说自由主义是一套"建立在无知、荒谬、反社会、反君主、反天主教（理念）"之上的体系。[53]它列举了詹森主义、路德教派、加尔文教派等许多异端教派，并得出自由主义不过是另一种异端的结论。其异端原则的核心是倡导公民平等以及对人民而不是对国王、贵族或者教会负责的宪政政府。

法国波旁王朝的君主路易十八于1814年击败拿破仑，结束流亡回到法国，并承诺将推行所谓的"自由宪法"。[54]鉴于西班牙发生的状况，法国自由派自然对此心存怀疑。路易十八和他的廷臣制定的宪法很快就成为争论焦点。这份被称为《宪章》（Charter）的宪法确立了代表制政府并承认法律面前人人平等和新闻自由、宗教自由等重要的自由原则。然而，其含糊的语言留下了很多没有解决的问题。宪法既没有明确规定国王的权力界限，也没有写明代表大会的作用和宪法保障的个人权利的界限。《宪章》里还存在不少自相矛盾的地方。它承认宗教自由，却将天主教定为国教；它宣告新闻自由，却规定可以立法加以限制。虽然自由派力辩新宪法应当被视为国王与法国国民之间的社会契约，但最终，宪法被定为国王"钦赐"给人民的礼物。这当然意味着《宪章》可以合法地被废除掉。这些因素激发、扩大并加深了对"自由宪法"究竟意为何物的论战，吸引了来自四面八方的评论家。

有关自由宪法的论战在拿破仑从流放地归来再度掌权的"百日王朝"（1815年3月29日至1815年7月8日）期间更加激烈。这位被废黜的皇帝于1815年2月26日从厄尔巴岛的监禁中逃出，带领将近1000名士兵在法国南部的戛纳附近登陆，一路挺进巴黎。在行进中，他喊出了震撼人心的反教权口号：

[64]

"我将把法国人从教士和贵族的奴役中解救出来！让他们抵抗吧。我会把他们吊死在路灯上！"群众则报以"打倒教士！打倒贵族！吊死波旁王室！自由万岁！"的怒吼。更多的士兵加入了拿破仑的部队，到了巴黎市郊，部队已经十分庞大。路易十八望风而逃，拿破仑再度执政。

〔65〕 在拿破仑戏剧性的复位后，一件意想不到的事发生了：他承诺将按照宪政的原则统治，而受邀制定新宪法的不是别人，正是他最坚定、最高调的批评者邦雅曼·贡斯当。虽然几天前贡斯当还在激烈地攻击拿破仑，他还是同意与拿破仑合作。他制定的文件被称为《帝国宪法补充条款》（Additional Act to the Constitutions of the Empire），昵称"邦雅嫚"（Benjamine）① 以纪念其作者。贡斯当在拿破仑这件事上的立场摇摆，让他获得了"不专一的贡斯当"（the Inconstant Constant）② 的外号，他后半生都没能摆脱这一恶名。

自由主义的理论化

不过贡斯当并没有放弃他的自由原则。"邦雅嫚"宪法承诺了更民主的制度和更广泛的自由，最重要的一点是，它不再将天主教规定为国教。贡斯当向他的朋友拉法耶特侯爵介绍这部新宪法时，夸耀说"从没有任何一部宪法比它更自由"[55]。他还专门写了一本名为《适用于所有政府的政治原则》（*Principles of Politics Applicable to All Governments*）③ 的书作为这部宪法的指

---

① Benjamine 是贡斯当名字的阴性格式。——译者注
② 这是一个谐音的讽刺。贡斯当的姓氏 Constant 的本意是"恒定的、专一的"。——译者注
③ 以下简称《政治原则》。——译者注

南。这本书现在被视为自由主义的奠基作之一。

《政治原则》一书展示了贡斯当在经历了不伦瑞克任职、自称民主派并崇拜罗伯斯庇尔的时期后，大部分观点都发生了变化并得到精炼。贡斯当吸取了"恐怖统治"和拿破仑威权主义统治的教训。他已经看到人民主权很容易与独裁结盟。因此，他的主要目标之一是避免基于人民主权的专政政权伪装成自由政权。

《政治原则》的开篇语就明确写道，新宪法正式承认人民主权的原则。不过接下来，贡斯当就主张需要限制这一主权。他写道，无论是以人民、君主之名还是以议会之名行使不受约束的权力，都是非常危险的。这是因为当最高权力不受制约时，〔66〕"就无法保护个人不受政府的侵害"。他罗列了许多必要的中间机构和保障机制，以确保政府无论落入何人之手，都能够有效约束政府权威。其中最主要的是后来被视为最基本的自由权利：思想自由、新闻自由和宗教自由。

贡斯当写道，政府的"**形式**"远没有政府的"**量级**"重要。君主政权和共和政权可能同样是压迫人民的。向**何人**给予政治权威不重要，给予**多少**权威却很重要。政治权力既危险又使人腐败："将（无限权威）集于一人、多人或者所有人"，"你会发现结果是同样邪恶的"。他写道，"法国大革命的所有弊病"都源自革命者对这一基本事实的忽视。[56]这些理念使贡斯当在经典的自由主义思想家中占有重要一席。甚至可以说，他是第一位自由主义理论家。

贡斯当的思想中始终充满道德忧思，他的思想在道德意义上也是"自由"的。《政治原则》一书佐证了他长期以来对自私、虚荣和追求奢华的忧虑。他谈到需要勇气、慷慨和对公共

利益的热忱。他孜孜不倦地提到需要自我牺牲才能维系自由
政权。

贡斯当谈到宗教时也很有说服力。他明确提出了一条他终
生反复强调的观点：自由的政府无法脱离宗教而存活。他说，
宗教是重要的教化力量，能够激发无私的精神、高尚的原则以
及合乎道德的价值观。这些在自由社会中至关重要。最重要的
是选择**哪一种**宗教，以及这种宗教和国家保持何种关系。他解
〔67〕 释说，最终的问题不在于宗教，而在于宗教与权力的联系。宗
教在政治当权者或者宗教当权者的手中都有可能成为压迫人民
的政治工具。这个致命的问题引导贡斯当得出了一条后来成为
自由主义基石的原则：政教分离。他说，宗教和国家是两种迥
异的事物。一部自由的宪法需要保障所有人的宗教自由。

自由主义遭遇反动

贡斯当的宪法还没来得及实行，普鲁士的布吕歇尔元帅和
英国的威灵顿公爵就在滑铁卢战役中击败了拿破仑。联军于
1815 年 7 月 7 日攻入巴黎，路易十八复辟并恢复了旧《宪章》，
这意味着天主教再次被确立为法国的国教。那些在百日王朝中
为拿破仑效力的人纷纷受到惩罚。贡斯当逃到英格兰，直到他
得到保证不会受到惩罚之后才返回法国。

国王复辟后三个月，普鲁士、奥地利和俄罗斯缔结了所谓
的神圣同盟，开启了一段对自由原则来说灾难性的反动时期。
在法国，极端保皇派与天主教会结盟以削弱《宪章》的重要性
并限制其权限。[57]自由派则试图保卫其重要性并扩大其应用范
围。贡斯当作为他所说的"自由党"[58]成员参选，承诺将以"最
广的限度"来扩展《宪章》。[59]

神圣同盟名义上的目的是在欧洲的政治生活中注入基督教价值观。俄国信奉东正教的君主、奥地利信奉天主教的君主和普鲁士信奉新教的君主联手促进国内国际事务中的"正义、友爱与和平"。然而实际上，奥地利外交大臣克莱门斯·冯·梅特涅将同盟打造成了攻击自由主义改革的武器。〔68〕

欧洲各地的王党在对抗自由派时都获得了天主教会的大力支持。在法国，天主教传教士传播的是宗教与政治合一的讯息：基督教徒在启蒙运动中犯下了罪孽，在大革命中受到了惩罚，如果现在发誓效忠教会和国王，就有机会得到救赎。1815 年至 1830 年，仅法国就有超过 15 万次的传教团活动。传教士树立起巨大的十字架，向民众灌输天主教教义并大肆攻击革命。地狱火的布道词声称那些顽抗分子将会受到永恒的折磨。在这类集会中，人们通常会把著名启蒙思想家的作品扔进巨大的篝火中。1816 年，重新成立的西班牙宗教裁判所指责贡斯当的《政治原则》含有颠覆国家和宗教的"不良学说"[60]，这恰恰证明贡斯当对教会与国家勾结的预测是正确的。

这一时期涌现了大批反革命文章和小册子，它们抨击传播自由理念的人。各地的自由派都被指控试图破坏宗教、君主和家庭。他们不仅判断错误，而且本性就是邪恶和罪孽深重的。他们兜售异端，不相信人的义务，也不尊重传统或者社群。在反革命分子的文字中，自由主义成了无神论、暴力和无政府的标志。

题为《词语的滥用》之类的出版物和文章不断攻击自由主义者歪曲了"自由"的词义以欺骗大众。反革命理论家路易·德·博纳尔德写道，以前"自由"形容的是高尚地运用财富的人，然而现在，邪恶之人在错误地使用这个单词欺骗整个国〔69〕

家。[61]复辟时期最早的反动报纸之一《日报》（ *La Quotidienne* ）振振有词地指责自由派误导人民："这段时间很多人在讨论自由理念。这个词是什么意思呢？法兰西学会的《字典》可没有认可这个词；显然，这是一个现代新创的名词，诞生于大革命时期。它产生的年代就让人心生怀疑。"[62]

这种指控迫使自由派奋起为自己辩护，在这个过程中，他们进一步提炼了自由主义的原则，并将这些原则传播给更广的受众。自由派坚称自己是在争取所有人的福祉。他们主张法律面前人人平等、宪政和代表制政府。而他们的政敌则青睐专制统治。教士与君主专制勾结，用迷信确保人民的服从。自由派占据道德高地，反复提醒人们自由一词的拉丁文词源以及自由主义坚持原则、合乎道德并且关注社群的词义。一本典型的小册子写道，政治理念只有在"为所有人的利益服务、为公共利益服务而不是为某个人或者某个阶级的特殊利益服务，并且支持慷慨、高尚、爱国的情操而不是虚荣、贪婪和软弱"时，才能被称为自由的。[63]

常常被自由主义史遗忘的德意志人民也积极地参与了这场论战。许多德意志知识精英曾对法国大革命的早期阶段表示欢迎，希望德意志也能迎来改革。然而，就算不是大多数，也有许多精英在恐怖统治、革命战争和拿破仑统治德意志期间丧失了原先的热情。埃德蒙·柏克的《反思》一书在 1793 年被译为德文，也起了一定的作用。

[70]　法国在 1806 年击败普鲁士，这带来了一些重要改革。改革在许多方面，特别是在经济领域，与法国 1789 年至 1791 年的改革颇为相似。[64]行会和公司被解散，农民获得解放。一些关税和通行税被废除，引入了更统一的税赋。普鲁士的行政架构得

到精简，效率提升，一些城市获得了自治权。但是和法国相比，这些改革都是自上而下推行的。这给了德意志改革派希望，他们认为可以与政府合作继续推行改革，同时防止革命和暴力的发生。拿破仑战败，法国颁布《宪章》后，也有德意志人士希望德意志地区也能颁布所谓的"自由宪法"。[65]

然而，在拿破仑第二次战败、神圣同盟建立后，德意志也经历了与欧洲其他地方相同的状况：政治反动开始回潮。尽管多年来德意志一直是自由主义神学的孵化器和输出地，但统治者们现在也开始支持新正统神学（neo-orthodoxy）运动，这明显是为了维护他们的权力。新正统神学运动的一部分是对法国大革命的反动，运动强调人的原罪以及人有宗教义务必须服从上帝赐予的秩序。其领导者承诺会全力打击所谓的"自由主义时代精神"（liberal Zeitgeist）。法国反动分子迈斯特和博纳尔德的著作被译为德文，并广为传播。

作为回应，德意志自由派也奋起捍卫自己的原则，同时高度关注法国的动向。和法国自由派一样，德意志自由派也面临极不友好的环境。很多人在政府中任职，依靠国家俸禄才能维生，因此他们特别脆弱。在这样的困境中，他们在体制内努力推动渐进变革。他们坚称自己追求的不是革命，而是和平的改革和进步。他们支持法律面前人人平等、宪政政府、思想自由和宗教自由。此外，和法国自由派一样，他们也经常用模糊的语言来表达自己的理念：一位德意志自由派解释道，自由的原则保护"公民权利免受非法的随意侵扰"，保障了"公共自由"，并"鼓励每个人展现出最善的一面"。[66]　〔71〕

和其他地方一样，德意志自由派也被指责在鼓动自由、罪恶和动乱。他们被指控使用"咒语"转移人民的注意力并蒙蔽人民，以此欺骗人民。[67]自由派被各方人士不断地指控为传播异端。他们宣传自由、罪恶和动乱，仇视上帝。

在英国，保守主义者试图将自由的理念污蔑为外来的危险思想。托利党的外交大臣卡斯尔雷子爵（Viscount Castlereagh）于 1816 年初在下议院发表演说，谴责"西班牙自由党"是"来自法国的最卑劣的政党"。他说，这些人是"雅各宾派政党"，因为他们坚持人民主权的原则。[68]托利党的《评论季刊》（Quarterly Review）于 1816 年刊发了一篇文章，将辉格党的改革派称为"英国的自由党"[69]，以此诋毁对手。

然而，来自法国的自由理念在英国也不乏捍卫者。1817 年前后，《评论季刊》的主要竞争对手《爱丁堡评论》（Edinburgh Review）向读者正面介绍了法国自由党的诞生。[70]这本期刊是一群年轻的苏格兰知识分子于 1802 年创办的，主旨是捍卫"自由、开明和爱国的政策"，并对邦雅曼·贡斯当赞誉有加。《爱丁堡评论》中写道，贡斯当知识渊博，教育英国人也不在话下。[71]

〔72〕 因此，我们可以看到，自由主义的政治理念在各地都被视为是典型的法国思想。在美国也是如此，"自由"一词在形容政治时最常出现的地方就是报刊对法国局势的报道中。而在英国，"自由"（liberal）一词的结尾通常会加上一个字母 e，变成 liberale，或者用斜体来表示其新奇和外来语属性。有时，报纸也会用"所谓的自由派"的提法。但总的来说，新闻界表达了对自由派和他们的理念的支持。1817 年前后，美国的报刊开始报道法国自由派的英雄拉法耶特侯爵，以及一位叫作邦雅曼·贡斯当的"自由派领袖"，称这两人正与反动势力展开一场崇高的斗争。[72]

自由暴动主义

不久，一系列有政治企图的暗杀袭击给了欧洲保守势力大举反动的借口。1819 年 3 月 23 日，一位学生运动家在德国曼海姆（Mannheim）谋杀了保守派诗人、记者奥古斯特·冯·科策比（August von Kotzebue）。几周后，又有人试图刺杀拿骚总统卡尔·冯·伊贝尔（Karl von Ibell）。保守派随后加强了污名化攻势，指责自由派煽动刺杀作为革命的前奏。梅特涅辱骂道："自由主义正在袭来，它带来的全是杀人犯。"[73] 1819 年 9 月 20 日，他颁布《卡尔斯巴德决议》（Carlsbad Decrees），要求 38 个德意志邦铲除大学和新闻界中的反动思想。决议查禁了学生会，解除了有自由主义倾向的大学教授的职务，并强化了审查制度。同时还成立了一个永久性的委员会，派出间谍和线人调查并惩罚各种自由派组织。

几个月后，一位名叫皮埃尔·卢维尔（Pierre Louvel）的精神错乱者刺杀了法国王位的继承人、极端保皇派贝里公爵（Duc de Berry）。这件事被归罪于自由派并导致了疯狂的反扑。一位极端保皇派宣称："我看到了卢维尔的匕首：那就是自由主义的理念。"[74]

〔73〕

1820 年，西班牙爆发革命，迫使国王费尔南多七世恢复 1812 年宪法并重开议会，这使事态更为严重。革命激励了邻国的自由派，他们也要求通过宪法。那不勒斯爆发了反对国王费迪南多一世（Ferdinando I）的武装叛乱，迫使他承诺按照西班牙模式建立君主立宪。另一场类似的起义迫使皮埃蒙特（Piedmont）的维托里奥·埃马努埃莱一世（Vittorio Emanuele I）退位。被委任为摄政王的卡洛·阿尔贝托（Carlo Alberto）

接受了革命者的要求，实行西班牙的 1812 年宪法并再次废除宗教裁判所。同一年，在革命运动的影响下，撒丁建立了君主立宪。葡萄牙、西西里、希腊和俄国也先后爆发了类似的起义。一位惊恐不安的评论家写道："这些事件让欧洲自由派的大联盟情绪高涨。"[75]不过，这些事件影响的不仅仅是欧洲。在西属美洲，当地的自由派结合了宪政的诉求和自决自治的诉求。类似的运动还触及了印度的果阿邦和加尔各答以及菲律宾等亚洲地区。换句话说，"自由主义"成了一场全球运动。[76]

自由派的革命引发了新的出版热潮，大量书籍、小册子和报刊开始讨论与自由主义紧密相关的政治和宗教问题。西班牙宪法在全世界流行起来，不仅在自由派和君主专制派之间引发了争论，在自由派内部也引发了争论。[77]邦雅曼·贡斯当的多卷本《宪政政治教程》（*Course in Constitutional Politics*）[78]收录了他的《政治原则》，这部书被译为外文并广泛流传。政治难民出资筹办的自由派报纸聘请了西班牙、意大利和英格兰作者，继续传播自由主义理念。作为回应，反对者谴责自由主义是一场反对各地合法政权的国际阴谋。

虽然焦虑的统治者和他们的支持者常常夸大自由派跨境组织活动的能力，但自由派确实建立了一个既从事合法活动又从事非法活动的国际网络。[79]秘密组织如共济会和他们的分支，以及烧炭党（Carbonari）在 1820 年至 1821 年的反叛活动中发挥了决定性的作用。烧炭党在整个西欧都建立了秘密分支，策划推翻压迫人民的政权。著名的西班牙自由派埃瓦里斯托·圣·米格尔（Evaristo San Miguel）后来回忆说，共济会的会所成了"自由派密谋的基地"。[80]反对者则把**所有的**自由派、启蒙思想家、雅各宾派、共济会和烧炭党混同在一起，斥责他们是阴谋

[74]

煽动革命和无政府状态的危险的反动分子和无神论者。[81]有些自由派确实是在策划暴动，但并不是所有自由派**都是**如此。

巴黎是自由派网络的一个中心，其最重要的领袖之一是拉法耶特侯爵。他自己就支持秘密结社的烧炭党，并时常夸耀说，各地的起义是一场范围广大且在不断扩散的自由主义运动的一部分，运动始于美国独立战争，现在的领导地位已经转到法国。正是在这个语境下，他欣喜地致信托马斯·杰斐逊："法国很荣耀地成为自由主义的政治总部。法国的论战引起了很多人的注意，人们似乎有一种自发而普世的想法，那就是自由主义在欧洲其他地方的胜利能否得到巩固都取决于法国的解放。"[82]

〔75〕

尽管自由派竭尽所能，但国际自由运动并没能延续下去。俄国、奥地利和普鲁士在 1820 年 11 月签署条约，宣告自己有权以镇压革命之名军事干涉他国。不久，奥地利军队就镇压了那不勒斯和皮埃蒙特的革命，迫使更多的意大利人流亡海外。两年后，在国会自由派的强烈抗议声中，极端保皇派执掌的法国政府派兵攻入西班牙，恢复了费尔南多七世的专制统治。[83]费尔南多再一次解散议会，废除议会通过的法律，囚禁大量自由派人士并恢复宗教裁判所。法国入侵西班牙的消息引发了里斯本的政变，导致了葡萄牙的君主专制复辟。

但是反革命分子并不能完全镇压自由运动。英格兰成了许多政治难民最青睐的目的地，并成为欧洲自由主义网络的另一个中心。大部分知名的西班牙自由派人士在运动被镇压后于 1823 年逃到这里。面对涌来的政治难民，英格兰的保守派越来越害怕革命的风潮会跨过英吉利海峡。《晨报纪事》（*Morning Chronicle*）的一位作者早在 1822 年就谴责了蹂躏欧洲的"自由主义流感"，称其是一场"道德瘟疫"。[84]题为《论自由主义》

（"Essay on Liberalism"）的文章斥责所谓"普世的自由主义"正在各地传播困惑与混乱。文章写道，法国是"自由主义的源头"。法国大革命创造了现在传向欧洲其他地方的那些邪恶而危险的理念。由于法国的关系，"自由"一词不再指代"心胸宽广、具有慷慨情操的人，而是指代那些政治理念与欧洲大部分执政政府相反的人"。[85]

〔76〕

英格兰保守派继续使用法语拼写（*liberale*）以表明自由主义的理念是外来的革命术语。他们讥讽这个新词是来自欧洲大陆的术语，并指责自由派用冠冕堂皇的词语来欺骗人民。[86]通过这种欺骗，自由派"制造了巴别塔一般的重大混淆"，使人民无法辨别是非。保守派说，自由派实际上既不高尚，也不慷慨，而是自私和放荡的。他们最关心的是"使自己的激情得到无限的满足"，并且拒绝任何形式的克制。一位英国作家写道，自由主义恰恰是慷慨的对立面。[87]它不过是雅各宾主义的另一种提法，是在有意制造混淆和混乱。另一位作家则宣称，自由主义"就是撒旦的理念"[88]。

这些刻薄的评价忽视了一点，即自由派支持的是一整套政治、经济和宗教理念。自由派对很多问题有争论，比如选举的范围应该有多广，赞成君主立宪还是共和政体，是否应当组织暴动等。批评者贬损其为人民的"自由主义鸡尾酒"[89]。19世纪20年代才崭露头角的约翰·斯图尔特·密尔观察到，"法式自由派（*libéraux*）包括了各式各样的政治理念"，既有温和派也有激进派。[90]

邦雅曼·贡斯当的大部分作品被视为在尝试联合欧洲自由派并教会他们和平、宪政的原则。他孜孜不倦地传播自由理念并致力于帮助自由派人士赢得选举、担任公职。他刊印了大量书籍、小册子和文章，并在国会内外发表了无数次演说。他最重要的著作之一的副标题《宪政政治教程》（*Course in Constitutional Politics*）就可以说明这一点。这部书于 1818 年至 1820 年出版，很快就被译为西班牙文和意大利文并多次再版，读者远至墨西哥和阿根廷。[91]贡斯当还努力发展自由派胜选所需的关系网。[92]因此，他在担任议员期间一直被警察监视。反革命宣传家路易·德·博纳尔德称贡斯当是自由党的"唱诗班指挥"。[93]但是贡斯当联合自由派支持某些既定原则和法律策略的努力，从来也不是很成功。在他的晚年，他伤心地抱怨自由派同事没有听从他的意见，他疲于不断重复自己的理念。自由派在反对旧制度这一点上是团结的，但在许多其他问题上存在争议。早期的自由主义既不是铁板一块，也不是一成不变的。

〔77〕

到了 1824 年，随着自由革命的失败，欧洲各地的自由派开始转入守势。在法国，右派自 1820 年后就占据了立法机构的多数席位，1824 年 2 月进行新的选举时，他们在议会的 430 席中只丢掉了 19 席。一些知名的自由派人士被迫关停自己的报刊并流亡海外。很多人转入地下，开始秘密结社。拉法耶特就参加了这样的组织，但邦雅曼·贡斯当没有参加。

最终，拉法耶特启程前往美国，希望能够为法国的自由事业造势。他的旅程使大量出版物将他形容为"两个世界的英雄"，并把美国形容为拥有"真正伟大和自由制度"的国家。[94]但是他的敌人也在重复同样的说辞：自由派是相信无神论的无政府主义者，他们在四处作乱。教皇诏书《耶稣基督的教会》（*Ecclesiam a Jesu Christo*）也支持这类指控，谴责了"一致反对上帝和耶稣的……邪恶之众"。

〔78〕 　　德意志自由派认为天主教并不是唯一的问题，新教正统派也是一个障碍。在 19 世纪 20 年代的革命后，反动的政治势力加强了与新教教会的合作，将自己称为正统，以抗衡自由的政治或者宗教原则的传播。其中一个例子是柏林大学的神学教授、新正统派刊物《新教教会报》（Evangelische Kirchen-Zeitung）主编埃内斯特·威廉·亨斯滕贝格（Ernst Wilhelm Hengstenberg）。

　　亨斯滕贝格成为重振普鲁士政教联盟的大战略家。他的目标是将自由主义神学从新教教会中赶出去，并根除一切反对国王意志的势力。他写道："我们的政治，就是无条件服从……上帝赐予的秩序。"他的报纸反复谴责自由主义是舶来品，如果允许自由主义传播，就会造成无神论和无政府状态。服从上帝意味着服从"世俗的主人"。德意志其他地方也是如此。为此，德意志自由派惊慌沮丧，他们奋起反击，声讨"'黑暗之子'无耻地利用了宗教"。[95]

　　这种严重的两极分化促使普鲁士哲学教授威廉·特劳戈特·克鲁格（Wilhelm Traugott Krug）于 1823 年撰写了第一部自由主义史。克鲁格生于普鲁士的拉迪斯，他接替伊曼努尔·康德（Immanuel Kant）担任柯尼斯堡大学的逻辑和形而上学教授一职，后来又在莱比锡讲授哲学，并成为知名的公众人物。

　　克鲁格的《自由主义的历史图景》（Historical Depiction of Liberalism）正面回击了反动派的理论，它赋予了自由主义无懈可击的基督教和德国特质。克鲁格声称，上帝亲手创造了自由主义，做法就是在所有人的心中植入对自由的向往。他又说，赋予人类对自由的向往是为了鼓励人们一步步自我改善并实现与基督教教会等机构相关的渐进改革。

〔79〕 　　按照克鲁格的说法，最重要的自由是思想自由。他的这部

历史回顾了对自由的热爱是如何从上帝传到古希腊人那里，进而又传到早期的教会领袖那里，他们在总体思想上都是"自由"的。但是，由于他们进行了批判性思维，因此遭到建制派权威的激烈反抗。

德意志在克鲁格撰写的历史中扮演了重要角色。创造"宗教自由主义"的正是德意志的新教改革者马丁·路德（Martin Luther）。他写道，宗教自由主义对上帝所期望实现的人类制度改善十分重要。新教将基督教徒从"盲从"的奴役中解放出来，并鼓励人们进行批判性思维，这对进步非常重要。然而不幸的是，宗教改革导致了自由与非自由原则之间的斗争，有些人依旧坚持那些过时的宗教教条。

克鲁格继续解释道，政治自由主义源自英格兰的辉格党人。托利党人笃信君主的神圣权力，但辉格党人推断出主权来自人民。自由主义从英格兰传播到北美殖民地，在那里生根发芽，又传到了法国，在那里变得激进。现在，一场自由主义和反自由主义的大战正在欧洲展开。但是克鲁格的结论是：自由主义的前进势头是势不可当的，这是上帝的旨意。

克鲁格的自由主义很明显是在反驳所谓的神圣同盟的伪饰。反动不是神圣的，自由主义才是神圣的。但是克鲁格也告诫自由派不要受到激进主义的诱惑而去鼓动革命。他说，只有"少数蠢材"才会拥护"极端自由主义"（ultraliberalism）并"极尽夸张之事"。不需要这样。未来属于渐进和"周全的"自由主义。[96]

自由主义的经济原则 〔80〕

19 世纪 20 年代，主导法国国会的极端保皇派还推进了反动的经济政策。大地主、工厂主和殖民地庄园主联手组成了强大的地方保护主义游说团。他们叫嚣重新引入关税，特别是对谷物和白糖的关税。他们还要求恢复法国的殖民地并正式恢复奴隶贸易。虽然国王在 1815 年同意废奴，但波旁王朝的历代国王实际上都暗中怂恿奴隶贸易并压制废奴主义出版物。保护主义游说团还力争恢复长子继承制。

　　政府在 1819 年已经对进口谷物开始征收关税。两年后，极端保皇派再度占据国会多数，他们颁布了禁止低价进口谷物的禁令。第二年，又通过了另一条法律，大幅提高进口白糖、钢铁和牲畜的关税。弗朗索瓦·费里埃和让－巴蒂斯特·萨伊的著作此时更具现实意义了。费里埃嘲讽自由主义经济原则的论述出版于 1821 年和 1822 年。我们在上面曾提到，萨伊的《论政治经济学》反对关税、保护主义、殖民体系和奴隶制，这本书也再版了。邦雅曼·贡斯当在国会中谴责新法案，指出这些法案残酷、不公正、只图私利。他谴责富人利用政府，以劳作的穷人为代价继续攫取财富，更不要说那些奴隶了。自由派组织了大型公关活动以传播自由主义的政治经济学并向立法者施压。贡斯当出版了相关论述，试图将自由派团结在"自由放任、自由通行"（laissez-faire，laissez-passer）的旗帜下。但是他没能[81]　说服所有人。自由派在关税问题上从来都不是一条心。

　　贡斯当还多次发表谴责奴隶贸易并要求政府履行禁奴令的演说。国会中的右翼因此多次向他发难。[97]他和其他自由派人士一起向人们宣讲海地这个美洲第一个黑人独立国家的成功故事。他赞扬海地的黑人公民制定的宪法。[98]他的朋友让－夏尔－列奥纳尔·西斯蒙第（Jean-Charles-Léonard Sismondi）说，"非洲的后裔"已经证明了他们配得上获得自由，所有非洲人都有成为

"文明人"的潜质。[99]

　　当然，贡斯当很明白，由于复辟时期的选举法，法国的立法权掌握在大地主和富商手中，这正是亚当·斯密在《国富论》中反对的组合。贵族地主支持下的富商"这一群人的利益从来就和公共利益不一致，他们一般来说都有欺骗甚至压迫公众的倾向，正因如此，他们确实在许多场合欺骗和压迫过公众"[100]。贡斯当也很清楚，复辟政府雇用的公务员中有20%是海关官员，也有秘密警察和大量的间谍和线人。19世纪20年代的大多数时候，贡斯当受到警察的监视。读者应当了解，海关官员的职责之一是审查所有进口图书以保证"书中没有反对政府或者政府利益的内容"[101]。1816年4月，国会中占据多数的极端保皇派通过了多项表面上反走私的措施，并称走私是"革命灾难"传播的不道德造成的。这些措施加强了海关部门在距离法国国境线25公里的范围内搜查旅行者、商人和私人住宅的权力。这些法案还增加了对走私的处罚。贡斯当这样的自由派在倡导自由放任和自由通行时，针对的就是这些措施。〔82〕

　　持自由放任观点的自由派认同货物、思想和人员应当自由流通的理念，但这不意味着他们反对政府对经济的**一切**干预。和今天人们对19世纪自由主义的说法相反，早期的自由派并不把自由放任当作教条。他们不强调财产权或者褒扬无限自利的美德。今天所谓"古典"或者"正统"的自由主义那时根本就不存在。

　　贡斯当相信私有财产不是一种自然权利而只是一种社会俗成，因此属于社会的管辖范围。萨伊明确承认政府有权力监管任何一门行业，并坚信监管在很多情况下是有益的也是恰当的。比如，政府出面帮助因为机器作业而失业的产业工人，就是完全恰当的。政府可以合法限制新机器的使用并为失业的工人找到工作。萨伊写道，"毫无疑问"，政府"必须保护工人的利益"。[102]他宣称，所有政府都有"不断力争缓解其臣民所处困境"的义务。

但是，自由派一如既往地不能统一意见。自由派杂志《欧洲审查员》（*Le Censeur européen*）的主编夏尔·孔德（Charles Comte）和夏尔·迪努瓦耶（Charles Dunoyer）支持极端的自由放任，远超斯密或者萨伊的程度。迪努瓦耶反对政府介入教育、公共事业甚至邮政。而西斯蒙第则倡导**更多**而不是更少的政府干预。1803 年，他出版了《论商业财富》（*On Commercial Wealth*），主张在工商业领域实行绝对自由。但是到 1819 年《政治经济学新原理》（*New Principles of Political Economy*）出版时，他已经改变了想法。他在书中解释说，他必须修正并发展自己早期的思想，因为在正在工业化的经济体中，特别是在英格兰，工人的境遇令人震惊。西斯蒙第此时已认为政府应当干预，以保护弱者免受强者的侵害。大多数自由派倡导更自由的国际贸易和更自由的国内人员、货物流动，但是他们对政府干预经济的合法和理想界限有不同看法。他们可以争论什么才是"真正的自由主义"，不过自由派很少使用"自由主义"一词，可能是因为这个单词已经带上了贬义。

法国之外的例子进一步说明自由派并不支持绝对意义上的自由放任。在德意志、西班牙、意大利、西属美洲和印度，自称自由派的人士支持各种基于当地情况的经济观点。这个时期如今常常被视为自由放任主义的全盛时期，但实际上并没有对自由放任问题的统一立场，也没有人使用"经济自由主义"这个词。尽管克鲁格盛赞"宗教自由主义"和"政治自由主义"，

[83]

但他从未提及 "经济自由主义"。在美国，"自由主义" 这个词本来就很罕见，更没有被用来指代某种经济政策。

自由主义的种种排斥

我们知道，早期的自由派并不是民主派。支持人民主权并不意味着支持普选权。自由派对这个问题有所保留，很大程度上与他们在恐怖统治和拿破仑政权时期的经历有关。法国在1792 年选举国民公会时引入了普选权，而正是这个公会发起了恐怖统治。拿破仑的专政也是全民投票认可的。普选权一方面与暴民统治、暴力和无序联系在一起，另一方面又与群众易于受骗、判断力差和被动顺从联系在一起。对贡斯当和当时的大多数自由派来说，投票权是对人的信任，而不是权利。他们认为拥有财产是必须的，这使人能够获得独立，并有闲暇的时间来获取在讯息充分的条件下作出政治决定所需的知识和品格。

〔84〕

这也解释了为什么除了玛丽·沃斯通克拉夫特这个特例之外，本章提到的自由派人士中没有任何一位提倡给予女性选举权。毕竟那时的妇女只是法定受养人，很少拥有财产或者接受教育，在当时的人看来，这些都是履行投票权所必需的。1789年到 1793 年之间，只有很少的出版物提到了女性的政治权利。

倡导这些权利的人通常会运用人们熟知的自由主义话语支持自己的诉求。他们把女性比作奴隶，把婚姻比作另一种形式的专制。1789 年 10 月的一篇致男性立法代表的请愿书疾呼："你们折断了专制主义的权杖，你们宣告了法国人民是自由民族的美好公理。然而你们却允许一千三百万奴隶被一千三百万暴君无耻地压迫！" 请愿书的作者指责立法代表忽略了她们的权利，这样做是自私的，也是不自由的。

沃斯通克拉夫特热情地支持大革命的自由原则，这从她的《男权辩护》（*Vindication of the Rights of Men*，1790）和她对埃德蒙·柏克的批判中就可以看出。两年后，她又撰写了续篇《女权辩护》（*Vindication of the Rights of Woman*），呼吁法国的立法者修订宪法赋予女性投票权。这篇文稿读起来如同一篇长

[85] 篇辩护词，批驳了法国代表在漠视人类一半人口的情况下还自称自由派的做法，并指责他们自私、保护等级制。沃斯通克拉夫特的弟子玛丽·海斯（Mary Hays）斥责他们坐在"自己打造的王座上"，却将女性束缚在枷锁中。她责问道："男人们还要继续反对他们声称的自由多久？在狭隘的政策和崇尚迷信中，还要继续崇信暴政的信条和野蛮的制度多久？"[103] 自由派不给予女性投票权，是在违背自己倡导的原则。

立法者一般会忽视这些请愿，他们在 1793 年 10 月通过了禁止女性参加俱乐部并讨论政治的法案。法案集中谈到了妇女的家务责任。议会代表让-巴蒂斯特·阿马尔（Jean-Baptiste Amar）代表安全委员会宣布，不应该允许妇女出现在俱乐部里，因为她们要照顾家人和家务，这是"天性"使然。她们应当老实地"完成天性规定妇女需要承担的家务职能"。

这种论据有些清奇且具有误导性，因为很少有女权倡导者反对女性应当承担家庭义务，或者反对女性和男性的天性不同。沃斯通克拉夫特本人从来没有质疑过这一点。大多数女性改革的倡导者甚至没有要求政治权利。她们要求的只是更多的教育机会、更好的工作以及拥有自己的财产。她们要求离婚权，要求立法使婚姻更加平等。她们主张，婚姻关系中更大程度的平等能够促进婚姻双方完成"对人类所负有的义务"时的友谊和合作。[104] 更加伴侣式的婚姻有助于振兴国家、改善道德、鼓励公

民美德。

虽然斯塔尔夫人从来没有倡导过妇女投票权，她的小说还是褒扬了女性的勇气和才智。她写道，妇女能够帮助治愈并振兴法国，因为妇女"才是使一切与人性、慷慨和精致相关的事物跃然于纸上的人"[105]。斯塔尔写小说的目的就在于此，换句话说，是要在她的读者中培养悲悯和善良的情感，这些在她看来是对现代和自由的政权至关重要的道德价值。出版于1802年的《戴尔芬》（*Delphine*）描写了一位美丽而聪颖的女性，她因为社会崇信过时的原则而受尽苦头。小说赞扬了离婚和新教。〔86〕

反革命分子反对离婚权的理由与斯塔尔夫人等自由派赞成离婚权的理由是一样的。他们认为国家的稳定有赖于丈夫的崇高权威和婚姻的不可解除性。在1801年出版的小册子《论离婚》（*On Divorce*）中，路易·德·博纳尔德斥责离婚合法化将带来"家庭中的民主"（这显然是件坏事），这会引发新的革命。[106]约瑟夫·德·迈斯特也认为国家的稳定和力量有赖于妇女对丈夫的服从。[107]1816年王朝复辟后，尽管国会中的自由派激烈反对，这些理念还是成了废除离婚权的理由。

* * * * * * * * * *

1824年9月16日，路易十八去世，他的弟弟查理十世即位。查理十世是虔诚的天主教徒，也是坚定的反革命分子，即位后，他迅速表示自己希望恢复威权统治和天主教王朝。在国会极端保皇派的帮助下，他通过了一系列令自由派震惊的法案。

这些措施中最具争议的一条是补偿原来的逃亡者在大革命时期的财产损失。查理还巩固了政教联盟，加强了将法国重新天主教化的运动。他通过了两部宗教法案，一部恢复了大革命〔87〕

时期被查禁的宗教派系的合法地位，另一部则将"亵渎"宗教列为犯罪，但对"亵渎"的定义规定得十分模糊。

自由派强烈抗议这种行径，他们比以往更确信天主教会才是最可怕的敌人。他们精心组织宣传攻势进行反击，在国内出版了大量政治小册子、漫画、歌曲和平价版的反教权主义文宣。据估计，七年时间内就出版了 270 万本反教权书籍，包括贡斯当的《论宗教》（*De la religion*）。

到了 1827 年，政治天平又开始向自由派倾斜。日益紧张的极端保皇派惶恐地认为自由派正在取胜。[108] 他们指责自由派是"共和主义者、无政府主义者和煽动群众的记者，十二年来一直无情地攻击正确和美好的事物……而且一直狂热地鼓动一场比上次更全面的新革命"[109]。

面对支持度越来越高的自由派反对势力，查理的政府孤注一掷地转向殖民地事业，希望以此重新获得民众的支持。国王以一次与阿尔及利亚很小的外交争议为借口，派出远征军占领了阿尔及利亚首都阿尔及尔。在迅速取得军事胜利后，他颁布了《七月敕令》以对付国内的自由派，法令宣布取消新闻自由、解散国会，并提高选举的财产资格要求。这引发了连续三天的暴动，最终，查理十世被推翻。

第三章　自由主义、民主和社会问题的浮现，1830～1848

> 我早就预测过，现代社会的所有问题都会在法国，也
> 只会在法国得到解决。
>
> ——约翰·斯图尔特·密尔，1849 年

1830 年 7 月末，巴黎人民在自由派记者和政治人物的领导 〔88〕
下发动起义，推翻了政府。这场史称"七月革命"的运动只花
了三天时间，相对也不那么血腥。反动的国王查理十世退位，
他的堂弟，思想更自由的奥尔良（Orléans）公爵路易 - 菲利普
（Louis Philippe）继承了王位。

这次的"光荣三日"标志着自由主义的一次大胜。世界各
地的贺信接踵而来。约翰·斯图尔特·密尔为了能够现场观摩
事态的发展专程赶到巴黎。美国驻法大使向国内发去了赞许的
报告，美国总统杰克逊和国务卿范布伦双双发来贺电。德国自
由派称其为整个欧洲乃至世界的胜利。远至印度，都有报刊报 〔89〕
道法国革命。孟加拉改革家拉姆·莫汉·罗伊（Ram Mohan
Roy）特地庆祝了法国"公民国王"路易 - 菲利普的登基。[1] 正
如一位外国观察家所说的："巴黎的事态影响了整个世界。"[2]

新政府的领袖之一弗朗索瓦·基佐（François Guizot）发表

了庆祝宣言。英雄的巴黎市民战胜了君主专制。另一位同时代的巨擘阿道夫·梯也尔（Adolphe Thiers）也说，自由派终于"来了"，君主立宪得到了稳固。[3]邦雅曼·贡斯当则在国会中对工人在起义中发挥的作用表达了特别的自豪。

然而，不久之后，这些自由派就会遇到一个新的劲敌——"社会主义"。

自由派政府转趋保守

"七月革命"的热潮很快就被失望取代。法国自由派对掌权之后应该实行哪些政策产生了重大分歧。他们赞同宪政，但其他问题呢？他们赞同人民代表，但程度如何？又该如何处理日益严重的工人骚乱？这些问题分化并削弱了自由派，使他们不但要面对来自右派的攻击，还要面对来自左派的攻击。

第一道裂痕源自选举权问题。一些人将革命视为深化改革，特别是在实质意义上扩大选民数量的机会，国王路易－菲利普和弗朗索瓦·基佐对此表示反对，他们认为"七月革命"只是保卫《宪章》的防卫性运动。自由派代表奥迪隆·巴罗（Odilon Barrot）在他的《回忆录》（*Memoirs*）中写道，像他这样的"运动派分子"在推行进步的改革，但他们无时无刻不受到国王和基佐这种"抗拒派分子"的阻挠。

〔90〕

最终，自由派当中的抗拒派赢得了胜利。新宪法与被废除的旧宪章几乎如出一辙。投票所需的财产资格要求只是稍有降低，因此，在全国选举中，选举与被选举权依然是少数权贵的特权。在复辟期间，全国2600万人口中只有14万人有资格成为选民；"七月革命"后，这个数字有所增加，但也不到24.1万人。在人口少得多的英格兰，1832年后已有超过40万选民。

对此，法国国王的说辞是：选民数量适度增长是在过度的民主和滥用王权之间维持了明智的"中庸之道"（juste milieu）。基佐称这种"中庸之道"是"既自由又保守的"，明显无视其中的自相矛盾之处。[4] 夏尔·雷米萨（Charles Rémusat）曾有一句名言："我们是资产阶级的政府"，与贵族执政和民主都保持一定的安全距离。[5]

左翼批评家斥责这不过是另一种贵族统治——这一次换成了金钱统治。国会代表埃蒂耶纳·卡贝（Etienne Cabet）的评论反映了许多前支持者的愤怒心声。他抗议说，新宪法不是自由的宪法，而是"不自由"的，因为它把权力交给了有钱的精英阶级，这些人比他们取代的贵族还要自私傲慢。[6] 卡贝被指控叛国，丢掉了科西嘉的公务员职务，最终逃到了英格兰。

遭受挫败后，一些激进分子开始鼓吹推翻君主制，建立以普选为基础的共和国。而那个号称自由的政府则颁布了限制新闻自由和结社权的法律作为回应。1830 年 7 月至 1832 年 2 月期间，政府起诉报刊的案件就多达 400 起。1831 年 4 月，〔91〕政府又通过了一部新的、更严苛的法律以限制公众示威。一年后，巴黎的共和主义团体试图把领导人的出殡转变为一场起义，自由派政府则出兵包围首都。共和主义运动成了非法活动。

许多过去的支持者现在指责掌权的自由派背叛了自己的原则。邦雅曼·贡斯当在国会中表达了深切的失望。拉法耶特从国民卫队指挥官的位置上辞职以示抗议。曾在新政府任职的夏尔·孔德和夏尔·迪努瓦耶也相继辞职。当时还默默无闻的阿列克西·德·托克维尔（Alexis de Tocqueville）启程前往美国，他起初对新政权表示欢迎，但很快就对政府产生了鄙夷之情。

自由派中的抗拒派转向保守，这让年轻的约翰·斯图尔特·密尔痛心不已。他十年前就来过巴黎，住在政治经济学家让－巴蒂斯特·萨伊家中，结识了多位自由党领导人。后来，他在自传中回忆说，那时他已经对"欧洲大陆的自由主义产生了强烈和永久的兴趣"[7]。

得知"七月革命"爆发后，密尔迅速赶到巴黎。在那里，他见到了拉法耶特侯爵和其他运动派的自由派人士，和他们成为朋友并建立了紧密的关系。密尔寄给父亲的信件表明，他很快就对革命的方向心生失望。新政府对真正的改革毫无兴趣。他悲叹道，法国已经变成了"金钱主导的……狭隘的寡头政体"[8]。

回到英格兰后，密尔继续密切关注法国的事态发展，在《检查者》（*Examiner*）杂志上发表了一系列文章。他称法国的新领导层是一个"静止或停滞的党派"，并称他们为"**所谓的自由派**"，因为他们的主要兴趣是维持现状。[9]他们对改革，特别〔92〕是对帮助最贫困的阶级漠不关心。他们只关心自己的私利。他们背叛了自由主义的诉求。

这种失望之情格外深切普遍。早在 1831 年，美国的记者就对法国的"七月革命"丧失了热情，他们报道法国的自由政府日趋保守。希望推进更多改革的人和不希望推进改革的人之间产生了裂痕，"灾祸正在酝酿之中"[10]。德意志流亡者弗朗西斯·利伯（Francis Lieber）编辑的《美国百科全书》（*Encyclopedia Americana*）写道，法国自由党中出现了保守派和进步派的对峙。德意志的《国家辞典》（*Staats-Lexikon*）中一篇长达 27 页的论自由主义的文章表达了遗憾和不悦。文章说，任何自由派政府从定义来说都应该是和**运动**相关的。自由派理应促进公共利益而不是某个党派或者特权阶级的私利。[11] 按照这个标准，在法国掌权的自由派已经不是自由派了。

自由派论民主

我们不应该因为自由派内部存在这些纷争就认为"自由派中的运动派"会赞同现代意义上的民主。从一开始，自由派就对群众的"无能"（incapacity）表示担忧。他们认为群众非理性、有暴力倾向，而且不知道自己真正的利益所在。大部分自由派继续支持对投票和担任公职设定严格的财产资格要求。自由派中的改革者要求降低这些资格，但不是要废除这些资格。他们的理由是，代表人民的意志和给予人民投票权是两码事。

一位德意志自由派写道，应当区分**"真正的多数"**和"按人头计算的多数"。[12] 另一位则说，自由的政府和靠全民投票的政府并不是一回事，法律面前人人平等并不等同于普选权，区分这一点是很重要的。　　　　　　　　　　　　　　　　〔93〕

我们在理解自由主义与民主的关系时还面临一个困难，那就是这两个单词都没有固定或者公认的含义，两个词当时的用法又与我们今天的用法大不相同。"民主"当时不一定指代实行普选的选举体系。它还可以指代**某种社会形态**——比如承认公民平等并使社会流动成为可能的社会。在这个意义上，很多欧洲自由派可能会接受甚至褒扬民主，但同时又反对普选。

法律面前人人平等这个意义上的民主是 1789 年大革命最伟大的成果之一。也正是在这个意义上，自由派代表鲁瓦耶 – 科拉尔（Royer-Collard）在 1822 年的一篇国会发言中指出，民主已"遍布法国"。[13] 今天看来，这样形容一个 2600 万人口中仅有14 万人具有投票权的国家是相当奇怪的。但是，如果我们理解当时"民主"一词并不一定指代选举体系，就不难理解了。

这一事实也有助于解释一些在其他语境下看起来很奇怪的概念组合。托马斯·杰斐逊将自由派和民主派放到一起，认为他们之间没有什么区别。他在解释每个国家都存在的政治分歧时说："有些人是辉格党人、自由派、民主派，随便你怎么叫；有些人则是托利党人、奴仆派、贵族派等。后者害怕人民，希望把所有权力都交给社会中最高的几个阶级；前者则认为作为最后手段，人民才是权力最安全的守护者，他们褒扬他们，因此也希望将所有他们能够胜任行使的权力都交给他们。"¹⁴ 这里，杰斐逊并不一定认为自由派和民主派倡导我们今天意义上的民主。他要说的是：辉格党人、自由派和民主派希望把尽可能多的**人民能够胜任**行使的权力交还给人民①。至于到底是哪种权力，又有多少权力，杰斐逊并没有说清楚。

有必要停下来思考一点，杰斐逊在这里是在向美国读者讲解欧洲政治。"自由"一词作为政治术语，在当时的美国几乎无人知晓。1831 年版的《美国百科全书》中关于"自由"的词条指出，这个单词是一个新词，其政治含义来自法国。词条写道，在那里，这个单词现在代表"平等的权利"和"民主的原则"¹⁵，但对"民主的原则"到底是什么并没有作出解释。百科全书中也没有"自由主义"的词条。

自由派领袖弗朗索瓦·基佐在很多方面是七月王朝的象征，他认为普选和自由是完全不相容的。鉴于 1789 年法国大革命和拿破仑的教训，他非常肯定地认为普选一定会导致专政。但是，基佐也不提倡将权力交给世袭贵族。他更倾向于"中庸之

〔94〕

---

① 杰斐逊的引文中有多个"他们"，语义容易造成混淆。此处是作者对杰斐逊引文的解释。——译者注

道"——也就是拥有财产的中产阶级通过代表制的体制来进行统治。和法国许多其他自由派一样，他相信选举权只能交给那些具有足够教育水平、判断力和闲暇时间的男性，像选举这么重要的事情，只能信赖这些人。他能够接受民主作为一种社会形态，但不接受民主作为一种政府形式。

这些对民主的讨论为阿列克西·德·托克维尔的杰作《论美国的民主》（*Democracy in America*）提供了语境。这部书的第一卷于 1835 年一问世就备受好评。托克维尔 1805 年出生于一个信仰天主教的旧贵族家庭，年轻时期学过法律，22 岁成为低等法院的法官。他一开始欢迎"七月革命"，但很快就失望了，因此在 1831 年向上级提出要求外派到美国，表面上的理由是去学习美国的监狱制度。这个要求得到了批准。他借此机会在各地游历，广泛了解各方面的情况，成果就是《论美国的民主》一书。 〔95〕

《论美国的民主》如今被誉为自由主义伟大的经典著作之一，在当时，这本书旨在向基佐的"中庸之道"政府提供一些尖锐的教训。在书中，托克维尔和保守自由派一样担忧民主，无论是社会民主还是政治民主。他担心群众缺乏能力。他特别担心民主有助长利己主义或者个人主义的倾向。他写道："利己主义使一切美德的种子枯萎。"然而，和贡斯当等人一样，托克维尔也相信追求平等的步伐是不可阻挡的。因此，政治民主乃是"天意使然的事实"（providential fact）。[16] 在这种情况下，最好的办法是让法国做好准备，以迎接必然到来的民主。为此，民众必须获得能力。

让法国为民主做好准备意味着采纳托克维尔在美国观察到的一些政治制度、做法和价值观。其中包括行政上的去中心化、结社自由和政教分离，而这些正是基佐政府极力反对的改革内容。托尔维尔表示，这些自由主义的措施能够起到"引导民主"的必要作用，在这个意义上可以中和或者尽量减少民主的危害。自由派不应该试图阻止民主，而应该引导并驯服民主，使民主无法威胁自由或者退化为拿破仑治下的法国经历过的那种新型专制统治。

《论美国的民主》使托克维尔闻名于世，并帮助他在1839年当选众议院议员。在那里，他加入了反对派，反对路易-菲利普和基佐的政府，后者并未听从他的建议。就托克维尔个人而言，他在后来的岁月中对民主态度越来越悲观。[17]

[96]

再论自由派与暴动

自由派对民主的忧虑与他们对民众暴力的恐惧紧密相关。但证据显示，一些自由派继续鼓动暴动以推翻欧洲各地压迫人民的政权。大部分自由派谴责这些自由派是"极端自由派"，"过度亢奋"，或者是"极端分子"，并与他们保持了距离。

1830年"七月革命"爆发时，意大利、波兰和德意志的一些自由派希望法国政府能够帮助他们，支持他们的革命。尽管有拉法耶特这样的自由派人士大力游说，但新成立的政府几乎没有做任何破坏欧洲现状的事。奉行"中庸之道"的政府拒绝干预意大利、波兰和德意志的起义，这些起义都被这些国家的政府轻松镇压。唯一的例外是法国帮助比利时建立了持久的君主立宪制。

一些自由派转入地下并继续筹划暴动。意大利革命家朱塞佩·马志尼（Giuseppe Mazzini）就是其中之一。马志尼1805年生于热那亚共和国，青年时期加入了类似共济会的秘密团体烧炭党。烧炭党的主要目标是推翻欧洲各地的君主专制，成立宪政政权。1830 年，马志尼和他的意大利同志希望法国出手援助他们的斗争，但没有得到任何回应。马志尼反而被捕入狱，被迫流亡海外。他最终来到伦敦，在那里与欧洲各地的革命者一起继续策划暴动。今天的人们将他奉为"自由国际主义"（liberal internationalism）的先驱，[18] 而在当时，马志尼是非比寻 〔97〕常的自由派，绝大多数其他自由派都反对他的暴动策略和民主理念。

马志尼这样的激进自由派认为倡导自由原则和鼓动暴动并不矛盾。毕竟自由主义本来就源于法国大革命。和马志尼志同道合的自由派认为所有自由派同属于一个大家庭，为同一个目标奋斗。他们经常向已经建立的政府求援。在伦敦，马志尼和当地的自由派保持友好往来，在圈内备受尊崇。约翰·斯图尔特·密尔在 1837 年第一次见到马志尼，表达对他的崇高敬意。密尔称他是"我最尊敬的人之一"，"在我认识的所有外国人中，他在各个方面都过人一等"。[19] 实际上，英国自由派和英国人民普遍尊崇马志尼。威廉·格莱斯顿的同事和传记作者莫莱勋爵（Lord Morley）称马志尼是"我认识的人中道德方面最令人起敬的一位"。只要马志尼在场，他心中就难掩"见到伟人的感觉"。[20]

但是对马志尼的尊崇不代表自由派一定认同他的方法或者他的所有理念。很少有人支持暴动。尽管密尔表达了对他的尊敬，但也承认不喜欢"他的工作模式"。[21] 实际上，大部分自由派反对他那种"夸张"的自由主义。较为温和的自由派仍相信最好的前进道路是与欧洲现有的政府合作，迫使它们进行渐进改革。在意大利，一些温和派将希望寄托在皮埃蒙特的卡洛·阿尔贝托甚至教皇庇护九世身上。庇护九世 1846 年当选教皇，并很快赢得了自由教皇的美誉。

当然，大部分德意志自由派希望与策划暴动的人保持距离。

[98] 我们已经看到，自由派教授威廉·克鲁格在 1823 年的《自由主义的历史图景》中嘲讽了那些被他称为夸张自由主义的"少数蠢材"。《国家辞典》这部十足的自由主义思想汇编也坚决反对"极端自由派"，转而倡导更谨慎和渐进的改革方式。[22] 该书的前言写道，这本百科全书的主旨就是为理性和成熟的自由派提供他们都能接受的、"理智"的政治理念。其目标当然不是鼓动暴动或者政治民主。克鲁格这样的德意志自由派和《国家辞典》的作者们致力于反对极端主义，无论这种极端主义来自左派、右派，还是来自专制主义或者激进主义。

《国家辞典》中论自由主义的长篇文章很能说明问题。它的作者保罗·普菲策尔（Paul Pfizer）是来自符腾堡的自由派政治家、记者和哲学家。文章强力回应了来自右派的攻击，认为自由主义受到了不公正的责难。自由派被描述为精神失常、病态和疯狂的人。他们被指责在煽动暴力和暴民统治。但是普菲策尔坚持认为这是对事实的重大扭曲。真正的自由派强烈反对激进主义、暴力和暴民统治。《国家辞典》宣称，他们想要的不过是向宪政和代表制政府的方向发展。他们支持渐进改革和进步，不希望步子迈得太快。自由派争取的是与德意志地区的历史条件相适应的改良。

和意大利人一样，德意志人也处境艰难。他们没有统一的国家。几个主要的德意志邦连议会都没有，在有议会的邦里，议会的权力也很有限。人民没有政治上的知识，还存在各种封建、军事和官僚特权。严苛的《卡尔斯巴德决议》的有效期在

[99] 1832 年又被延长了。1840 年登基的普鲁士国王腓特烈·威廉四

世斥责自由主义是一种顽疾，发誓绝不向自由派的要求或者"法式"的政府形式作出任何让步。相反，他向往恢复中世纪的君权神授。

《国家辞典》的作者们急切地想表明德意志自由派并不盼望革命，希望以此平复右翼批评家，他们也希望能够把自由派团结到温和的旗帜之下。普菲策尔写道，虽然一些"极端自由派"确实想要制造激进的事端，但是**真正的**自由派并不是革命者。事实上，政府愚蠢地拒绝变革，从而引发革命的事例反而更多。统治者如果想避免革命，就应该拥护自由派的各项改革。《国家辞典》认为，无论怎样，自由主义都是不可阻挡的，这是天意使然。这听起来很像托克维尔和克鲁格的论调。

大部分德意志自由派试图与和法国大革命相联系的暴力保持距离。许多人转而寻求将德意志自由主义与英格兰和英格兰和平渐进的政治演进联系起来。他们试图论证德意志的政治演进可以而且应该与英格兰的类似。为了达到这个效果，他们重新搬出并利用了盎格鲁－撒克逊的神话，即英格兰的自由政治制度起源于德意志。

英格兰的政府形式起源于中世纪早期移民英格兰的"古撒克逊"部落，这是一个在 18 世纪和 19 世纪早期广为流传的古老传说。著名的法国哲学家孟德斯鸠非常欣赏英国的宪政，他将其追溯到德国的黑森林，并用塔西佗（Tacitus）的《日耳曼尼亚志》（*Germania*）来佐证自己的观点。在《论德意志》（*On Germany*）一书中，斯塔尔夫人表达了对古代日耳曼人独立精神和性格特质的推崇，认为英格兰的宪政即出于此。在英格兰，〔100〕人们也普遍相信本国的政治制度来自撒克逊时代，和早期的日耳曼部落关系密切。

因此，19 世纪的德国自由派推崇英国宪政，并认为它可能包含了古撒克逊部落的一些古老制度，这就不足为奇了。来自石勒苏益格 - 荷尔斯泰因的自由派人士 F. C. 达尔曼（F. C. Dahlmann）写道，"大批熟悉自由（freedom）的各种法律概念的撒克逊人"把这些概念带到了不列颠，在那里，这些概念融入了英格兰的宪政。[23]德意志自由派推动自由政府的原则完全是自然之举，因为这些原则在德意志自己的历史中有着深厚的根基。至少德意志自由派希望他们的同胞相信这一点。

自由派面对"社会问题"

与自由派对民主和革命的恐惧相关的还有对所谓"社会问题"（social question）的焦虑。这里走在前面的还是法国。19 世纪 30 年代和 40 年代，巴黎成为激进分子和革命者聚集的地方，这里出现了欧洲当时最先进的社会主义思想。否则，卡尔·马克思（Karl Marx）也不会于 1843 年到这里安家，直到 1845 年被基佐政府驱逐。马克思在巴黎期间一直埋头钻研当时最激进的思想。

1842 年，自由派教授洛伦兹·冯·施泰因（Lorenz von Stein）出版了广为流传的著作《现代法国的社会主义和共产主义》（*Socialism and Communism in Contemporary France*），指出七月王朝对社会主义发展的重要性。冯·施泰因生于石勒苏益格 - 荷尔斯泰因，后来成为社会学这门新兴学科中最有影响力的学者之一，他首次把"社会运动"（social movement）的概念引入了学术讨论。冯·施泰因在 1841 年到 1842 年期间居住在巴黎，他明显受到了当时巴黎政治讨论的影响。

〔101〕

冯·施泰因写道，1830 年的革命是人类历史上一个重大分水岭。它永久地摧毁了君权神授的理念。这本身就是重大的进步。然而，问题是通过革命掌权的自由派既自私又目光短浅，这导致了具有自我意识、受政治鼓动的愤怒的工人阶级的崛起。如果自由派不认真推行改革，迎接他们的将是另一场革命。

法国政府并没有听从这些警告。政府没有努力去改善法国工人的困难，工人的境遇在1789年之后更加恶化了。革命摧毁了传统上保护工人的行会，并禁止建立任何可能使工人与雇主进行集体谈判的新型工人组织。1810年的《拿破仑法典》对触犯这一法律者处以重罚，并引入一套新的通行证体系——"工人证"（livrets d'ouvrier）——使政府可以监控工人的活动。从1827年前后到1832年，经济衰退造成食品价格飞涨，巴黎还爆发了霍乱疫情。在这种条件下，城市人口的增长使工人的境遇更为恶劣，极度贫穷、失业和疾病成为普遍现象。

"七月革命"之前的几年中，工人开始支持自由派的诉求。他们在"光荣的三日"中建造并坚守了街垒。在付出了如此多的支持后，他们自然希望革命结束后自由派也能够声援他们。新政权建立后不久，工人就开始进行和平示威，并派代表与政府接触。他们要求更短的工作日、更高的工资并禁止使用威胁他们生计的新机器。　〔102〕

然而，掌权后的自由派对工人的诉求置之不理。他们表现出一副居高临下甚至鄙夷的态度，使事态更为紧张。一些自由派报纸把工人称为"蛮族"和"野人"，或者指责他们行为幼稚，要给他们上一堂"经济规律"的课。基佐解释说，"在正常情况下"，资本和劳动力之间的关系"自会安顿下来"。任何干涉行业自由的举动都不会有效，甚至会带来危害。[24]

一些自由派表示，政府帮助穷人的计划会滋生懒惰。提高工资或者改善工作条件不会带来任何改良，只会阻碍工人学到他们所需的价值观和应当养成的习惯。对这个问题的通常说法是，工人懒惰败坏；他们的钱没有用来养家糊口，而是都花在酗酒和嫖娼上了。因此，应当尽可能避免国家干涉经济，否则只能使局面更加恶化，还可能鼓励工人，使他们认为要求援助是他们的一项权利。

此外，实际上掌权的自由派**确实**干预了经济，但是他们的干预是非常有选择性的，只对自己和自己的阶级有利。自由派支持雇主，反对工人，屡次派出军队镇压罢工和示威。他们对批评者严加审查，迫害并驱逐政治对手。他们所征的赋税对穷人的影响远远大于对富人的影响，还维持了对富有的生产者和地主有利的高关税体系。七月王朝通过的唯一一部名义上的社会法律是 1841 年对雇用 8 岁以下童工和雇用 13 岁以下儿童从事夜班工作的禁令。不过，这部法律一直形同虚设。

〔103〕

虽然罢工被列为非法活动，但七月王朝期间还是出现了多起罢工事件。其中之一是 1831 年的里昂丝织工人罢工。丝织工人因为工资降低到难以糊口而奋起抗议。他们将经济诉求和政治诉求结合在一起，改写了以前的共和主义口号，号召暴力报复。政府则派出军队恢复秩序。1834 年，里昂又发生了一起罢工。这一次的对峙升级了。两天的对垒中有近三百人丧生，数百名工人领袖被审判、定罪并被逐出法国。

工人们感到自由派政府侮辱并背叛了他们，还利用法律禁止他们结社，于是开始秘密结社。他们创办了自己的报刊。1839 年到 1840 年，出现了好几本社会主义著作，包括路易·勃朗（Louis Blanc）的《论劳动组织》（*The Organization of Labor*）、皮埃尔·勒鲁（Pierre Leroux）的《论人性》（*On Humanity*）、皮埃尔-约瑟夫·普鲁东（Pierre-Joseph Proudhon）的《什么是财产?》（*What is Property?*）以及艾蒂耶纳·卡贝的《伊加利亚旅行记》（*Voyage to Icaria*）。这些著作卡尔·马克思在巴黎时都读过。

正是在这个语境下，"社会主义"一词出现并得到了传播。这个词起初是指同情穷苦工人困境的人。此时距离马克思主义的诞生还有很多年，接受自由主义和接受社会主义也不见得就互相矛盾。社会主义一词应当来自英格兰，和那里富有的工厂主改革家罗伯特·欧文（Robert Owen）联系在一起。早在1815年，欧文就构想了一个新的"社会制度"，希望以此取代给贫困大众带来灾难的现有制度。

欧文确信他的社会主义理念"是真正合乎自由的"，因为它包括了慷慨、开明，并且是为促进共同利益设计出来的。他希望说服"思想视野开阔、自由"[25]的人士接受他的社会主义理念。他的追随者同样将"来自不同阶级和党派的思想自由人士"作为听众，认为在同情工人和愿意帮助工人这一点上，同时作自由主义者和社会主义者是完全自然和合乎逻辑的。[26] 〔104〕

但是七月王朝改变了这一切。各方人士纷纷谴责自由派自私到了无可救药的地步。他们只关心自己的阶级，对穷人毫不关心。他们夸夸其谈什么平等的权利、自由和改革，但这些都不过是"文字游戏"。

自由派完全没有任何慷慨、人道或者情感。[27]一位批评者写道，他们推行的政策只是表面上看起来自由，实际上是"害人性命的"。[28]一小撮有钱人变得更加富有，而对其他人来说，生活就犹如"一座社会地狱"。[29]还有一些人开始声称，自由派的任务已经完成了：他们推翻了旧制度，但对现在肆虐法国的问题提不出解决方案。

　　不久之后，卡尔·马克思的亲密朋友和伙伴弗里德里希·恩格斯扩展了冯·施泰因对自由主义的批判。1844 年，他在《德法年鉴》（*Deutsch-Französische Jahrbücher*）上发表论文，痛斥自由主义"虚伪的仁爱"和"虚伪的人性"，称其为不折不扣的伪善。[30]1845 年，他基于自己在曼彻斯特的研究出版了《英国工人阶级状况》（*The Condition of the Working Class in England*）。他说，可憎的不只是法国自由派，还有英国自由派。他们不但心胸狭隘、目光短浅而且自私自利。由于这些人的存在，工人被视为牛马，有时境遇还不如奴隶。自由的政府体系使每个人与所有人为战，只有自由派从中获利。

[105]　　恩格斯预言，英国和法国的状况很快就会在德意志出现，因为这些地方的社会体系基本相同。三年后，恩格斯和马克思共同撰写了著名的《共产党宣言》（*Communist Manifesto*），告诫人们革命即将到来，并在一开篇就批驳了法国自由派大臣弗朗索瓦·基佐，当时他已经成为马克思和恩格斯希望推翻的自由主义的代表。《共产党宣言》在 1848 年大革命前夜于伦敦出版。

自由放任主义和自由主义

　　如果从社会主义对自由主义的这些批评中就得出 19 世纪中期所有自由主义思想家都笃信自由放任或者自由派政府严格奉行自由放任政策的结论，那就大错特错了。欧洲各地的和大西洋彼岸的自由派对如何能够最有效地促进经济成长并解决"贫困问题"（paupersim）（这个新词来自当时的英国）存在分歧，[31]并不存在统一的自由主义经济思想。

　　一些自由派坚信帮助工人的最好办法是降低面包价格。在
19 世纪 30 年代和 40 年代的英国，这类自由派力争废除所谓的
"谷物法"。这些法案规定，从拿破仑战争末期开始加征谷物
税，在国内谷物价格达到一定水平前不得进口外国谷物。人们
认为这些法案和同时期法国通过的谷物法一样，主要惠及了贵
族和拥有土地的精英，却使穷人受苦。

　　法国的自由贸易派对新政府没有致力于降低关税十分恼火。
他们指责"**所谓的**自由党"的政策自相矛盾，并试图使当局改
变政策。[32]他们在 1841 年创立政治经济学会，并创办《经济学　　〔106〕
杂志》（*Journal économique*），极力要求"真正符合自由主义的
立法"，特别是建立更加"自由的贸易体系"。[33]他们争论"真正
符合自由主义的立法"这一点就明确说明在自由派阵营里存在
重大分歧。

　　法国自由贸易派最杰出的代言人是弗雷德里克·巴师夏
（Frédéric Bastiat）。美国当代的自由至上主义者将巴师夏尊崇为
所谓的"古典自由主义"的大力倡导者。但在当时，他代表的
是少数人的意见，在说服自由派政府实行他的想法方面几乎毫
无建树。当然，他也不认为自己是古典自由主义的创始人甚至
倡导者，这个概念当时还不存在。

　　巴师夏生于法国南部一个显赫的商人家庭，1830 年革命后
开始参与政治。1844 年，他第一次作为经济学家登场，在《经
济学杂志》上发表了第一篇文章。之后，他几乎成为欧洲最知
名，当然也是最积极的自由放任主义的倡导者。他最著名的著
作是 1846 年出版的《经济学诡辩》（*Economic Sophisms*），书中
有一段叫作"蜡烛生产者的请愿"的讽刺寓言，讲的是蜡烛生
产者游说政府把太阳完全遮住以防止对他们的产品产生不公平

竞争。

19 世纪 40 年代早期，巴师夏得知英国成立反谷物法联盟（Anti-Corn Law League）后，开始变得更加政治化。1838 年，一批曼彻斯特商人联合成立了这个倡导自由贸易的团体。联盟发起了积极的公关攻势，教育选民了解自由贸易的益处。很多人自称是亚当·斯密的门徒。他们倡导在英格兰各地建立"斯密学会"，并经常大段引用斯密的文字来支持自己的诉求。他们希望这些学会能够有助于"传播自由和公正的政治科学观"34。借由他们的努力和宣传，亚当·斯密的学说得以广泛传播，但也被断章取义和歪曲利用。他被说成自由放任主义的极端倡导者，仿佛他没有任何其他观点。众所周知，事实完全不是如此。

〔107〕

巴师夏造访英格兰并受到反谷物法联盟的热情接待。回到法国后，他出版了他的第一本书《柯布登与联盟》（*Cobden and the League*），成为法国最积极的自由贸易政策宣传家。接下来，他又出版了多部著作。1846 年，他成立了全国自由市场协会，成员包括夏尔·迪努瓦耶和让-巴蒂斯特·萨伊的儿子霍勒斯·萨伊（Horace Say）。巴师夏在全法国巡回演讲，介绍自由放任主义的优点。

自由贸易派最终也没有成功。自由派政客拒绝听从自由派政治经济学家的意见。他们对什么才是自由的经济政策有不同看法。商务大臣阿道夫·梯也尔嘲笑巴师夏的理念是"**所谓的自由主义**"理念。35梯也尔说："贸易自由是一个应该停留在书本里的理论，那里才是它的归宿；政策制定必须参考事实情况。"36他说，是否推行地方保护主义取决于实际情况，而不是那些在真实世界中毫无意义的抽象理论。很多法国自由派对此表示赞同。他们的论据之一是英国拥有法国无法复制的经济优势。允许法国在没有关税保护的情况下与英国竞争，会导致法国工业的崩溃和大规模失业。自由贸易派"**所谓的**自由主义"理念只会伤害而不会帮助法国工人。

法国的自由贸易派对这种理由不予理睬，反而更加教条。迪努瓦耶反对政府参与教育、公共事业、邮政，甚至连监管童工都反对。他说，国家唯一的正当职能就是提供内部和外部安全。巴师夏的观点只比他温和一点点。他在参选时解释说，"自由"一词对他来说意味着：努力将政府限制在其最小的职能范围内，[37] 最好的政策就是最彻底的自由放任。　　〔108〕

越来越以"社会主义者"自居的批评家也和保守派一起，驳斥自由派主张的"自由主义"，双方都把自由主义作为自由放任主义的同义词来使用。比如，社会主义者路易·勃朗就谴责了"狭隘的、鼓吹无政府主义的自由主义学说和自由放任主义理论"[38]。在马克思之前，勃朗就已经声称自由主义不过是资产阶级政治权力的体现，[39] 他用自由主义指代那些注定会造成贫困问题的经济政策，并认为亚当·斯密的法国弟子们要为贫困问题负责，因为他们相信统治世界的是个人利益。

因此在 1848 年革命前夕，自由主义受到了来自左派和右派的攻击，攻击的理由是一样的：那就是自由主义是自私、不道德和追求无政府的学说，它消解了社会结构，目的是少数特权者可以得利。这可能就是自由主义者很少使用"自由主义"一词的原因。这个词带有很强的贬义。

政府的各项必要职能

社会主义者攻击自由派倡导自由放任，完全不关心工人，这既不准确也不公平。欧洲的自由派在自由放任的问题上是有分歧的。很少有人在这个问题上固守教条。虽然社会主义者和反动分子倾向于将他们合在一起，指责他们所有人都笃信"自由主义"，但自由派本身对什么是**真正的**自由主义还存在分歧。

〔109〕鉴于七月王朝期间工业化和城市化带来的问题越来越突出，越来越多的自由派开始呼吁政府应当进行干预。实际上，有大量证据显示，法国、英国和德意志地区的自由派认为自由派和认同政府进行某种干预并不矛盾。将 19 世纪看作自由放任主义的鼎盛时期是对历史的过度简化和歪曲。

比如，托克维尔对政府干预的问题就很纠结，前后思想并不完全一致。他的政治经济学论述有些模糊甚至自相矛盾。开始撰写《论美国的民主》一书后不久，他访问了英格兰，在那里他有机会观察曼彻斯特的工人聚居区，写下了《济贫法报告》（*Memoir on Pauperism*）。托克维尔和其他许多自由派人士一样，也担心《济贫法》（Poor Laws）等计划会带来意料之外的后果，使工人丧失工作动力并助长懒散，这反过来会滋生犯罪和不道德。他谴责了所谓的"法定慈善"（legal charity），也就是国家出资的公共援助计划。但他同时也接受了一些公共援助计划的理念，比如他认为帮助老人、精神失常者和伤病者是必要的。

几年后，托克维尔在《论美国的民主》第二卷中呼吁加强国家干预以帮助穷人。此时，他宣称仅有私人慈善是不够的，还需要"公共慈善"。他担心会出现"产业贵族"。工厂主越来越富有，权力越来越大，越来越骄横，而工人则越来越士气低落并被非人化。他写道，"这个人看起来越来越像大帝国的管理者"，"那个人像牲畜一样"。工业化和劳动分工带来的惨痛后〔110〕

果使托克维尔得出结论，工人需要"立法者的特别关注"。政府需要应对"新生儿的无助、老年人的衰微以及疾病和精神失常"等普遍问题，并且应该在"出现公共灾祸时"提供援助。托克维尔说："管理民主国家的中央权力应当是积极有力的，这一点十分必要也符合理想。不需要考虑导致政府虚弱或者懒惰的问题，而是要考虑防止政府滥用其灵活性和权力的问题。"[40]

在英国，议会中的改革派对自由放任和政府干预存在多种意见。他们也可能自相矛盾，今天认为应当进行某一类干预，明天又认为应该进行另一类干预。当出现某些状况时——比如，当他们确信国家某处的经济压力大到不能忽视，而当地政府又无能为力或者不愿解决问题时——改革派常常会要求议会进行干涉。

这也有助于解释为什么学者们发现很难对密尔进行分类。一些人称他是自由主义者，其他人认为他是社会主义者。然而，实际上他对政府干预这个问题的想法和同时代的自由派差不太多。他完美地诠释了主导19世纪的那种务实、非意识形态化、非教条化的自由主义。在19世纪中叶，自由主义者也可以同时是社会主义者。

密尔出版《政治经济学原则》（*Principles of Political Economy*）时已经是知名的哲学家了。他于1843年出版的《逻辑》（*Logic*）被誉为极其重要的著作。他的《政治经济学原则》一书同样影响深远，甚至更为重要。第一版于1848年4月出版，一年内销售一空，在1849年加印第二版，成为英美大学的教材后又再版了五次。1865年还出版了平价的大众版，销量超过一万册。[41]　〔111〕

按照密尔的评估，政府有许多必要的职能。虽然他赞同自由放任主义的"总体方针"，但也承认为了"某些大善"和"公共利益"必须允许一些例外。比如，政府应当在保护弱势人群中发挥作用。应当为保护森林、水源和"其他地上地下的自然资源"制定法规。政府还应该合理地承担诸如造币、度量标准、修建并改善码头以及建造灯塔等职责。政府应当提供义务的公共教育。密尔指出，政府必要职责的例子"可以无限列举下去"[42]。

　　自由派的《爱丁堡评论》和《威斯敏斯特评论》（*Westminster Review*）鼓励读者相信市场，但也赞同新的经济监管措施，而且随着时间的推移，对监管的接受程度也越来越高。为《威斯敏斯特评论》撰稿的著名政治经济学家约翰·麦克库洛赫（John McCulloch）不仅倡导保护童工的法律，还倡导立法对穷人进行救助，以及制订政府资助的土地改革计划和公共教育。[43]他写道："自由不是政府的终结，促进公共繁荣和幸福才是政府的最终目标。自由只有在对这个目标有所贡献时才是有价值的。"[44]《威斯敏斯特评论》刊载了一系列论警察改革、工厂立法、改善煤矿工作条件、学校补助和监管难民的文章，将政府描述为仁爱的工具。《泰晤士报》（*Times*）评论说，当"社群的总体利益需要时"，立法机构不仅有权力，而且**有义务**干涉个

〔112〕人权利。[45]这种思想说服了很多议员一次次投票赞成政府的行动。政府何时应该干涉，又应该如何干涉，则要以务实的精神视具体情况具体决定。

　　在美国，自由放任主义的主要倡导者是编辑、作家威廉·莱格特（William Leggett），他对不受限制的市场的信仰当然是相当极端的。他写道，要相信"简单的自然秩序"永远是维护社群利益的最佳手段。政府能够推行的最有效的政策就是"在

最大程度上让人们自己放手去做"，换句话说，就是允许自由竞争并把政府干预限制在最小的范围内。[46]

　　然而和其他地方一样，这种理念受到了其他知名作者的挑战。受人尊敬的政治经济学教授、《美国百科全书》的编辑弗朗西斯·利伯对巴师夏的评价很高，认为应当将他的著作译为英文。但是他显然没有看到，同时主张强大的国家"对人类能力的全面发展至关重要"和国家的目的是实现"人类和社会最高理想"之间是存在矛盾的。[47]利伯写道，"一般来说"，国家的目标是"通过扫清障碍或者直接援助，帮助社会实现最高级别的文明或者人类可能达到的最大发展"。[48]

　　所有这些再一次表明，"古典自由主义"并没有主导19世纪。实际上，我们今天讨论自由主义时所讲的古典自由主义在那时根本就不存在。自由派的经济观点非常丰富，而且常常相互冲突，自由派也很少用"自由主义"来指代他们的经济观点。

　　这一点在讨论德国自由主义时可能格外有用。德国现在经常被当作自由传统的局外人，这与人们认为德国自由主义包含国家主义（statism）关系很大。但事实上，德意志自由派和欧洲其他地方的自由派差不多；他们对经济政策和政府干预也存在分歧。他们在某些情况下主张自由放任，在其他情况下则不会。他们当中既有自由贸易派，也有地方保护主义的捍卫者。大多数人坚信经济政策应当参照具体情况，在不同情况下要区别对待。　　　　　　　　　　　　　　　　　　　　　　　　〔113〕

　　和其他地方的自由派一样，德意志自由派也担心"社会问题"。在这个问题上，倡导绝对自由放任的人明显只占少数。德意志自由派了解英国工人的悲惨境遇，了解法国也在朝这个方向发展。到 19 世纪 30 年代，工业化的后果在德意志地区已经十分突出，很多人开始担心国内的贫困危机。这也是冯·施泰因撰写《当代法国的社会主义和共产主义》的背景，他把这本书作为对德意志自由派发出的警示。

自由放任主义的倡导者之一约翰·普林斯·史密斯（John Prince Smith）的父母来自英格兰，自己则加入了普鲁士国籍。史密斯 1831 年来到东普鲁士，成为德意志自由贸易运动的领军人物之一。他十分崇拜巴师夏，希望能够在德意志建立一个和反谷物法联盟类似的运动。他的大部分作品试图说服德意志自由派接受自由贸易的必要性。其他倡导自由放任主义的还包括卡尔·海因里希·劳（Karl Heinrich Rau）和大卫·汉斯曼（David Hansemann）。

但是大部分德意志自由派反对极端的自由放任理念。他们用"斯密主义""曼彻斯特主义""伪自由体系"等贬义词指代我们今天意义上的自由放任主义经济学。[49]自由派人物弗里德里希·李斯特（Fredrich List）在 1830 年到 1831 年期间去过巴黎，是《国家辞典》的创办人之一，他指责自由放任和自由派贸易经济学不过是"个人主义"（*Individualismus*），也就是自私自利。它牺牲了国家共同体的福利以使个人获得财富。[50]

〔114〕《国家辞典》的作者们则表达了更微妙的、常常是模糊的甚至是矛盾的观点。政治经济学教授罗伯特·冯·莫尔（Robert von Mohl）写道："我们绝对不能误解自由放任和自由通行，因为在错误的地方进行干涉和在需要时施以援手是完全不同的两件事。"[51]"为了整个共同体的更高目标"而对自由作出限制是完全可以接受的。冯·莫尔列举了一长串可以接受的政府干预措施——培训工人的学校、保险、低息贷款、政府支

持的储蓄银行和慈善协会。他建议政府取缔童工和过长的工时，并认为国家试图建立最低工资的制度是正当之举。[52]

德意志自由派也不认为财产权是神圣或者不可侵犯的。卡尔·罗特克（Karl Rotteck）在论"财产权"的文章中为财产权作出了辩护，但他反对"企业享有无限的自由"，将其等同于"所有人对所有人的战争"。和其他德意志自由派一样，罗特克反对让财富在"丑恶富有的贵族"手中不断积累。他倡导通过法律监管工商业，并坚信国家有义务帮助穷人。[53]

换句话说，19 世纪英法德的大部分自由派不反对政府干预，也不倡导绝对的财产权。他们当然不相信追求个人私利的人会自发地创造健康的财富分配机制或者促进社会和谐。他们借助一切机会声讨自私自利和个人主义。少数倡导绝对自由放任原则的自由派受到了其他自由派的严厉批判。

[115]

自由派论殖民地

一些自由派认为攫取殖民地能够帮助解决社会问题。不过，他们对殖民主义的看法比乍看起来的状况更为复杂。只要粗略观察 19 世纪中期英法这两大殖民宗主国中自由派的态度，就可以发现这一点。实际上，自由派可以既支持又反对攫取殖民地。

1830 年革命前夜，查理十世似乎是为了讨好公众而入侵阿尔及利亚，法国自由派对此表达了强烈的反对。他们把殖民地与贵族和专制统治画上了等号。让－巴蒂斯特·萨伊的弟子、自由派代表阿梅代·德若贝尔（Amédée Desjobert）从一开始就谴责法国在非洲的统治。在众议院，他屡次表态称这种行径在道德上是可憎的，并从根本上与自由的政治原则背道而驰。弗雷德里克·巴师夏也强力抨击殖民主义，称殖民主义"令人作呕"。另一位自由派领军人物亨利·丰弗雷德（Henri Fonfrède）称对阿尔及利亚的殖民是"可耻的"。他说，法国不是在进行教化，而是在进行灭绝。[54]

这样的思想使法国的殖民主义批判者与理查德·柯布登和约翰·布莱特（John Bright）等英国自由贸易派的思想十分接近，柯布登和布莱特是反谷物法联盟的领袖。他们也反对建立在暴力征服基础上并为极少数人利益服务的帝国。布莱特有一句名言，帝国就是"为贵族设立的大型院外救济体系①"。同样，《威斯敏斯特评论》的一位撰稿人也认为，殖民主义是"英格兰贵族剥削普通人的总体计划中不可或缺的一部分"[55]。托利党保守派认为对英国殖民地的批评是试图"煽动社会革命"[56]，这似乎佐证了自由派的观点。自由主义被视为"范围很广的民主运动"，是对宪政的攻击，还企图摧毁贵族。[57]

〔116〕

但是自由派在殖民地问题上也有不少矛盾和伪善的地方。在大声谴责查理十世占领阿尔及利亚后，许多自由派在自己掌权后却改变了想法。法军遭遇了当地人民的奋起反抗，开始杀戮无辜平民、抢夺财产并且焚烧田地和粮仓，此时，许多自由派又表示赞成征服阿尔及利亚。一些人公开把这些暴行轻描淡写为"不幸但必须要做的事"[58]。阿列克西·德·托克维尔就是这些自由派中的一员。

自由派通过几个方面为占有殖民地进行辩护。他们的论证

---

① "院外救济"（outdoor relief）是英国"济贫法"规定的贫民救济形式之一，指由政府直接提供现金补助、食物、衣服及其他用品；与之对应的是"院内救济"，即无法自主谋生的国民由育儿院、养老院等机构予以收容。——译者注

和保守派或者极端保皇派的论证还不太一样。自由派当然也提到了法国的荣誉和荣耀，但是他们要表彰的是另一种法国。对他们来说，殖民不再是强化王室和贵族地位的做法，而是改善中产阶级和贫穷阶级生计的手段。至少他们是这样讲的。

　　一些人论证说，阿尔及利亚能够为法国提供原材料，并为法国制造的商品提供广阔的市场，这对工业有利。殖民地能够为法国城市中的贫民和失业者提供一个去处，从而减少他们对国内公共秩序的威胁。托克维尔和其他自由派都相信攫取殖民地能够为法国在七月王朝统治下出现的精神和肉体上的双重败坏提供解药。他们认为，想在殖民地生存下来并兴旺发达，就必须勤奋，这种努力工作的文化可以把法国人改造成具有男子气概和爱国精神的守法公民。一些自由派还谈到了法国的"文明教化使命"，这个词在 1840 年前后第一次出现在法国词典里，特指对阿尔及利亚的殖民。[59]　〔117〕

　　到了 19 世纪 30 年代后期和 40 年代，不少英国人开始相信维持英国全球领导地位的最佳方法不是通过征服和剥削，而是通过基于自由贸易的新型帝国。他们认为，由于英格兰在工业上占据主导地位，放弃殖民地并不会损害英国经济；相反，能够实现大不列颠实质上的工业垄断，并以更小的代价维持这种地位。自由派议员约瑟夫·休谟（Joseph Hume）论证说，让英国殖民地独立是没有问题的，因为不管怎样，自由贸易都会使"全世界成为我们的附属国"[60]。听到这种观点后，德国经济学家弗里德里希·李斯特把自由贸易称为英国制霸世界的新重商主义战略。

　　英国的其他自由派则声称英国既需要"非正式"的帝国，也需要"正式的帝国"，既需要自由贸易，也需要"定居式的

殖民地"。殖民主义理论家爱德华·吉本·韦克菲尔德
(Edward Gibbon Wakefield) 的思想赢得了不少自由派的青睐。
韦克菲尔德认为，英格兰等先进商业国家的经济永远都有停滞
和衰落的危险，这些国家会出现人口过剩、生产过剩和剩余资
本，因此需要为这些国家的人找到新土地，为他们的商品找到
新市场，并为他们找到新的投资地点。只有通过定居式的殖民
地（比如澳大利亚、新西兰和加拿大），工业化的英国才能保
持增长并避免社会动乱。

〔118〕　　韦克菲尔德的思想在英国自由派当中引起了广泛共鸣。
约翰·斯图尔特·密尔谦称自己是他的弟子，并在《政治经
济学原理》中向韦克菲尔德致敬。密尔说，如果将十分之一
的英国工人和资本转移到殖民地，就能同时提高工资和利
润率。[61]

很多法国自由派也推崇这种新型帝国。1814 年，萨伊已经
欣喜地预言"各地的旧殖民体系都会崩溃"[62]。但这不意味着他
从根本上反对殖民主义。相反，萨伊赞同他和其他人所说的基
于定居式殖民地的"真正的殖民"[63]。他显然认为这种新型的、
"真正的"殖民不需要征服，只需通过他们更优越、开明的头
脑就可以办到。他写道，欧洲人具有过人的进取心和经营能力，
注定要统治整个世界。

大多数欧洲自由派理所当然地认为他们有权力征服"仍然
处于野蛮状态"的"落后"民族。但是，正如密尔所解释的，
这不代表欧洲人可以随意处置这些落后民族或者以他们为代价
无限制地扩张下去。密尔写道，对其他民族进行统治是"对待
蛮族时的一种正当的政府模式，只要是为了他们的改良，且用
到的手段有助于这个目的的实现就可以"[64]。此外，对密尔来

说，殖民统治的目的是原住民的自治。只要殖民是一项旨在各地创建自治社会的教育工程，就是合理的，这样也就不需要帝国主义强权了。

自由主义与宗教的斗争

虽然社会主义和对民主的追求越来越成为一种威胁，19世纪中期的自由派仍然害怕来自右派的反动势力。在法国，反革命的威胁是非常真切地存在的，自由主义的右翼敌人也一如既往地得到传统教会的鼎力协助，无论是天主教会还是新教教会。因此，从1830年革命到1848年革命的这段时间，很多人对自由主义和宗教之间紧张且时常敌对的关系进行了深入思考。越来越多的自由派认为，天主教、新教或者犹太教等传统宗教永远也不可能与自由的政治原则相容。 〔119〕

自由主义与天主教会

在法国复辟时期的最后几年中，政教联盟越来越紧密。极端保皇派控制的议会通过了多部自由派极为反对的反动法律。其中之一是补偿过去的逃亡分子在大革命时期财产的损失。还有两部法案合法化了大革命时期查禁的宗教教派，并将定义非常模糊的"亵渎"宗教列为犯罪。

这些反动法律非常不得人心，并触发了强烈反弹。教士正在筹划建立神权国家的谣言不胫而走。利用这种恐慌，自由派展开了大型的宣传攻势。他们在法国出版了大量政治小册子、漫画、歌曲、平价书籍和反教权主义的宣传册，以贬低和攻击教会的声誉。平价版的伏尔泰反教权主义著作和《教士的公民组织法》的宣传册广为传播。《法兰西邮报》（*Courrier français*）向读者刊发了典型的警告信息，称天主教教士是"自由宪法、社会保障和一切解放人类才智的努力的敌人"[65]。

民众对教会和专制主义同流合污的愤怒导致"七月革命"
〔120〕期间及之后接连爆发了激烈的反教权运动，自由派政府则心照
不宣地支持这些运动。因此，有理由相信政府会实行反教权路
线，人民看到了废除《教务专约》这部拿破仑签署的政教协议
的希望。

然而，在这个议题以及其他许许多多议题上，很多自由派
人士的希望被他们新建立的、理应是自由的政府打破了。新宪
法确实将天主教从国教降级为"大多数国民的宗教"，并且承
诺实行宗教宽容和结社自由，但是没有废除《教务专约》。教
会和国家仍然保持特殊关系，政府也继续支持并控制教会。教
皇格列高利十六世最终对七月王朝非常满意，他要求法国教士
为新国王祈福。

但是，这是否意味着教皇认为天主教和自由的政府原则能
够兼容呢？到底有没有可能同时成为良好的天主教徒和自由派
呢？一群积极发声的天主教徒对此的回答是掷地有声的肯定。
他们的领导者是教士于格·费利西泰·罗贝尔·德·拉梅内
（Hugues Felicité Robert de Lamennais）、亨利－多米尼克·拉科
代尔（Henri-Dominique de Lacordaire）和贵族夏尔·德·蒙塔
朗贝尔。

"七月革命"后不久，这三人创办了《未来报》（L'Avenir）。
该报在报头就号称他们既信仰天主教，也是"真正自由的"。
前几期刊登的一篇文章甚至宣称"天主教徒不作自由派才是自
相矛盾的事"[66]。但是很多人对此表示怀疑。

《未来报》有三个主要目标：把天主教教士从保守派和反
革命分子那里吸引过来，说服天主教徒相信他们也能成为自由

派，并且说服现政府放弃对教会的控制。《未来报》的撰稿人指责政府不够自由。只有从政府的控制和干涉中解放出来，天主教才能繁荣发展；那时，它才能够发挥为法国带来稳定和秩序这个命定的作用。 〔121〕

　　毕竟，自由派天主教徒可以把信奉天主教的比利时作为榜样。比利时在 1830 年革命期间获得了宪政，进行了政教分离，而那里的天主教依然十分繁荣活跃。天主教徒可以是自由派，天主教会也能在自由的政府体系下繁荣发展，比利时就是一个例证。

　　法国的教会统治集团公开查禁了这些观点，《未来报》只办了一年。之后，教皇格列高利十六世颁布了通谕《诸位惊奇》（Mirari Vos），斥责了所有天主教自由派。这对自由主义的历史发展产生了重要影响。教皇没有故作斯文，而是将自由主义称为致命的"瘟疫"，因为它造成了宗教冷漠并使人们质疑对政府的服从。教皇明确谴责了政教分离和良心自由，甚至为焚书进行了辩解。

　　通过这些举动，教皇向全世界释放出了一条强力信息：自由主义的政府原则和罗马天主教从根本上是不兼容的。因教皇庇护六世谴责法国大革命而造成的天主教会与自由主义的公开分裂，现在更加严重了。

　　《诸位惊奇》对各地的天主教自由派都是致命的打击。为了服从教皇，一些人放弃抗争走向沉默。但是教皇的谴责并没有一劳永逸地平息天主教自由派的运动。蒙塔朗贝尔最终重新崛起，成为这场运动的主要领袖之一。杜庞卢①和拉科代尔也

_____

①　费利克斯·杜庞卢（Félix Dupanloup），法国天主教教士。——译者注

没有放弃。其他知名的天主教自由派也站了出来，比如德意志地区的伊格纳兹·冯·多林格（Ignaz von Döllinger）、他的英国弟子阿克顿勋爵以及美国的奥雷斯特斯·布朗森（Orestes Brownson）。很多意大利人、西班牙人和西属美洲的居民都坚持认为天主教和自由的政治原则是兼容的。有些人甚至梦想出现一位思想更自由的教皇，改革教会并重振天主教，使其与自由主义的时代精神和谐相处。虽然托克维尔算不上有宗教信仰，但他的《论美国的民主》也认为天主教能够在民主中生存下来甚至繁荣发展。

〔122〕

自由主义与新教

不信天主教的自由派信奉各式各样的宗教信仰。虽然很少有无神论者，但许多人激烈反对天主教。一些人自称"自由派基督徒"并笃信与维勒斯、贡斯当和斯塔尔捍卫的宗教类似的某种新教。他们倡导自由派政治经济学家让－夏尔－列奥纳尔·西斯蒙第给美国"一位论派"领袖威廉·埃勒里·钱宁的信中所写的"理性和自由的宗教"[67]。在基督教传统派看来，这当然根本就不是宗教。

自由派与天主教和新教正统派的斗争在德意志地区特别激烈，这里是自由主义神学的故乡，最高级的《圣经》批评也在这里进行。19 世纪 20 年代，这里出版了多部引起争议的图书，书名中经常提到耶稣生平并声称书中的研究对《圣经》历史上准确和不准确的部分进行了区分。这些书籍引起了不少争议，使自由派和正统派之间的关系更为恶化。

神学家海因里希·埃伯哈德·保卢斯（Heinrich Eberhard Paulus）就在 1828 年写了这样一本书。他的《作为古基督教史背景下的耶稣生平》（*Life of Jesus as the Basis of a Purely*

Historical Account of Early Christianity) 对《圣经》中的奇迹作出了合乎理性和自然的解释。几年后，他的学生大卫·施特劳斯 〔123〕（David Strauss）的《批判地审视耶稣生平》 (*Life of Jesus Critically Examined*) 引发了更大的毁誉。这本书声称《圣经》追述的耶稣生平中的主要事迹不仅在实证上是不准确的，而且根本就是早期基督教徒编造出来的神话。

"七月革命"使德意志地区的统治者们相信这些思想对他们的权威构成严重威胁。1840年登基的普鲁士国王腓特烈·威廉四世立刻向新教教士施压，迫使他们接受宗教正统，否则就得解佩离职。《新教教会报》的埃内斯特·威廉·亨斯滕贝格成为其积极伙伴。他们加强攻势，试图铲除理性主义对新教教会的一切影响。他们威胁、打击自由派牧师并最终以新正统派牧师取而代之。"自由主义的时代精神"不停地被批判为魔鬼之作，宗教改革派则被指责在怂恿各种罪恶。他们警告德意志人民，如果效仿法国人宣扬"八九思想"① 并要求宪政改革，就会遭到上帝的谴责。

腓特烈·威廉四世不仅与各种新教教会结盟，还支持天主教会中最保守的派系。由于他的支持，德意志成为大量天主教传教团和宗教朝圣活动的乐园，令自由派沮丧失望的是，这些活动异常流行。在1884年，仅仅七周就有50万朝圣者前往特里尔市朝拜"圣尸衣"，据说这是耶稣下葬时的裹尸布。这次朝拜成为欧洲有史以来最大规模的朝圣活动。

尽管环境充满敌意，德意志自由派仍然奋起反击，《国家辞典》的作者们屡次以最强烈的口吻谴责新正统主义运动。他们对天主教格外不留情面。一篇文章甚至将教皇称为"德意志民 〔124〕

---

① 即"革命思想"。因法国大革命发生在1789年，故称"八九思想"。——译者注

族最恶劣的敌人"，而一篇论耶稣会会士的文章则指责他们试图将世界变成"黑暗与迷信的帝国"，他们的目的是回到"野蛮主义、宗教裁判和信仰审判的年代"。《国家辞典》也没有放过新教的新正统派，攻击他们传播"迷信、黑暗、等级制的专制和不宽容"。

不过，作者们也全面反对无神论。一位作者写道，宗教是至关重要的，因为它是"人类道德的教化者"。另一位则写道："宗教使所有的公民义务成为良心之举。"[68]

《国家辞典》作者既反对无神论也反对迷信，他们倡导我们之前所说的自由和理性的宗教，也就是不那么关注教条、仪式和服从，更关注改善公共道德的宗教。上面提到的《耶稣生平》的作者海因里希·保卢斯撰写了数篇直接分析《圣经》的文章。他说，《新约全书》不应该被当作"神学上的形而上学"来阅读，而应该被看作向那些追求道德生活的人提出的实用建议。真正的基督教是与时俱进的宗教，要随着历史发展不断演进并自我完善。只有这样，基督教才能实现其教化社会的目的。[69]

19世纪40年代出现了两场宗教运动，它们给德意志地区统治者带来的忧虑远远超过以前出版的所有百科全书。1841年，一群新教教士创立了名为"新教之友"（Protestant Friends），后来别名"光明之友"（Friends of Light）的运动。"新教之友"的宗旨是建立一个不受政府和宗教正统派控制的人民的教会。他们举行露天集会，不同背景和不同信仰的人聚集在一起讨论重要的宗教和政治议题。很快，他们就开始要求新闻自由、言论自由、结社自由以及更具代表性的政府。

〔125〕

普鲁士的执政者很快将其视为威胁，他们指控运动的领导者是秘密谋划革命的无神论者。1845 年 8 月，集会被法律禁止。

　　1844 年 12 月，一位被逐出教会的天主教教士在一位激进民主派的帮助下创立了另一个名为"德意志天主教徒"（German Catholics）的异见运动。这两人憎恶威权主义以及在他们看来天主教会的各种迷信教条，耶稣裹尸布的朝圣活动令他们十分气愤。不久后，新教自由派就加入了"德意志天主教徒"运动，共同创办了自己的普世、以民主原则运作的教会组织。一些成员开始提到能够联合并超越所有信仰的"人道宗教"（Religion of Humanity）①。他们倡导完全的信仰自由和政教分离。

　　到了 1848 年，"德意志天主教徒"运动已经吸引了约 15 万名成员，并成为革命前德意志地区最大的抗议运动。自由派律师和政治人物古斯塔夫·冯·施特鲁韦（Gustav von Struve）对运动的成功非常欣喜，他写道，"德意志天主教徒"运动在几个月内取得的成果比政治自由主义自德意志解放战争以来取得成果都要多。[70]

自由主义与犹太教

　　将基督教重塑为一种自由和普世的宗教，这对犹太人也产生了重要的影响。犹太教本身正在经历一场自由化。对犹太教堂礼拜制度的改革自 19 世纪 10 年代就开始了，到 19 世纪 40 年代中期，改革运动已经扩散并吸引了很多中坚分子。各地的教会开始引入一些对传统做法和信条的修改，比如男女同席、在礼拜中使用德语，宗教节日只庆祝一天以及引入领唱和合唱。 〔126〕

---

　　①　也译作"人道教""人文宗教""人性的宗教"等。——译者注

改革者的目标是重振犹太教，使其更现代化；和其他宗教自由派一样，犹太教自由派也认为应该弱化宗教的形式外衣，转而强调其道德本质。由此，搭建一条连接犹太自由派和基督教自由派的桥梁成为可能。[71]"光明之友"和"德意志基督教徒"运动欢迎犹太人，也有许多犹太人加入这两个运动。

然而，我们不应夸大自由派基督徒的普世性。犹太教改革派和犹太人解放的问题紧密相关。很多犹太自由派人士盼望彻底实现公民和政治平等。德意志自由派讨论了这个问题，古斯塔夫·施特鲁韦和曼海姆的异见牧师卡尔·朔尔（Carl Scholl）等人是这一思想的积极倡导者，施特鲁韦认为不支持犹太人的解放和选举权就是"假的自由主义"。朔尔则在1862年举办了世俗婚礼，迎娶了一位犹太教拉比的女儿雷吉内·埃勒（Regine Eller）。[72]

不过，大多数德意志自由派没有那么积极，赋予犹太人公民和政治平等的提案在议会中屡次受挫。一些自由派人士说，只有当犹太人"改善"了他们的道德之后，才能准许犹太人解放。这里，很多自由派人士希望超越宗教分歧而不是正面接受分歧。[73]他们认为，某种形式的自由新教最像是能够超越其他宗教的宗教。

社会主义对自由派宗教的批判

早期的社会主义者和自由派一样，对当时的天主教非常敌视，他们也呼唤更务实和人道的宗教。然而，大部分社会主义者对自由新教不感兴趣。他们认为自由新教是过度重视个人主义和智识的宗教。他们对自由派很失望，经常谴责自私自利，并提到需要改革，但是最终在致力于道德改良和智识进步外也

〔127〕

没有提出什么方案。

罗伯特·欧文的追随者对英格兰的建制派教会疑心重重。英国工人阶级运动"宪章运动"的成员则呼吁回到早期基督教的信条和耶稣的价值观：平等、博爱、团结。运动的领袖欧内斯特·琼斯（Ernest Jones）宣称："基督是第一位宪章主义者，民主是实践中的福音书。"[74]法国社会主义者埃蒂耶纳·卡贝也说，"共产主义就是基督教"，其他人则说共产主义是"行动中的福音书"。[75]

* * * * * * * * * *

19世纪30年代和40年代的自由派盼望改革和进步，但他们常常对实践中什么才是改革和进步存在分歧。应该赞成多大程度上的民主？应该支持哪几类社会改革？在某些情况下，是否可以主张对压迫人民的政权使用暴力？殖民地是否符合国家利益？以及最后但同样重要的问题——自由主义和宗教之间的关系。

实际上，我们对19世纪自由主义许多先入为主的看法都缺乏事实依据。认为所有自由派都是反民主的，这固然是过度简化的看法，但大部分自由派确实纠结于普选权的问题。他们也不都积极赞同自由放任主义或者狂热地支持殖民主义。他们的宗教观远比人们通常所想的要丰富和多样化。虽然他们的重炮对准的是反革命分子以及宗教和政治上的保守派，但他们的内部也有争论。来自欧洲各地、美洲甚至更远地方的自由派都在 〔128〕争论什么才是"真正的自由主义"。

所有这些争论中有一点可能使今天的我们感到意外。和他们的前辈一样，大多数19世纪中叶的自由派并不像我们现在认为的那样如此关注对个人权利和利益的保护。对他们来说，这样做只会助长自私。

自由派始终认为自己在争取共同利益，并且继续从道德角度理解这个共同利益。今天我们可能会认为他们幼稚、受到了蒙骗或者口是心非。但对 19 世纪的自由派来说，自由派意味着信奉某种伦理改革，意味着接受一套历史悠久的道德理想。自由派赞同朱塞佩·马志尼，他在《论人的种种义务》（"On the Duties of Man"）中宣称自由的社会不能只建立在一套权利理论之上。他写道，"权利只能作为履行义务之后的结果存在"，否则"我们就有制造利己主义者的危险……这必然会导致可怕的灾难性后果"。[76]

第四章　品格问题

公共道德的败坏会很快，可能会非常快地招致新的革命。

——阿列克西·德·托克维尔，1848 年

1848 年 1 月 17 日，托克维尔在法国国民议会发表了一篇后 〔129〕
来十分著名的演说。他以惊人的远见，预见了一场新的革命正
在迅速到来。他说，革命的诱因是七月王朝的种种缺陷，政府
缺乏真正的领导者，不愿意进行改革，对穷人的困境漠不关心。
他接着说，在座的代表必须意识到，由于政治体系腐败丛生，
而诸位代表又在如此多的问题上拒绝妥协，法国工人已经不再
满足于简单的政治改革了；他们现在希望推翻整个社会体系。
托克维尔说："我们正睡在火山口上。"

托克维尔所说的火山口就是社会主义。在他发表这篇演说
后不到一个月，巴黎群众再次涌上街头，这一次他们要求成立
民主和**社会主义**的政府。

1848 年之乱

法国在 1846 年出现了严重的工农业衰退，工人和农民苦不 〔130〕
堪言。到 1847 年末，已有三分之一的巴黎工人失业。此时的法

国政府却拒绝进行改革或者扩大选举，有关政府贪污腐败的报道十分流行。[1]对基佐政府的批评声浪越来越高。卡尔·马克思在《法兰西阶级斗争》（*Class Struggle in France*，1850）的一个著名段落中形容七月王朝"不过是剥削法国国民财富的股份公司"。

多年来，自由派的反对党领袖一直没能说服基佐政府扩大选举并进行其他改革。受挫的反对派转而鼓动民众，在各省举办宴会以争取支持。计划中，这场运动将在 1848 年 2 月 22 日于巴黎举行的大型宴会中达到高潮。政府担心出现起义，禁止举办宴会，并派出警察袭击示威者。民众对这种专横的做法十分愤怒，纷纷涌上街头，高喊"打倒基佐""改革万岁"的口号，并筑起街堡。基佐被迫辞职；路易 - 菲利普逊位逃往国外。

在群众的压力下，众议院拟定了临时政府成员的名单，包括九位知名的共和派和两位知名的社会主义者：路易·勃朗和工人亚历山大·马丁（Alexandre Martin）。临时政府迅速选举产生制宪会议，任务是制定一部以男性普选权为基础的新宪法。于是，在短短几天的时间里，法国就从选举权十分有限的君主立宪政体转变为比欧洲任何地方的民主选举权都更普遍的共和政体。选民数量从 25 万人增长到将近 1000 万人。

[131]

然而，正如托克维尔所预见的，扩大选民范围并不足以平息民众。2 月 25 日，群众再次开始聚集，这一次他们要求"工作权"。为回应来自民众的巨大压力，政府宣布开办国家工场来雇用工人，还实施了一些进步的社会和政治措施，比如废除政治犯的死刑以及殖民地的奴隶制。

革命的前期大体上得到了来自英国和美国的同情和支持。宪章派向法国人民发去贺信并组织了数场大型示威活动，希望说服英国议会也将投票权赋予全体英国成年男性。约翰·斯图尔特·密尔对革命的消息十分雀跃，他说："没有什么事情能够超越它对世界的重要性或者它的成功所能带来的重大利益。"[2] 任何政府都不要期望自己能在拒绝改革的情况下继续执政。路易－菲利普的政府是非常堕落的，其目的只是"无耻地追求个人利益"[3]。

美洲各地都举行了庆典，新闻界也称赞这次革命相对来说流血较少，权力交接也比较和平。美国驻巴黎的大使在法兰西共和国宣告成立四天后就承认了新政权，美国总统波尔克向法国人民发去贺电，称革命是一场"壮丽的奇观"[4]。美国国会也发去了类似的贺电。

巴黎发生革命的消息在中欧引发了动荡。那里的自由派在工人的支持下要求宪政改革。当局拒绝改革后，民众纷纷起义，迫使统治者屈服。普鲁士政权的倒台激励了德意志各邦的自由派，他们聚集到法兰克福召开议会，为统一的德意 〔132〕志国家制定了一部宪法草案。他们最珍视的理想似乎就要实现了。普鲁士的腓特烈·威廉四世则将其定性为"撒旦的再次出动"[5]。

革命的余波还不止于此。在意大利半岛和西西里，起义迫使统治者接受自由派的改革。罗马的起义者推翻了教皇。意大利自由运动的领袖朱塞佩·加里波第（Giuseppe Garibaldi）挺进罗马，并请求马志尼协助他建立政府。新政府将基于更自由的原则，包括宗教自由和政教分离。这两条很快就得到了实施。庇护九世在流亡中痛斥自由主义，称它"对任何世俗和神圣的律法来说都是可憎的、骇人的、非法的、不虔诚的、荒谬的、亵渎神灵的和不可容忍的"[6]。

自由派大战社会主义

法国在 1848 年 4 月 23 日举行的新国民议会选举是欧洲历史上第一次男性拥有普选权的选举。然而讽刺的是，选举使包括王党分子在内的保守派成为多数并上台执政。他们对国家工场毫无兴趣，并关停了工场。政府的行为激怒了巴黎市民，多达 50 万市民再次发动了史称"六月起义"的起义。

这一次，政府拒绝向群众的压力妥协，议会派出在阿尔及利亚战争中以残暴而闻名的卡芬雅克将军对示威进行军事镇压，在三天的流血斗争中，有 3000 多名示威者被杀，15000 人被捕，其中很多人被押往阿尔及利亚的监狱营。

法国和海外的报刊将这场战斗形容为野蛮与文明的斗争。
[133] 他们称示威者是"疯子""野人"，是烧杀劫掠的"食人族"。目击者对妇女也参加了起义感到特别震惊，称她们比男人还要残酷和野蛮。在他们看来，社会主义正在威胁社会，造成全面混乱。起义被镇压后，巴黎的新闻界为"秩序、家庭和文明理念"的胜利弹冠相庆。[7]

大部分自由派现在成了所谓的"秩序党"的支持者，这个党也被称为"自由联盟"。在卡芬雅克将军的要求下，很多自由派同意为政府的宣传攻势出力，以保护法国免受社会主义的攻击。当选议员的夏尔·蒙塔朗贝尔谴责政府出资建立的工场是对财产权的公然践踏，这是具有代表性的言论。阿道夫·梯也尔成为自由联盟的领导人之一，他出版了自己的《论财产》（*On Property*）的平价版，指责社会主义者企图废除"神圣的"[8]财产权以及与之相伴的家庭。实际上，自由主义者格外强调的是后者。

1848 年 11 月 4 日，新宪法颁布。虽然所有男性公民都获得了选举权，但是在宪法的前言中规定了公民的权利**和义务**。第四条宣布家庭、工作、财产和公共秩序是共和国的基石。第七条申明所有公民都有工作、储蓄和帮助他人的义务，同时要服从道德和成文的法律。

1848 年 12 月 10 日，发生了一件所有人都不可能预料到的事情。在法国首次基于普选的总统选举中，前皇帝的侄子路易·拿破仑·波拿巴（Louis Napoleon Bonaparte）取得了压倒性的胜利。他在七月王朝期间曾经两次试图发动政变，都以惨败告终。二月革命爆发时，他正流亡伦敦。不过，拿破仑一世死后，拿破仑的传奇就一直在民间流传，他的侄子这次继续打造这个传奇并从中受益。他回到巴黎参选并赢得了选举。〔134〕

这第二位拿破仑刻意以第一位拿破仑为样板。他将自己包装成超然于政治之上并能够团结整个国家的人。对右派，他装作是秩序与稳定的捍卫者；对左派，他又将自己打造成工人的捍卫者、向贫穷宣战的神圣斗士和保卫革命价值的领袖。对所有人，他都承诺会带来繁荣和荣耀。

作为总统，路易·拿破仑与"秩序党"保持高度一致。法国大革命的标志被宣布为非法；红帽子被取缔，自由树被砍倒，结社自由和新闻自由受到钳制。他的政府打击记者和政治活动分子，迫使很多人转入地下。抗议者会立刻被逮捕。1850 年通过的新选举法使 30% 的成年男性和大部分巴黎工人又失去了选举权。一些史学家将路易·拿破仑建立的政府形式称为现代警察国家的早期版本。

革命的恐惧使自由派"秩序党"的重要成员改变了对天主教会的态度。他们现在认为在与社会主义的斗争中需要教会。

过去对教会一直不怎么友好的梯也尔于 1849 年在议会发表演说。他宣称："我希望使教会拥有巨大的影响力，我要求强化教区牧师的作用，使他们发挥比现在重要得多的作用，因为我要依靠他们宣传正确的哲学，教育人民他们生来就要受苦。"[9]梯也尔继续说，教士应该告诉人民，他们的痛苦不是富人的过错，而是上帝的旨意。上帝希望借此鼓励人民为了自己的福祉更加辛苦地劳作。[10]一年后，法国军队拥立教皇在罗马复位，直到1870 年，教皇都受到法军的保护。

〔135〕

同时，自由派的"秩序党"在 1850 年 3 月通过了所谓的"法卢法"（Falloux Laws）。这些法律允许天主教徒开办学校并在公立学校推行天主教的宗教教育。梯也尔解释说："今天，当暴力的共产主义威胁我们的社会时，教育必须唤醒人们的宗教情操以帮助我们在这场共同的战争中击退野蛮人。"[11]基督教教育的目的是"规训儿童接受服从，抵抗激情的诱惑，在自由的意志中接受劳动和义务的法则，并订立秩序与规则的习惯"[12]。

梯也尔被提名进入公共福利委员会，他在 1850 年草拟了一份关于法国社会问题现状的报告。他写道，对穷人的救济原则上是很好的，但是这种帮助必须是志愿的和自发的，才能被称为良性。慈善永远不应该是强制性的，因为这只会事与愿违并引发腐败，还会使穷人不再心存感激。报告的结论是，国家的作用应当始终被限制在尽可能小的范围内。[13]

在德意志地区，在 1848 年革命最初的胜利之后，接踵而来的也是自由派的恐慌、派系纷争和失败。刚开始的斗争胜利后，自由派就爆发了内部纷争。面对有时会导致暴力的工人示威，自由派内部的混乱更加严重。所有自由派都希望改革，但是他们对改革的定义和侧重点各不相同。一些人认为统一德意志并颁行宪法是最重要的目标；一些人希望建立多个共和国；还有人希望看到重大的社会变革。有些人赞同男性普选权；其他人则不赞同。

很多德意志自由派感到财产权受到威胁，这使他们恐慌不已，促使他们与保守派站到了一起。约翰·斯图尔特·密尔对法国资产阶级的评价同样适用于德意志的中产阶级：只要一想〔136〕到重大的社会变革，他们的内心就完全被"疯狂的恐惧"占据，以至于他们情愿投入任何政府的怀抱，只要这个政府能够保护他们免受社会主义革命的侵害。[14]

溃败与反动

1848 年的革命使欧洲各地的自由派陷入恐慌，意志消沉。他们害怕工人阶级的运动，内部意见的分歧也削弱了他们，导致他们最终对自己坚持的原则作出了妥协——有些人会说，他们根本就是放弃了自己的原则。这为两位威权统治者——法国的拿破仑三世和数年后德国的奥托·冯·俾斯麦的崛起铺平了道路。德意志和意大利的自由派放弃了统一的希望。法国军队直到 1870 年都驻扎在罗马，从而使意大利无法与其天然的首都统一。在中欧，哈布斯堡王朝的势力得到恢复，与之相伴的是残酷的镇压。

接下来是长达十年的反动时期。统治者修改或者废除了他们以前颁布的自由宪法，并以保守派替换掉自由派的高官。在一些地方，政府以暴力进行报复打击。在巴登大公国，投降的革命党人中有 10% 的人受到军事审判并被处决；其他人则被判以重刑，许多人被迫流亡或者出逃以躲避诉讼。光是在巴登一地，就有八万多名"四八党人"逃到美国和瑞士等地。各地的反动政府对新闻进行审查，解散政治俱乐部，并对可疑的自由派人士进行监视。所有这些政府都加强了与宗教正统派的关系。
〔137〕教皇在罗马复位后就开始镇压和惩罚。

许多人得出结论，认为自由主义已经终结。一些人说，自由主义本来也不过是一堆过时且无法兼容的理念组成的混合物。自由派理应放弃他们的白日梦，重新支持强人统治，支持一位"恺撒"的出现。[15]

法国人很快就迎来了这样的机会。1851年12月2日，在1804年拿破仑一世登基和1805年奥斯特里茨战役胜利的纪念日上，拿破仑的侄子导演了一场针对法兰西共和国的政变。路易·拿破仑逮捕了主要的反对派领袖，解散议会并承诺颁布一部以他的叔叔拿破仑一世的宪法为蓝本的新宪法。在接下来的一段时期内，他中止了正常的法律，以政令治国。数千人被投入监狱或者被押往罪犯流放地，还有数千人被迫流亡海外。政府在1852年12月2日，也就是政变的一周年纪念日进行全民表决，拥立总统路易·拿破仑·波拿巴为法兰西帝国的皇帝。

路易·拿破仑按照叔叔的前例成立了新的伪民主政权。可以说这简直就是贡斯当和托克维尔最恐怖的梦魇成真：又一个伪装成民主的独裁政府。新宪法虽然基于人民主权和代表制政府的原则，但赋予了路易·拿破仑比所有前任都大得多的权力。

拿破仑三世声称，一个人永远能够比一个政治体更好地维护民主的最佳利益。[16]他极大地削弱了代表制议会的实权，操纵选举并利用新闻审查和警察监视来防止反对势力的扩散。他动用了前所未有的宣传攻势影响民意并通过全民投票制造民众支
〔138〕持他的假象。极度失望的托克维尔称其为"帝王专制"[17]。密尔对这位皇帝极度厌恶，以至于在接下来的十多年里，他再没有

对法国政治发表过什么看法。[18]

海外观察家也察觉到这个政权的诡异之处：腓特烈·威廉最亲密的政治顾问利奥波德·冯·格拉赫（Leopold von Gerlach）称其为"专制主义和自由主义的邪恶联姻"[19]。英国报纸称其为新型独裁：民主与帝国主义的结合。出现了一些新词来形容它，比如"波拿巴主义"和"拿破仑主义"，由于新皇帝喜欢自比为尤利乌斯·恺撒（Julius Caesar），人们也称其为"恺撒主义"。

一些人称拿破仑三世是社会主义者。19世纪40年代，他曾在监禁期间撰写了《论消灭贫困》（*The Extinction of Pauperism*）一书。在书中，他宣称自己希望帮助工人阶级。成为皇帝后，他实行了一系列表面上旨在改善工人生活的社会改革。他在巴黎为伤病者建立了两座新医院，创立了为无法负担法律费用的人提供法律援助的项目，并为那些给工人建造廉价住房的公司提供补贴。他推行了大规模的公共事业计划，雇用了成千上万的工人改善巴黎的环卫、供水和交通。自由派失望地认为他只是在试图买通工人，使工人效忠于自己并脱离自由派和共和派的政治。拿破仑还开凿了多条运河，鼓励铁路建设，并发展了银行和信贷机构。

令许多人失望的是，拿破仑对天主教会作出了更多的让步以换取教会的支持。他将宗教预算从3900万法郎增加到4800万法郎。教士数量从46000人增加到56000人。公立学校每周四和周日都要强制举行弥撒，每学期进行一次忏悔。他在复辟帝制前为马赛的新教堂奠基，之后不久，巴黎的圣热纳维耶夫教堂（也就是之前的先贤祠）举行了隆重的剪彩仪式。仪式包括复辟后在巴黎举行的第一场重要的宗教游行，〔139〕

将圣人的遗物搬回教堂。[20] 同时，法国军队依旧驻扎在罗马保护教皇。

庇护九世

庇护九世在 1846 年当选教皇后迅速释放出自己愿意进行自由改革的信号。他释放了大量的政治犯，减少了对新闻的限制，并成立了一个由世俗人士组成的顾问委员会协助他治国。他承诺将进一步推进改革，并很快就在全世界范围内获得了"自由教皇"的美誉。

但是 1848 年的革命使他大为惊愕，并从根本上改变了他的想法。庇护震惊于群众的暴力，他认为绝对不能容忍群众提出的蛮横要求，于是转而反对自由主义，在漫长的在位期间，他都是反动派势力。他与支持他反动观点的耶稣会建立了紧密的关系。他们和其他天主教代言人炮制了大量图书、小册子和文章，将 1848 年发生在各地的革命归咎于自由主义。他们声称，人民受到了各种现代错误哲学流派的迷惑和蛊惑，其中的祸首就是自由主义。自由主义侵蚀了宗教和道德。在它的影响下，民众变得自私，追求物质享乐。一位天主教宣传人员写道："社会得病了，而且病入膏肓了。"[21] 自由主义就是"纯粹的邪恶"[22]。

教皇手下的宣传家们鼓吹需要一场针对自由主义的圣战，否则就会导致自由和野蛮的状态。他们声称，自由主义和社会主义没有什么区别，自由主义必然导致社会主义，反之亦然。两种学说都否定宗教。亟须重新教育人民接受天主教教条，否则自由主义就会毁灭一切——无论是爱国主义、智力、道德，还是荣誉。这类宣传运用末世论调的语言制造恐慌。在一本被译为多种语言的书中，天主教宣传人员胡安·多诺索·科尔特斯（Juan Donoso

[140]

Cortés）宣称西方文明走到了"有史以来最大的灾难"[23]边缘，这将是一场天崩地裂式的危机。这些都是自由主义造成的。

梵蒂冈教廷与各地的反动政府合作，发起新举措对欧洲民众进行天主教再教育。他们特别运用了各种诉诸情感并强调服从、受苦和神迹的大众虔诚形式来吸引妇女。1854 年，庇护宣布了"圣母无罪成胎论"（Immaculate Conception）的教义，即圣母玛利亚生来就没有原罪。在它的助力下，掀起了一场宗教狂热的大爆发，妇女在其中发挥了重要作用。在拉萨莱特（1846）、露德（1858）和蓬特曼（1871）都出现了玛利亚显灵。民众，特别是妇女对迷信的热衷，使惶恐的自由派格外失望。

在德意志地区，政教联盟在 1848 年革命后也更加紧密。他们联手不断攻击理性主义、自由主义和"1789 年精神"。他们把更多的资源分给天主教传教团，其足迹遍及数千个村庄、城镇和主要城市。传教团的教士斥责 1848 年的起义是撒旦所为，声称不悔改的罪人将受到永恒的天谴。

传教团在民众中广受欢迎，这令自由派更加失望。德意志的一个传教团就吸引了两万多信众。愤怒的自由派批评传教团散播"宗教疯狂"和精神疾病，称传教团是一种与最基本的自由主义信念为敌的瘟疫。自由派痛斥天主教会在进行一场残酷的运动，以"反对教化……反对光明和启蒙，反对人民的安乐，反对国家的福祉和家庭的幸福"[24]。 〔141〕

为了不落人后，德意志各地的新教教士也通过更多的反自由主义宣传，强化对反动的支持。新教的国家教会开展了一场浩大的运动，试图说服民众接受革命是对上帝赐予的秩序和上帝本身的攻击。新创办的《新普鲁士报》（*Neue Preussische Zeitung*）与《新教教会报》合作，试图消灭自由主义。1848 年的《新教教会报》差不多每一期都会攻击革命者是不信神灵和不道德的反叛分子，他们反对上帝赐予的秩序。

　　和其他地方的自由派一样，德意志自由派也有一种更令人压抑的感觉，即自由主义已经失败并且已经终结。他们曾经为在和平统一的德国实行宪政和代表制政府而努力，但什么也没有实现。相反，他们的敌人却变得比以往任何时候都要强大。现在自由派又多了许多新的对手，其中首要的就是社会主义者。1853 年版的《布罗克豪斯百科全书》（*Brockhaus Encyclopedia*）写道，自革命以来，"自由"这个政治标签连同"自由主义"的提法都"逐渐被人弃用"。[25]弗雷德里希·恩格斯则宣称自由主义"在德国永远不可能成功"[26]。

自私的问题

　　1848 革命的失败迫使欧洲的自由派重新审视自己并深刻反省到底在哪里犯下了如此重大的错误。为什么他们如此不成功？社会主义理念为什么会吸引民众？法国的群众为什么这么容易闹革命？

〔142〕　　大部分自由派不认为不正义的社会体系是症结所在。相反，他们说服自己相信 1848 年的失败是公共道德大崩溃的结果，也正因为如此，一小撮鼓动者才能够通过向民众灌输社会主义而误导他们。托克维尔说，1848 年革命的原因是"人们思想中的某种总体性痼疾"，或者说是对"离奇"的社会主义理论的某种危险的偏好。[27]公众缺乏作出负责任的决定所需的智力能力和道德品质。相反，他们被社会主义这样的自私和物质主义的哲学流派吸引。革命验证了托克维尔在《论美国的民主》中所说的话：法国人缺乏维持自由政权所需的思想和风俗。

英格兰和美国的观察家也赞同法国人道德败坏的看法。革命确实只是加深了人们对法国人的国民性或者缺乏某种国民性的固有成见。报刊报道法国公民的道德和精神都处于堕落状态。[28]法国人缺乏基本的自控力。相关的游记也强调了这一点。法国人因为缺乏男人当有的独立和道德坚韧的品质而遭到无情的取笑。

从某种角度来说，自由派与基督教保守派和极端保皇派的看法是一致的，即深层的问题是道德问题。公众缺乏教养、自私、贪图享乐，这也是造成他们拥护社会主义理念的原因。但是，和保守派不同的是，大多数自由派不认为长期的解决办法是回归传统的天主教或者新教教会。他们不相信这个问题的解决办法是向人民灌输宗教教义或者教育他们更尊重权威。相反，他们认为人民需要培养**品格**（character）。1848 年之后，品格问题确实成为令自由派近乎痴迷的问题。

在英国，对法国人品格的轻蔑态度通常与对本国人品格的赞许交相呼应。英国人终于找到了为自己**不是法国人**而感到骄傲的理由。《爱丁堡评论》指出，自由的政府体系需要爱国的公民才能够正常运行。[29]英国人是爱国的；他们有共同体和责任的概念，这在法国根本不存在，英国人还展示出独立思考的能力，使他们不至于被独裁者的宣传欺骗。简而言之，英国之所以能避免革命，很大程度上是因为英国的国民性发挥了作用。一位记者赞叹道："感谢上帝！我们是撒克逊人！"[30]

〔143〕

英国自由党的崛起

正是在这段时间，似乎是为了确认盎格鲁－撒克逊民族的这种优越性，英格兰出现了繁荣壮大的自由党。这个自由党秉持何种信念，又"自由"在哪里呢？毕竟英国自由派不需要争取宪政或者代表制政府，因为就连保守派也大体上接受这些理念。在英国做一个自由派大致上意味着坚持 1848 年革命之前的那些理念，也就是赞同"改良""改革"和"进步"，这都是那些年日趋流行的词语。然而，直到 1859 年，几个议会党团才通过合并正式创建了英国自由党。在威廉·格莱斯顿的领导下，自由党直到 19 世纪末一直主导英国政治。

在 19 世纪中叶的英国，进步和改革总体上意味着要求取消包括英国圣公会在内的贵族阶级的特权、垄断和各种既得利益。自由派时常批评保守派只想维护那些早已过时的思想和做法。

〔144〕自由派声称，托利党人就是那些保护自己的特权和地位象征的人。他们觉得自己享有特权，认为其他人都是下级的和劣等的。相反，自由派更倾向于民主。《布里斯托时事报》（*Bristol Gazette*）解释了自由派和保守派的区别："前者想要把特权扩展给人民，后者则想为自己收回特权。"[31] 然而，我们知道，这并不意味着自由派就支持普选。

除了致力于改革外，自由党内部存在重大的分歧。那时还没有全国性的自由派组织，也没有具体的立法纲领。有些自由派赞同扩大选举范围，其他人则表示反对。虽然自由派通常支持自由贸易，但自由党从来没有把自由放任主义作为教条。大多数自由派继续支持政府应该在某些领域中进行干预，在其他领域则不应该干预。回顾下来，正如其他史学家所说，自由派的标志不完全是某个统一的政党平台，而是他们对改善英国国民道德的强调。

《爱丁堡评论》宣称，国家的职责就是向国民灌输宗教和道德，提升英国人的精神、风气和道德品格是政府的责任。这也成为自由党自我定义的一个主要组成部分，即自由党对灌输公民责任、公共精神和爱国主义的重视。尽管人们一直褒扬盎格鲁－撒克逊种族的民族性、自律能力和自治，但这些似乎还需要继续培养和鼓励。盎格鲁－撒克逊的男子气概需要持续的维护和加强。这正是政府需要扮演的重要角色。

自由放任 vs 教化

1848 年后，欧洲自由派开始痴迷于教育和教化公众。他们　〔145〕争论应该如何开展这项工作：一些人倡导传播并推行自由放任的原则；一些人对此变得极为教条。这些自由派在经历了 1848 年的革命后，声称工人的行为恶劣，因为他们不懂"经济规律"。工人的无知使他们容易上当受骗、接受骗子鼓吹的空想和荒谬的思想。[32]因此，政治经济学家最紧要的任务之一就是向公众传播正确的经济学知识。防止社会主义思想的蔓延、弘扬自由放任主义来对抗社会主义才是至关重要的。工人们需要了解，政府想要战胜甚至驯服经济规律的做法注定是要失败的。"法定慈善"**造成了**贫困问题，而不是防止了贫困的产生。

因此，大批政治经济学家开始在报刊、字典、小册子和书籍中宣传这种理念。法国的《政治经济学辞典》（*Dictionary of Political Economy*）就是一个例证。这本书讲道，认为社会主义能够消除贫困，这本身就是巨大的幻想。国家对经济的干预毫无效果，甚至可能有危害。自由派大概应该停止继续使用"社会的"（social）一词，因为这个词引发了各种疯狂的思想。[33]

1848 年之后，主张自由贸易和自由放任的思想家弗雷德里克·巴师夏将所有精力都用于对抗社会主义，以越来越尖锐的语言重新表述他以前的思想。他写道，满足工人的要求不能被

[146] 叫作法定慈善，因为这实际上是"法定的劫掠"。贫困问题不是政府干预过少造成的，而是政府干预过多造成的。政府只需要提供司法和对人身安全的保护。除此之外，应该允许上帝为人类进步而赐予我们的"和谐法则"自由地发挥作用。个人利益不受限制的竞争能够创造财富，这些财富会向下流向穷人。同时，工人们应该明白并接受他们的痛苦和煎熬都是"天意注定的计划的一部分"[34]。

巴师夏这样的法国政治经济学家继续宣扬工人阶级的贫穷和悲惨主要是他们自己的问题造成的。工人懒惰，不负责任，常常挥霍浪费。想要脱贫，工人就需要学会良好的习惯：生活规律、勤奋、节制。他们需要学习勤劳、负责和自力更生的价值——这些都是市场和宗教提倡的。最重要的是，工人需要了解政府和他们的困境毫无关系。天性决定了每一个人在社会中的地位，改善个人处境的唯一途径是改善自己的品格。

约翰·普林斯·史密斯非常崇拜巴师夏，他在 1850 年将巴师夏的《经济和谐论》（*Economic Harmonies*）译为德文。史密斯甚至否认存在什么"社会问题"，认为经济遵循永恒不变的规律，在寻找社会不满的解决方案时，如果漠视这些规律，就会导致更多的伤害而不是益处；减轻苦难的唯一途径是通过市场的自由运行使经济增长；需要让工人明白，他们的生活窘迫主要是他们自己的缺点造成的；自我提升和个人责任才是唯一的解决办法。

[147] 但是这种极端的自由放任主义思想和德意志自由派中具有代表性的观点相去甚远。自由派比以往更担心在自由放任条件下的工业发展可能会导致无产阶级的出现，也就是陷入物质贫穷和精神潦倒的群体。大多数自由派反对自由放任主义的教条

并继续用"斯密主义"和"曼彻斯特主义"等贬义词来表明这些理念既不可行，也无效果，甚至是不道德的。

约翰·斯图尔特·密尔也反对任何教条或者极端的自由放任原则。作为亲法派，他甚至致信社会主义者路易·勃朗，表达了对 1848 年某些社会主义理念的同情。密尔后来解释道，他和他的妻子花了大量时间研究"欧洲大陆最优秀的社会主义作者"[35]。

随着时间推移，密尔越来越被社会主义的一些元素吸引，这从他对《政治经济学原理》第二版和第三版的修订中就可以看出。他对社会问题越来越敏感，开始接受贫困与穷人的道德缺陷没有什么关系，而与"现存社会制度的总体失败"关系更大的理念。密尔开始相信，需要"社会变革"[36]。1866 年，他作为自由派当选议员，并极力反对一切基于自由放任原则的政策。[37]

整个 19 世纪 50 年代和 60 年代，法国的评论家都越来越致力于传播一个理念，即需要在自由放任和社会主义之间打造一条中间路线。一位宣传人员写道，自由放任主义经济学家的自由主义是一种**错误的**自由主义，只能助长社会原子主义，[38]而现在需要的是"自由社会主义"（liberal socialism）[39]。国家应该成为"文明的工具"[40]。

密尔的法国朋友、翻译家夏尔·杜邦－怀特（Charles Dupont-White）用"个人主义"这个贬义词来称呼那些倡导自由放任主义的人。在他看来，仅仅基于竞争和自利的体系是完全没有可持续性的。国家需要通过干预来促进公共利益。进步需要更多而不是更少的政府行动。他说，现在需要的是"法定慈善"。虽然他原则上赞同自由贸易，但他坚持认为"不存在 〔148〕

不受监管的自由"[41]。

和许多同时代的自由派一样，杜邦－怀特更关心现代社会造就了怎样的人，而不那么关心政府干预与否。托克维尔的《论美国的民主》就警示读者，民主社会有一种助长自私的倾向。密尔为托克维尔这部著作的上下卷都撰写了书评，他也同意这一观点。民主有一种天然的侵蚀人类品格的倾向。密尔写道，现代人很容易受到影响而变得狭隘和利己。培养另一种精神来抵御这种道德堕落的倾向是很重要的。这也是他的名著《论自由》(*On Liberty*，1859) 的观点之一，密尔在书中表达了对如何鼓励人类道德教育的忧思，而不是对国家干预主义可能带来的危险的忧虑。

家庭的作用

谈到人类教化就不能不谈妇女问题。几个世纪以来，神学家、法学家和政治思想家都主张，妇女应当扮演家庭中的社会化者和教化者这两个重要角色。他们声称娶妻成家能够驯化并教化那些在其他情况下极易沾染自私、暴躁甚至暴力行为的男人。妇女应当比男人更有爱心、更富同情心、更愿意付出，她们应当教授所有社会秩序都倚赖的价值观，比如自我牺牲、自律和对他人的同情心，这在当时是广泛的共识。这些价值观对民主也很重要，因为男人在民主中特别容易丧失自己的品格。托克维尔说："没有哪个自由的社群曾经在没有道德的情况下存在过，道德是妇女的责任。"[42] 他在《论美国的民主》中写道，妇女正是美国成功的秘诀之一。

〔149〕

因此，自由派对女性也参加起义感到格外不安。1848 年革命期间，远至美国的报刊都对妇女参加起义表达了震惊。这些妇女被刻画为同男人一样愤怒、暴力、报复心强烈，这是道德和自然秩序的明显倒退。法国妇女通过自己的行为使她们"丧失了性别特征"[43]。报刊也报道了妇女和少女在街头被强奸或者折磨的新闻，所有这些都强化了一条讯息，即妇女参与抗争性政治对公众道德来说是灾难性的。

持各种政治观点的人都认同国民的道德健康在很大程度上倚赖于妇女扮演指定的家务角色。人们的分歧不在于妇女的重要性，而在于她们应当向家人教授**哪些**道德价值。天主教会的教令是妇女应当教授传统的基督教价值：谦卑、虔诚和对权威的服从。自由派则说妇女应该教授品格和男子气概，这些是成为负责的公民至关重要的品质。娶妻成家能够使男人学会节制、勤奋并具有个人责任感。在家庭的爱护和妻子的影响下，男人会养成自我规范的习惯。他们能学会自我控制。

很多自由派也倡导另外一种基于伴侣关系而不是男权主义的婚姻。朱塞佩·马志尼称家庭是"人性的摇篮"，但又说只有当家庭是建立在彼此相爱与尊重的基础上，而不是建立在男性的权威之上时，家庭才能激发正确的价值观。他要求男人把妇女视为伴侣而不是下属。[44]对约翰·斯图尔特·密尔来说，当时语义中的家庭是"专制主义的学校"；因此家庭永远无法将儿童塑造成负责的公民。家庭教授道德的唯一途径是让家庭成为夫妻双方平等的伙伴关系。[45] 〔150〕

很多思想偏向自由的妇女不否认她们在"天性"上的差异，也不否认她们扮演的主要角色是妻子和母亲。在这一点上，她们和18世纪的前辈没有什么不同。1848年创办于巴黎的报纸《妇女之友》（*Vox des femmes*）重复了托克维尔的观点，认为国民的道德取决于妇女的道德。妇女要求改革，是为了更好地履行她们的义务；她们希望更全面地参与"人性的重建"。如果她们自己的精神都被"贬低和奴役"，又如何能期望她们能够恰当地教育家人呢?[46]要完成她们的这个任务，妇女首先要在智力和道德方面提高自己。

无论男女，自由派在投票权问题上都存在不同看法。很少有人追随美国的女权主义者伊丽莎白·卡迪·斯坦顿（Elizabeth Cady Stanton）和柳克丽霞·莫特（Lucretia Mott）去争取女性的投票权。斯坦顿和莫特不惧报刊对女性参与欧洲各地革命的负面报道，在纽约州的塞尼卡瀑布城组织了第一届全国妇女大会，此时巴黎那场恶名昭著的"六月起义"才过去不到一个月。她们以《独立宣言》为范本发布了《情感宣言》（Declaration of Sentiments），宣布"所有男人**和女人**都是生来平等的"，并且在宣言的第二部分罗列了一系列女性受到的不公正待遇。

英国哲学家和女权倡导者哈莉特·泰勒（Harriet Taylor）也是女性投票权的大力倡导者。1851 年 7 月的《威斯敏斯特评论》刊登了她的论文《妇女的选举权》，她在文中提倡在政治权利、公民权利和社会权利等所有权利领域都实现全面的男女平等。她说，妇女在取得这些权利之前都是男人的奴隶。无论男女，都不应该允许任何人在他人的领域中替别人作决定。所有职业都应当对所有人开放，并给予所有人完全自由的选择权。

〔151〕泰勒的丈夫约翰·斯图尔特·密尔也主张实现妇女与男性的完全平等，包括平等的选举权。他还进一步质疑女性的天性是不是真的与男性不同。他理论道："现在被称为妇女的天性明显是人为之事——在某些方面是强制压迫的结果，在另一些方面是不自然的刺激的结果。"[47]

密尔有很多弟子和崇拜者，包括德意志的路易丝·迪特马尔（Louise Dittmar）。迪特马尔同意以适当方式组成的家庭对自由国家的健康至关重要，将女性继续置于法律上的屈从地位将无法教化社会。妇女需要投票权、更好的教育和经济独立。只有这样才能带来自由社会倚重的幸福和道德健全的家庭。妇女的"奴隶枷锁"必须被打破。

然而，倡导女性选举权的自由派明显是少数。当时大多数自由派人士认为这是荒谬的想法。德意志法学家和自由派政治家约翰·布伦奇利（Johann Bluntschli）的看法很有代表性，他宣称给予妇女政治权利"对国家很危险，对妇女也是毁灭性的"[48]。女人多愁善感，她们在判断力方面有缺陷，如果离开家的范围，健康就会受到伤害。女性所谓的多愁善感、软弱和不理性使布伦奇利这样的自由派坚持认为妇女需要男性来管制。

人道宗教

道德问题也一如既往地与宗教问题紧密纠缠在一起。1848年革命的失败只是强化了自由派的信念：在取得任何实质性的政治进步之前，必须首先进行宗教改革。

对密尔来说，革命的一个主要教训是必须首先改变社群的思维，然后，新型的和社会主义的思想才有机会取胜。需要对人类的"智力和道德状态"进行一次"真正的改良"。一条途径是更平等的婚姻；另一条途径是通过自由教育向学生教授"最广义的伦理和政治"[49]。但是，密尔也认为改变现代人的思想需要改变宗教。基督教把人的思想束缚在个人救赎上，这使人们自私，并使他们断绝了任何意义上的对其他同胞的义务。密尔写道，需要一种能够培养人们"对共同利益有深刻情感" 〔152〕

的"人道宗教"。[50]

我们已经看到，从自由主义诞生以来，改革宗教就是自由派的关注点之一。贡斯当和斯塔尔主张需要一种新型的、开明的新教。现在，欧洲各地有越来越多的自由派开始用"人道宗教"来指代这种宗教。他们声称，需要一种"新型的、良性的福音"来激励对共同利益的热忱。[51]布伦奇利将这种去除了教条并致力于教授道德的宗教称为"耶稣的宗教"。[52]

法国自由派对这个问题的探讨最为丰富，因为他们就生活在天主教绝对主导的国家里。史学家、教授埃德加·基内（Edgar Quinet）推崇邦雅曼·贡斯当论宗教的作品，他赞同贡斯当的看法，认为自由派新教是最好的。在1856年的《论欧洲的宗教和道德状况》（*A Letter on the Religious and Moral Situation in Europe*）一书中，基内论证说，几个世纪以来天主教和专制统治勾结，使法国人变得懒惰、奴性、自私和贪图享乐。法国人怀揣着一种对权威的不健康的尊重，并全然不顾个人责任。但是问题在于，法国人不大可能全部同时放弃天主教，不可能在一夜之间就让他们转信"理性的纯粹光明"。因此，需要一种能够帮助法国人完成这种转变的过渡性宗教。基内认为，美国牧师威廉·埃勒里·钱宁的"一位论派"就是这样一种宗教。

〔153〕

其他法国自由派也认为需要一种过渡性宗教。在《宗教问题书信集》（*Letters on the Religious Question*）中，颇受欢迎的小说家欧仁·苏（Eugene Sue）写道，不能期待民众一下子唾弃天主教。"一位论派"是一个可以接受的过渡性信仰，因为它教授公民美德、爱国主义和对专制主义的仇恨。它可以作为一条通向自然宗教的道路。[53]一些自由派声称"一位论派"能够引

导人民找到更好的宗教，也就是"人道宗教"；其他人则说
"一位论派"本身**就是**人道宗教。[54]钱宁的推崇者开始通过在
《辩论报》（*Journal des Débats*）等报刊上撰写文章和将其著作
译为法文来传播他的思想。

　　欧洲其他地方的许多自由派也对天主教保持批判态度。
德意志的《国家辞典》一般来说对天主教都很有敌意，谈到
耶稣会的时候更是咬牙切齿。它说耶稣会发动了一场"反对
我们时代的人性和教化、反对光明和启蒙、反对人民的安乐、
反对国家的福祉和家庭的幸福"[55]的全面战争。他们是威胁最
神圣的自由主义信条的痼疾。耶稣会本来就自称人类进步的
敌人，他们是"反人类的罪犯"[56]。实在很难有比这敌意更重
的了。

　　德意志自由派憎恶的不仅仅是天主教；他们几乎同样厌恶
各种形式的新教正统派。1863 年，布伦奇利帮助成立了"新教
协会"，目的是与反动宗教作斗争，既包括天主教教派，也包括
新教教派。每隔一两年，他的协会就会举办倡导政教分离的会
议。一位发言者将协会的攻击对象定义为"天主教**和新教中**的
各种耶稣会派"[57]。〔154〕

　　不过，布伦奇利对犹太自由派持相对欢迎的态度。他在
《国家词典》（*Staatswörterbuch*）中论犹太教的文章中坚持认为
现代犹太人已经"不再是特定的民族"。犹太人最近的行为显
示出他们希望融入欧洲。因此，犹太人不再是德意志土地上的
外国人，而是我们的同胞。[58]当然，并不是所有自由派都如此
友好。

　　很多自由派认为共济会是另一种教授人道宗教的方式。他
们在欧洲和美洲各地成批地加入共济会分会。他们在会所中发

表演说，常常称赞共济会的目标，也就是教化人们内在的品德和正直。他们说，共济会的宗旨就是"道德教化" （moral *Bildung*）。在共济会的会所中，人们学到了如何自我管理并获得了"真正的阳刚气质"。布伦奇利把会所称为"人性的学校"。他说，共济会会员倡导一种传授"崇高道德"的人性宗教。[59]汉堡、莱比锡和法兰克福的共济会分会都非常反天主教，它们从 19 世纪 40 年代就开始接受犹太会员，不久之后，其他地方的分会也开始效仿这一政策。

人们形容共济会的仪式是一种令人获得精神上重生的受洗礼。一位共济会会员回忆道："我注意到我加入了人类的共同体、兄弟的共同体、宽宏灵魂的共同体……我重新成为人类的一员。"[60]毫无疑问，这正是教皇庇护九世严厉谴责共济会的理由之一，他把共济会称作"撒旦的教会"。天主教会在 19 世纪一共谴责了共济会八次（分别是在 1846 年、1849 年、1854 年、1863 年、1864 年、1865 年、1873 年和 1875 年）。

〔155〕 并不是所有的自由派都寻求利用新的宗教来推进他们的教化和教育目标。在英格兰，很多自由派认为他们可以和体制内的英国圣公会合作。还有一些天主教徒相信天主教和自由主义政治是可以兼容并且彼此支持的。后来成为勋爵的史学家、政治家约翰·阿克顿（John Acton）就是这样一位天主教徒。他是他所说的天主教"自由党"的成员，并成为威廉·格莱斯顿的密友和顾问。阿克顿推崇蒙塔朗贝尔这样的天主教自由派。但是，阿克顿也说天主教如果想在现代世界中保持活力，就应该进行改革。应当对科学和新的知识更加开放。应当修改那些临时的或者仅仅是表面上的教条内容，并放弃对教皇无条件服从的义务。[61]

* * * * * * * * * *

1848 年的革命对自由派来说是一次重大的冲击和挫折。革命迫使他们明白出现了新的劲敌。君主专制和天主教的反革命分子依然是重大威胁，但是，他们现在还要面对来自左派的新威胁，比如激进民主、共和主义甚至社会主义等政治倾向。

自由派在恢复元气后就对革命爆发的原因进行了长期和努力的思考。他们既没有将其归结于不公正的政治制度，也没有将其归结于剥削性的经济制度，反而将其归罪于公众的道德——或者说是公共道德的缺失。穷人受到了社会主义的诱惑；他们被哄骗着相信了一种自私的和物质主义的意识形态，而这种意识形态威胁了包括他们的生命和生计在内的整个社会和政治秩序。在这一点上，自由派实际上和保守派的观点一致：社会问题从根本上而言是道德问题。他们比以往更痴迷于教化和教育公众的必要性。这使他们重新强调家庭和宗教改革的必要性。

第五章　恺撒主义与自由民主：拿破仑三世、林肯、格莱斯顿和俾斯麦

> 领导社会的人肩负的首要任务是对民主加以引导。
>
> ——阿列克西·德·托克维尔，1835 年

〔156〕　　许多自由派人士将 1848 年革命归咎于普遍的道德败坏，托克维尔就是其中之一。他们断定革命是法国人民贪图物质享乐、自私自利和非理性造成的。群众很容易被鼓吹疯狂思想的煽动家欺骗。

　　这种对公众的负面看法使大部分 19 世纪的自由派认为"自由民主"这个概念是自相矛盾的。连续爆发的革命和两位拿破〔157〕仑的帝制表明，民主非常容易和专制结盟。显然，民主的天性就是**不自由的**。

　　但是自由派也明白，这不仅是公众的问题，还有领导者的问题。托克维尔在《论美国的民主》中写道，领导社会的人肩负的首要任务是"对民主加以引导"。七月王朝的领导者放弃了这个责任；他们冷漠自私，导致了一场毫无必要的革命和之后的另一次独裁统治。

　　民主是否注定是不自由的？民主在正确的领导下能否变得自由？19 世纪 50 年代和 60 年代，四位强势领袖的出现引发了人们对这个问题的反思。

拿破仑三世与恺撒主义

作为一个人和一个领袖，拿破仑三世饱受各种嘲讽和鄙视。卡尔·马克思称他是"可笑的庸才"，并奚落他的统治是可怜的闹剧。其他人则称他是"侏儒""令人作呕的小矮子""流氓""窃贼""暴君"，甚至是"杀人犯"。最有名的辱骂或许出自法国最伟大的文豪之一维克多·雨果（Victor Hugo），他用"拿破仑小帝"（Napoleon the Little）的称号取笑这位皇帝。自由派政治家夏尔·德·雷穆萨说，拿破仑是卑鄙到极点的"白痴"。但他也承认，拿破仑三世"改变了历史的轨迹"[1]。

第二个拿破仑政权刻意效仿第一个拿破仑政权，这吸引了来自世界各地的评论。外国观察家沮丧地注意到革命后的民主选举再次选出了一位独裁者。纽约的《年代》（Living Age）杂志论证说，在法国进行普选是不可能的，因为法国人之前所有的选举都只选择了"他们自己对新主人的服从"[2]。美国国务卿丹尼尔·韦伯斯特（Daniel Webster）称路易·拿破仑的统治是一场灾难，可能会削弱所有人对民主未来的信念。[3]公众再一次投票选出了一位独裁者和煽动家。 〔158〕

路易·拿破仑的政权很像邦雅曼·贡斯当50年前极力防止出现的那种政府，它是基于成年男性普选的威权主义政府。皇帝宣称代表人民，却利用民众最坏的本能为自己牟利。这场景似曾相识，在某些方面甚至更加糟糕。这一次，民众选举产生的专制政府比法国历史上任何一个政权都更为专制。这更佐证了托克维尔的真知灼见，即民主社会特别容易形成新型的、更为隐性的压迫。随着时间的推移，也部分是因为第二位拿破仑的所作所为，托克维尔对民主的前景更加悲观了。[4]

人们对拿破仑三世的政府组织形式饶有兴趣，因为它看起来是一种新型的混合政体——在经济领域是进步的，但在社会领域是保守的；它基于民众，却又是威权主义的。现代学者将它同时比作警察国家和福利国家，虽然这些术语和概念当时还不存在。皇帝推行了新的威权主义措施并利用审查和监视来打击反对者，但同时也向工人提供了前所未有的救济措施：粥厂、控制面包价格、保险方案、退休计划、孤儿院、保育院还有医院。他为工人的宴会、节日和颁奖典礼提供补贴。他还为愿意修建廉价房屋的地产商减税和拨款。他资助法国工人代表团参加 1862 年在伦敦举行的世界博览会。国家控制的媒体对〔159〕这些作了广泛报道。托克维尔认为"专制"或者"僭主"一类的词语不足以形容这种统治。他说，"这是一种新事物"，并着手对其进行分析。[5]最终，他用"恺撒主义"一词来形容这类专制。

恺撒主义成了现代民主专政的代名词，指代集所有权力于一身，同时又宣称代表人民意志的军事强人统治。这个词和"拿破仑主义"或者"波拿巴主义"通用，也不一定作为贬义词来使用。第一个系统的、影响持久的恺撒主义理论是拿破仑三世的崇拜者奥古斯特·罗米厄（August Romieu）在 1850 年的短篇论述《恺撒的时代》（*The Age of Caesars*）中提出的。一些保守派感谢拿破仑三世的恺撒主义恢复了秩序。一些社会主义者也称赞了他的恺撒主义。

用恺撒主义来形容拿破仑三世的政府形式是恰当的，原因有以下几点。最初的那位拿破仑曾经以古罗马独裁者为榜样，而第二位拿破仑又试图在各个方面都模仿他的叔叔；他的权力和声望来自叔叔的大名和这个名字带来的神话效应，因此，他用拿破仑一世和恺撒的隐喻将自己塑造为同样英勇和鼓舞人心的领袖；他在 1851 年 12 月 2 日发动的政变代号为"卢比孔河行动"①；他甚至出版了一部《尤利乌斯·恺撒史》（*History of Julius Caesar*），将这位古罗马独裁者形容为以"崇高的动机"为指导的"超人"，恺撒的统治就是"（法国）应该追随的道路"。[6]

对恺撒和恺撒主义的讨论在 19 世纪 60 年代日益风行。批评恺撒，悲叹罗马共和国的衰亡，甚至仅仅提到布鲁图斯的名字，都成了批评拿破仑的方式。

19 世纪 60 年代，在经历了一系列个人挫败后，这位皇帝开始对政权进行自由化改革。他赋予国民议会审核并批准预算的权力，允许 1851 年被驱逐的阿道夫·梯也尔回到法国。他放松了对新闻的管制，这引发了出版热潮，出现了许多要求进一步改革的文章、小册子和书籍。这些出版物常常以《自由政治》《自由反对派》《自由纲领》或者《自由党》为标题。[7]梯也尔出任重新定名为"自由联盟"的党派的领导人。在 1869 年的选举中，自由派获得了将近 45% 的选票。自由主义看似又回来了。〔160〕

但是这究竟意味着什么呢？在 19 世纪 60 年代的法国，自由派又代表什么呢？和以前一样，自由党仍旧不团结。有些人认为这不过是用来形容改革派人士的涵盖性术语。著名的自由派政治人物朱尔·西蒙（Jules Simon）批评道："人人都自称自由派。"[8]派系纷争使人们很难搭建一个所有人都能认可的平台。

---

① 恺撒曾破除了不得带兵渡过卢比孔河的禁忌，带兵进军罗马并取得内战的胜利，因为这个典故，在西方，"渡过卢比孔河"成了类似"破釜沉舟"的成语。——译者注

有波拿巴自由派、奥尔良自由派、共和主义自由派，甚至还有自由派的正统王朝派。在经济政策领域也存在重大分歧。一些人赞同关税，另一些人则反对关税。一些人反对社会主义，另一些人则观点更加复杂。一些人赞同在妇女领域进行改革，但对具体应该推行哪些改革争论不休。这也是自由派将自己称为一个松散的同盟或者联盟的原因。爱德华·德·拉布莱（Eduard de Laboulaye）后来成为同时代最有影响力的自由主义理论家之一，他把自由派称为"一所普世的教会，所有笃信自由的人都能在其中找到空间"[9]。

对拉布莱和其他很多人来说，成为自由派意味着与皇帝合作一起推行改革。他们一再坚称自己不希望挑起革命或者推翻政府。他们寻求渐进改革，以建立起选举真实的、政府负责的真正的代表制体系。他们要求将权力分散化，并把个人权利写入法律，他们认为其中格外重要的是新闻自由。

[161]

自由派常常把英格兰和美国的宪政作为法国应当效仿的榜样。一本小册子写道："我们眼前就有两个拥有真正的自由制度的伟大国家，英格兰与合众国。"一个是君主制，另一个是共和国，但这不重要，法国从这两个国家都能学到很多东西。[10]

大多数自由派一如既往地对民主抱有疑虑，甚至常常显露出敌意；但是他们现在也不得不接受民主的必然性。正如托克维尔曾经讲到的，不可能阻止天意使然之事。领会了这一点就使引导民主、控制民主和**消除**民主**的危害**成为急迫的任务。而消除民主的危害就意味着要教育和教化公众。

奥古斯特·奈夫泽（Auguste Neffzer）在 1861 年创办《时报》（Le Temps）就是为了教育选民。奈夫泽是来自法国阿尔萨斯地区的自由派新教徒，曾经在多家报纸供职，并因撰写了一篇批评拿破仑三世的文章而入狱一个月。奈夫泽也曾在德意志学习神学，并在 1858 年与他人共同创办了法语版的《德意志评论》(*Revue Germanique*)，其宗旨是将德意志思想和文化介绍到法国。

《时报》的创刊号在头版就申明，自由党的目标是启蒙民主、提升民主并给予民主"能力"。这也是奈夫泽为他的这份报纸撰写的一篇论自由主义的雄文的主要观点。奈夫泽写道，任何自由派的纲领都应该将教育公众定为最重要的目标。[11]没有对公众的教育，民主就必然沦为恺撒主义。

奈夫泽解释说，自由民主是一种特殊的民主，是一种通过宪法限制国家权力并保障某些基本个人自由的民主。这些保障中最重要的是思想自由。宗教、教育、结社和新闻自由等其他一切自由都来自思想自由。这些自由能够使民主摆脱其内在的专制倾向。〔162〕

爱德华·拉布莱在 1861 年出版了新版的邦雅曼·贡斯当的《宪政政治教程》，目的大体也是如此。如今，拉布莱主要是因为组织向美国赠送自由女神像而为人所知。1861 年，他担任法兰西学院的比较法学教授，是法国的美国问题权威。他非常推崇托克维尔，和托克维尔一样，拉布莱也认为法国能从美国那里学到很多东西。

向公众推介新版的贡斯当重要著作集很有意义。毕竟贡斯当构想的自由主义是对拿破仑一世专制统治的回应，而且他还在 1815 年帮助这位皇帝对政权进行了自由化。拉布莱可能希望说服第二位拿破仑像他的叔叔 50 年前那样接受贡斯当的自由原则。

拉布莱在导读中长篇论述了罗马皇帝尤利乌斯·恺撒，这不是偶然之举。拉布莱写道，恺撒的掌权得益于罗马人民的道德堕落。相比之下，拉布莱褒扬了英勇和热爱自由的蛮族在反抗这位皇帝时展现出的"德意志精神"。任何一位读者都很容易猜到他指的是谁。

"自由民主"这个词正是在这种语境中诞生的。夏尔·蒙塔朗贝尔是最早使用这个词的人物之一。我们知道，蒙塔朗贝尔是一位信奉天主教的贵族，1830年，他曾因宣扬自由主义受 [163] 到教皇的斥责。1858年，他因为一篇赞扬英格兰宪政体制的文章被拿破仑投入监狱。到了1863年，蒙塔朗贝尔再一次违抗政治和宗教当局，在比利时的梅赫伦发表了两场极具争议的公开演说。两场演说词随即出版，并广为流传。

在法国之外，比利时可能是唯一一个在1830年革命中取得胜利的地方。那一年8月的起义使比利时建立了独立的国家和持久的议会制君主立宪政体。虽然天主教在比利时也占据着主导地位，但比利时的宪法保障了宗教自由并承认政教分离。

蒙塔朗贝尔演说的第一个争议点是要求全世界的天主教徒效仿比利时的例子。他们应当放弃支持君主专制并接受政教分离。蒙塔朗贝尔讲到，旧制度已死，天主教徒不要再梦想复辟旧制度了。他们的目标应该是"自由的教会和自由的国家"。他坚称，现代的各种自由都对天主教会有益，他甚至说，良心自由是最必要、最珍贵和最"神圣"的权利。[12]

蒙塔朗贝尔的话也是讲给自由派的。他说，民主是不可阻挡的，因此，试图抗拒民主是毫无意义的。相反，自由派应该努力使民主**成为**自由的。他们可以通过争取思想自由、新闻自由、教育自由等基本自由以及政教分离来实现这一点。自由派的目标应当是抗拒"反自由"的民主，并努力使"民主成为自由的"。将"帝制民主"转变为自由民主是当前的重要任务。

　　对蒙塔朗贝尔来说，"自由民主"显然不是一个描述性的　　〔164〕
表述，而是一个鼓舞式的表述。它是自由派为之奋斗的事业和
需要实现的目标。它与纯粹的民主和帝制民主不同，是一种限
制政府权力并承认某些基本权利的真正的代表制政府。在这些
权利中，最重要的还是思想自由、阅读自由、批评自由和出版
自由。但是这些自由不是为了自由而存在的，也不是仅仅为了
保护公民的权利或者利益，而是为了使公民能够获得教育和道
德上的进步。让民主变得自由意味着要和自私自利以及与之相
伴的贪图享乐作斗争，正是这种自私自利和贪图享乐使民主很
容易受到恺撒主义的侵害。[13]

　　蒙塔朗贝尔认为自由派还需要吸取另外一个教训。他说，
不需要把天主教当作敌人。相反，天主教非常适于帮助民主成
为自由的民主，因为天主教鼓励人民的道德生活。天主教对肆
虐并最终腐蚀民主社会的"享乐激情"来说是一剂解药。

　　在之后的岁月中，恺撒主义的概念帮助自由派理解并对抗
现代民主制的危害。这个与拿破仑三世的统治紧密联系的概念
迫使自由派再一次聚焦公共教育和公共道德的关联问题。1865
年，一位英国记者在《经济学人》（Economist）杂志上发表了
题为《现在的恺撒主义》（"Caesarianism as It Now Exists"）的
文章，讲到了问题的核心。拿破仑三世刻意防止向公众传播信
息，以使法国人永远处于智力和政治上不成熟的状态。这是他
的统治中最有危害性也是最具悲剧性的方面。拿破仑不允许人
们有个人思想，也不允许批评。[14]

　　1867 年版的拉鲁斯（Larousse）《词典》在解释恺撒主义时　　〔165〕
也复述了这一点。恺撒主义是一种鼓励愚民并从愚民中受益的

统治形式。1873 年的利特雷（Littré）《词典》则说，这个词适用于"那些无法管理自己也不知道应该如何管理自己的人"[15]。

实际上，蒙塔朗贝尔只是在重复从贡斯当和斯塔尔夫人到密尔和托克维尔的自由派一直在反复强调的观点：需要改善教育和道德。拉布莱推崇的一点是，贡斯当和他同时代的自由派新教徒都认为自由和人类具有"可完善性"（perfectibility）的观点息息相关。这些自由派追求的自由与利己主义或者对物质享乐的追求毫不相干，拉布莱、蒙塔朗贝尔和许多其他自由派都对这种利己主义和追求享乐极度鄙视。这也是他们时常提到需要培养"个性"（individuality）而不是"个人主义"的原因。人类自由权利的真正来源是人类需要承担的自我改善的义务。这就意味着要吸收爱国主义、献身精神和自我牺牲的价值，简而言之，就是奈夫泽等自由派称为公民美德的东西，这正是法国人极度欠缺的。只有当他们具备了这些美德后，才有可能在"自由民主"中实现自治。

拉布莱写道："最高的目标，也就是人类在这里能够提出的最崇高的目标就是，发展他在所有方面的能力；改善自我，哪怕这样做会吃苦。"同样，奈夫泽也写道，自由主义有赖于慷慨和公共精神。自由主义倚赖于人们对"自由人有权利，但也有义务"的认识。[16]

蒙塔朗贝尔的演说很快招致庇护九世的尖锐批评。教皇的反应和他的前任们差不多：颁布一道严厉斥责的通谕。他的《何等关心》（*Quanta Cura*）和所附的《谬误辑要》（*Syllabus of Errors*）从整体上谴责了自由主义。按照他的教令，自由主义和天主教从根本上不兼容成了一条正式的天主教教义。他明确地谴责了政教分离、人民主权、良心自由和新闻自由。他拒斥了

80 项类似的自由主义主张，宣称相信教会能够与自由主义达成一致是一个"巨大的错误"。教会和现代的文化、思想或者政治之间没有任何和解的空间。天主教不应该被用来使民主变得自由。

《何等关心》和《谬误辑要》后来成为有史以来被引用和讨论次数最多的天主教文件。天主教宣传人员常常用尖锐和不宽容的语言来强调文件想要传达的信息。他们大声宣告，教会反对向自由主义的价值作出任何妥协，这一点是不可改变的，他们无休止地谴责自由派是反基督教的和不道德的。一位宣传人员声称，正是因为自由派天主教徒弱化了宗教相对国家的地位，才导致了恺撒主义的出现。[17]

教皇的声明对许多自喻为自由派的天主教徒来说又是一个重大打击。美国的奥雷斯特斯·布朗森就是其中之一，他在宗教问题上是个大名鼎鼎的多变人物。布朗森少年时代受洗加入长老会，后来转信普救论派（Universalism），再后来又转信"一位论派"，直到 1884 年改信天主教。从那时起，布朗森就孜孜不倦地为天主教会奔走疾呼。但是，他同时也支持欧洲的天主教自由派论证天主教和政治自由主义之间能够建立起相互支持关系的努力。

布朗森试图说明，问题在于大部分天主教徒不理解**宗教**和**政治**自由主义之间的根本差异。他们从整体上反对自由主义，这是错误的。布朗森也认为宗教自由主义是非常可怕的。它基于理性主义，必然会导致对天启的否定，这又会助长对所有权威产生一种罪恶的不尊重。宗教方面的自由主义必然导致放纵、道德混乱并最终毁灭社会。相反，政治自由主义其实就是美国宪政体制的代名词，布朗森对此表示赞同甚至推崇备至。

〔167〕

1864 年的《谬误辑要》强化了很多自由派人士的认识，即天主教是他们最可怕的敌人。它激发了很多倡导政教分离、自由派基督教和自由派新教的出版物。美国"一位论派"牧师威廉·埃勒里·钱宁的著作得到了翻译和传播。

在法国，政教分离的倡导者中最知名的一位是爱德华·德·拉布莱。1849 年，他在法兰西学院的一系列讲座中，赞扬了他认为的美国宪法所保护的"绝对的宗教自由"，这与法国的状况形成了强烈反差。拉布莱促使钱宁的著作得到翻译和传播，从而在法国自由派知识分子中掀起了美国"一位论派"的流行热潮。钱宁的弟子西奥多·帕克（Theodore Parker）更激进的思想也得到了翻译和出版，通常是以摘要的形式。钱宁和帕克的推崇者声称，法国需要的是一种能够提升道德的完全非教条化、非正统的宗教。这种宗教应该接受所有人，无论是天主教徒、新教徒，还是犹太教徒，甚至可以接受无神论者，只要他们致力于完善人类和人性这个更高的目标。一些人把这种普世的宗教称为"耶稣基督的宗教"。

[168]   新教神学家艾伯特·雷维尔（Albert Réville）在著名的法兰西学院担任宗教史教授，他推介了帕克的自由宗教，认为它是开明和具有教化作用的，与现代社会的制度、自由和新需求完全相容。雷维尔说，这是一种特别实用的宗教，能够鼓励人们更加勤奋，激发家庭和社会美德，并保护共和与民主的价值。雷维尔引用帕克的话写道，"一位论派"这样的宗教是"政治自由主义的非凡工具"，因为"不同类型的自由主义都是相互关联的"。[18]

这个时间点在法国自由派看来再合适不过了。拿破仑不仅在对其政权进行自由化改革，也开始与教皇交恶。在他统治的头十年中，教会和国家的关系加强了。教会当初强力支持他的政变，并因此获得了重大的优惠待遇，然而，到了 19 世纪 60 年代，双方的关系开始趋于紧张。自由派利用这个不断加深的裂痕游说政府实行政教分离，并对此越来越坚持。

　　然而，和他的叔叔一样，拿破仑不愿意推动自由新教。但不管怎样，普法战争很快就会把他赶下台。教化法国和使民主自由化的工程被迫停止，但这只是暂停而已。

亚伯拉罕·林肯和他遍布世界的自由派友人

　　正当法国自由派致力于让恺撒主义的民主变得自由时，大西洋彼岸出现了一位领袖，他成为法国自由派渴望的那种统治者的象征。这位领袖就是美国历史上最受人尊敬的总统之一——亚伯拉罕·林肯。　　〔169〕

　　并不是说林肯没有被指责实行恺撒主义，他其实备受类似指责。一些人指控他蓄意积累专制权力、践踏公民自由、挑起美国内战并试图摧毁共和国。因此，有人呼吁人民应从古罗马历史中吸取教训，抵制林肯的篡权行为，甚至呼吁刺杀他。刺客约翰·威尔克斯·布斯（John Wilkes Booth）在剧场的总统包间内向总统开枪并跳下舞台后，一边挥舞着手中的武器，一边对观众大喊："这就是暴君的下场。南方的大仇已报。"①

　　也有不少欧洲人指责林肯实行恺撒主义。他们认为林肯治下的美国是另一个民主堕落为军事专制的例子。英国有很多人——包括很多自由派人士——认为这位美国总统不过是渴望成为僭主之人，是伪善地利用奴隶问题使南方屈从于北方统治

---

　　① "这就是暴君的下场"（*Sic semper tyrannis*）是一个拉丁文短语。相传布鲁图斯刺杀恺撒时就喊出过这句口号。——译者注

的煽动家。从历史经验中，他们已经知道民主注定会失败。

另外，也有许多欧洲自由派推崇这位美国总统，认为他恰恰是煽动家或者独裁者的对立面。对他们而言，林肯是一位反对现代民主一定会失败的领袖，相反，他展示出民主是可以变得自由的。

法国自由派对林肯的推崇和他的废奴主义有很大关系。他们认为奴隶制是美国国民性的污点，这种观点可以追溯到邦雅曼·贡斯当和斯塔尔夫人。为了终结奴隶制，很多自由派人士参加了各种反奴隶制协会、公开发表演说并出版了书籍和文章。实际上，本书提到的所有法国自由派都坚定地反对奴隶贸易和奴隶制。法国在 1848 年就废除了奴隶制。

〔170〕

早在美国内战爆发前很久，林肯就注意到欧洲自由派对废奴的支持。他阅读欧洲报刊并对欧洲改革派的活动产生了兴趣。1854 年，他在伊利诺伊州皮奥里亚发表演说，认可了那些他所说的"世界各地的自由党"，他们反对奴隶制并认为奴隶制违背了美国宪法的原则。林肯说，他们的责难"不是敌人的辱骂……而是朋友的忠告"[19]。

林肯很可能读过托克维尔 1856 年在美国废奴派报纸《自由钟》（*Liberty Bell*）上发表的公开信。托克维尔形容自己是"世界各地专制主义最坚韧的敌人"，他说他为全世界最自由的民族还在奉行奴隶制感到心痛。他说自己是美国真诚的老朋友，希望有朝一日法律能够赋予所有人平等的公民自由。美国著名的废奴派记者威廉·劳埃德·加里森（William Lloyd Garrison）在他的《解放者报》（*Liberator*）上转载了这封信。

林肯还与法国自由派人士阿格诺尔·德·加斯帕林（Agénor de Gasparin）有过书信来往。1861 年，加斯帕林出版了一本书，质疑美国这样自由的民族为什么还在维持奴隶制。一年后，他又写了一本续作，并被译为英文。加斯帕林说，林肯的当选说明这个自由而慷慨的民族放下了物质上的自私自利，开始为解放奴隶的崇高理想奋斗。对加斯帕林和许多法国自由派来说，林肯反对奴隶制的斗争是"我们这个时代最伟大的自由斗争"[20]。林肯致信加斯帕林表达了感谢，并告诉加斯帕林，他"在美国备受推崇……您对我们的慷慨以及总体来说您对自由原则的热忱使您备受热爱"[21]。两人在战争期间也一直保持书信往来。　〔171〕

共同的民主价值成为那些推崇林肯并同样推崇美国内战的人建立跨大西洋网络的基础。成员包括约翰·斯图尔特·密尔、爱德华·德·拉布莱、夏尔·德·蒙塔朗贝尔以及英美两国很多有影响力的记者、编辑和公共知识分子。大西洋两岸最有影响力的杂志《北美评论》（*North American Review*）的编辑查尔斯·埃利奥特·诺顿（Charles Eliot Norton）和他的朋友、牛津大学历史学教授戈德温·史密斯（Goldwin Smith）都是这个团体的成员。史密斯后来成为美国历史学会的主席。诺顿的另一位朋友，纽约的《国家》（*Nation*）杂志的编辑埃德温·L. 戈德金（Edwin L. Godkin）也属于这个圈子。戈德金的父亲曾经是英国首相威廉·格莱斯顿的顾问。最后，不能遗漏的还有《哈泼斯周刊》（*Harper's Weekly*）的编辑乔治·威廉·柯蒂斯（George William Curtis）。

这些来自英国、法国和美国的绅士团结在他们所称的"政治自由思想"周围，认为他们这样的人才是政治进步的守护者。他们在美国内战中支持林肯和北方，对他们来说，战争不只攸关奴隶制的废除，更攸关民主的生存。团体的一位成员后来表示，在美国内战之前，认为民主"无法产生忠诚的情操、无法汇聚持久的努力、无法带来影响深远的思想"，是十分普遍的认知。人人都知道独裁者很容易上台。人们普遍认为北方不但会输掉战争，还会成为某个波拿巴或恺撒式人物的战利品。

〔172〕　　因此，美国内战的核心问题和托克维尔几年前就已经提出，并在当下的法国变得如此应景的问题非常相似，那就是他们的民主能够变得自由吗？换句话说，民主能够保护个人自由并追求更高远的崇高目标吗？还是只能走向专制主义，暴露出贪图享乐和卑劣的本性？美国人能够投身于废除奴隶制这样崇高的理想并坚持到底吗？他们有能力始终坚持勇气、爱国和自我牺牲吗？林肯通过他激励人心的领导证明了美国人可以做到这些。在正确的领导下，是有可能实现自由民主的。

　　对欧洲各地的自由派来说，美国内战不仅仅是美国的重大冲突，还是全世界的重大冲突。英国、法国和其他地方的自由派都坚信，本国民主的前景与联邦①的命运紧密联系在一起。诺顿宣称北方的胜利"应当与我们的外国友人分享，他们正在旧世界进行一场争取自由原则和平等权利的斗争"。史密斯回应说："（美国）这个范例的力量可能会帮助欧洲社会最终走出封建主义。"自由派网络的另一位成员则坚信，美国的思想和范例会"在全世界加快传播平等化的进步"。如果北方失败了，那么"欧洲民主就会永远被噤声，被震慑"。1865 年，在庆祝联邦的胜利时，柯蒂斯向北方的海外友人表达了敬意。这场战争表明，"无论生活在哪个国家……所有真正的民治政府的信奉

---

①　美国内战（即南北战争）时期，北方被称为联邦（Union），南方则被称为邦联（Confederate）。——译者注

者”都是“伟大的世界自由党”的一分子。[22]林肯用自己的例子证明，在正确的领导下，一个伟大的民主国家可以变得自由。他以真正的自由派领袖应有的方式教育、教化并提升了美国民众。

这些林肯仰慕者的出版物将这位总统打造为一位跨国人物，他正在为所有人与特权和专制展开崇高的斗争。欧洲自由派赞赏他的道德力量和政治才能。他们钦佩林肯懂得如何用鼓舞人心的话语激励美国人民。 〔173〕

林肯和拿破仑三世形成了强烈对比。林肯没有像煽动家那样对待美国人，而是用一种诉诸人们最美好的天性和最可敬的品质的方式和他们交流。这样做使得林肯能够鼓励人们成为像他那样的自由派，也就是要热爱自由并践行慷慨、道德和阳刚之气。

自由派当时就知道，他们不可调和的敌人梵蒂冈青睐的是南方。虽然教会当局的官方立场是中立的，但教皇同情哪一方并不是秘密。和许多人一样，教皇也把南方视为更传统和贵族化的社会，相比之下，北方看起来更现代和民主，也跟容易出现非政府状态和所有与自由主义相关的问题。耶稣会的刊物《天主教文明》（*Civilta Cattolica*）将美国内战的根源追溯到民主的政治文化中特有的那种对自由的狂热和对一切权威的不尊重上。这份天主教报纸认为，奴隶制的问题不是人道主义的问题，而只是为其背后的自私动机找借口而已。

1863 年，《解放奴隶宣言》发表后，《天主教文明》对北方更为仇视，称林肯是两面派政客，他的政府是政治独裁，并指责林肯出于“不文明的动机”发起了一场非正义的战争。[23]在当年一封流传甚广的信中，教皇将杰斐逊·戴维斯（Jefferson

Davis）称为"光辉的、尊敬的美利坚联盟国总统"[24]。1866 年，他发布声明，宣称在符合某些条件的情况下，"买卖或交换奴隶与自然和神圣的律法完全不矛盾"。

[174]　　很少有著名的天主教徒公开支持林肯、北方或废奴运动。表示支持的都是法国人，其中不仅有托克维尔，还有拉布莱和蒙塔朗贝尔。北方的支持者、美国天主教徒奥雷斯特斯·布朗森注意到了这一点。在一篇赞扬蒙塔朗贝尔比利时演说的评论中，布朗森提到了欧洲天主教徒对废奴的支持非常罕见，并感谢了法国的自由派天主教徒："他们是全欧洲唯一同情那些效忠联邦的人民的天主教徒。"[25]

　　1865 年的林肯之死使他在欧洲各地的受欢迎程度大涨。悼念他的文章将他的领导和联邦的胜利与世界各地自由民主的前景联系到一起。拉布莱撰写了一篇流传甚广、感人至深的悼词。他赞颂这位总统不仅对美国作出了贡献，还对全人类的事业作出了贡献。戈德温·史密斯写道，英格兰的自由派也有理由感激美国人民的英雄主义和决心。联邦的胜利展示了"伟大的世界自由党"正在战胜非自由主义的势力。

　　这种情绪引发了广泛回响，用词有时极尽溢美。蒙塔朗贝尔就不吝赞颂——林肯不仅是自由的捍卫者，更是一位真正的基督教徒。他的领导和北方的胜利说明美国现在已经比大多数欧洲社会都要高级，足以名列世界最顶尖的民族之列。[26]朱塞佩·马志尼相信美国的英雄之举证明了美国注定要成为整个世界的指明灯。他称赞道："你们已经成为领先的国家。你们一定要站出来加入这场战斗。这是上帝的战斗。"[27]

　　诺顿于 1865 年在《北美评论上》发表了一篇题为《美国的政治理念》（"American Political Ideas"）的文章，[28]总结了自由派对联邦胜利的这种乐观评价。他写道，美国内战证明了人们能够战胜自私、物质和腐朽。美国展示出它是一个真正的共同体、一个自由的共和国。这正是"我们人民"① 的含义所在。 〔175〕

这个国家现在已经准备好要实现"现代基督教文明最激励人心和最具前景的理念——真正的四海之内皆兄弟"。同一年，拉布莱产生了向美国赠送一座纪念碑的想法，也就是后来的自由女神像。

值得我们停下来思考的一点是，林肯的自由声望与"小政府"原则或者自由放任主义没有什么关系，相反，是全部基于他的道德原则和他激发爱国主义、勇气和投身崇高目标的能力。林肯曾经暂时中止人身保护令、下令逮捕及军事关押叛国的嫌犯、未经国会批准就支出花费、不理会多项宪法条款，并援引人民给予他的紧急权力为这些行为辩护。[29]他在欧洲的崇拜者对此明显没有任何顾虑。

实际上，拉布莱仔细地分析过林肯对紧急权力的使用。他的结论是，这是危机政府的范例。林肯在应对紧急状况时没有破坏宪法或者法治。他确实暂时中止了人身保护令，但那是为了挽救宪法。最重要的是，林肯致力于道德的提升。因此，在所有方面，林肯都称得上是自由民主的伟大领袖。美国让这样的人成为总统，不仅捍卫了美国宪法，而且捍卫了自由、民主和人类本身。

自由共和党

这种亢奋没能持续多久。查尔斯·诺顿发表那篇热情赞扬

---

① "我们人民"（We, the people），全称"我们合众国人民"（We the people of the United States），是美国《联邦宪法》序言的开篇语。——译者注

〔176〕 美国政治理想的文章之后没几年，他就对国家大失所望了。他为他所见到的美国生活中的卑鄙以及曾经的荣誉、礼貌和道德原则的沦丧而心痛不已。再也找不到真正的绅士了，金钱统治了一切。总统尤利西斯·格兰特（Ulysses Grant）的领导和亚伯拉罕·林肯的领导形成了极为鲜明的对比。

和诺顿一样，卡尔·舒尔茨（Carl Schurz）也对他所见到的格兰特总统治下美国政治生活的道德败坏感到愤怒。舒尔茨是来自德国的逃亡者，曾经参加 1848 年革命。来到美国后，他就被共和党吸引，差不多成了德裔美国人社群中的联络人。他曾担任美国驻西班牙公使，后来在联邦军中担任少将。内战结束后，他成为第一位出生于德国的美国参议员，最后还担任过内政部部长。

起初，舒尔茨和诺顿都希望格兰特能够对内战期间日渐庞大的官僚体系进行改革，革除与之相伴的腐败。但是他们很快就明白，格兰特绝对不会这么做；格兰特甚至在加剧这种状况。好几起广受报道的丑闻都表明，他正在利用职务权力为自己牟利。有人甚至担心，他如果在 1872 年的选举中失利，就有可能推翻共和国实行军事独裁。马萨诸塞州参议员查尔斯·萨姆纳（Charles Sumner）在参议院中宣称格兰特就是"恺撒那种人"，他对共和国的制度非常憎恶。

这种感觉和恐惧是 1872 年一个新的但是短命政党成立的原因。舒尔茨在诺顿和萨姆纳的支持下成立了这个共和党的衍生党派。它自称自由共和党，这毫无疑问是为了表明其对恺撒主〔177〕 义的反对和对更高的道德原则的忠诚。除此之外，自由共和党在支持哪些具体的政策上存在很多分歧，甚至在自由贸易和纸币这样重要的问题上都存在各式各样的意见。党员的分歧最终导致这个党的失败和解散。

但是，自由共和党在一个重要问题上的立场非常一致：他们希望"在我们的政治生活中注入更高的道德精神"[30]。他们大声谴责那些把选民当作羊群一样随意欺骗以中饱私囊的"贪婪政客"。他们提倡在公共生活中要有更多的诚信、爱国和男子气概。如果美国的民主想要抵御恺撒主义带来的危害，就需要这样的领导人品质。这些都是自由主义的特征。

格莱斯顿：自由主义的偶像

和林肯一样，威廉·格莱斯顿也成为国际知名的自由原则和价值的象征。他是英国自由党的领袖，1868 年到 1895 年期间四度出任英国首相，因而成为维多利亚时代自由主义价值的化身。但是我们现在要问，这到底意味着什么？格莱斯顿在哪方面是自由的？

并不是说他在美国内战中支持了林肯和北方，他其实根本没有支持。和大多数英国自由派一样，格莱斯顿支持南方，这一点让约翰·斯图尔特·密尔非常气愤，并导致美国的废奴派报纸《解放者报》谴责格莱斯顿的"伪自由主义"。[31]但是很多英国自由派推断，北方并不那么在意解放奴隶，他们更在意使南方屈服于中央政府的权威。推翻奴隶制更多是一个借口而不是发动战争的真正理由。

格莱斯顿后来也后悔自己一开始对邦联的支持，甚至称其为"极其令人恶心的错误"。这场战争和联邦的胜利最终对他和其他自由派产生了同样的影响。它减轻了格莱斯顿对民主的恐惧。1886 年，他在利物浦的一场论选举改革的演说中，宣称美国展现了扩大选举的美德，并对美国公民的"自制、克己和 〔178〕

远见"表达了赞赏。³²作为回应,《纽约时报》（*New York Times*）报道了"格莱斯顿先生在全世界智慧和高尚的自由派中享有崇高的盛名"³³。后来,格莱斯顿成为在美国最受尊敬的英格兰人。

和所有自由派一样,格莱斯顿信奉一些核心原则。他坚定支持公民平等和议会制政府,深深地憎恶贵族特权和偏见。他相信个人的宗教自由、言论自由和新闻自由。和其他自由派一样,他也赞同改革、改良和进步;然而,和其他自由派一样,他对这些信条在实践中究竟意味着什么不是很清楚,看法也前后不一。我们已经看到,英国自由党内部的纷争颇多。这个党**并不像**人们有时想象的那样坚定地支持自由放任主义的教条政策。

一些人说格莱斯顿是"小政府"的倡导者,从某种意义上来说确实如此,特别是在他政治生涯的早期;但是他的第二届政府被当时的很多人称为社会主义政府。历史学家发现,很难搞清格莱斯顿自己的政治理念到底是什么。事实上,他对具体立法问题的观点反复无常,一直在发生变化。他从来没有完全成功地将自由党统一到一个定义确切或者前后一致的立法纲领上。

格莱斯顿被人们视为伟大的自由派领袖,这和他具体推行的立法或者政治纲领没什么关系,而与他的品格和个性关系更大。伟大的社会学先驱、德国自由主义者马克斯·韦伯（Max Weber）指出,格莱斯顿有巨大的个人魅力。他迎合了英国民众心目中崇高的道德原则,民众则反过来信任他的政策的伦理内核。格莱斯顿能够上台并长期执政是因为"民众坚定地相信他的政策在道德上是正确的,并且坚定地相信他的道德

[179]

品质"[34]。

格莱斯顿的声望在很大程度上来源于公众对他的认识，即他致力于教育英国公民，提升他们的智力和道德水平。人们认为他是一位坚持原则、为整个共同体奋斗、不受制于任何个人私利的领袖。在那个对民主和民主退变为专制或者社会主义的倾向深切焦虑的时代，这一点格外重要。1886 年到 1914 年期间，德国、法国和意大利都出现了社会主义党派和工人党的崛起；相比之下，自由派是英国唯一的左翼大党。很多人将其归功于格莱斯顿的领导。人们认为他和林肯一样，都在引导、教育和教化民主。作为一个坚守高尚道德原则的人，格莱斯顿把工人带进了自由党，认为这样能够消除民主的危害性。

和推崇林肯一样，人们也推崇格莱斯顿向群众演说和鼓舞群众的方式。在无数高昂和布道词般的演说中，他诉诸人们的道德感、理性和智慧。他总是敦促人们要无私、爱国并投身于共同利益。工人们成群结队地来聆听他的演说，一听就是好几个小时。格莱斯顿似乎能够听到工人的心声，理解他们并尊重他们，而工人则对他报以信任和钦佩。自从他成为自由党领袖后，工人就一直在选举中支持自由派。

格莱斯顿常说，自由党的纲领谋求的是"所有人的总体利益"，其目标是"团结所有国人和谐并和睦相处"。[35]同时，格莱斯顿不反对针对社会最富有阶层的批评。他喜欢说，英格兰面临的最可怕的威胁不是民主的到来，而是可能出现的财阀统治。这个危险不是来自下层阶级，而是来自上层阶级的自私自利，这些上层阶级的成员有时倾向于将自己的私人利益置于他们的公共义务之上。〔180〕

现代化、工业化的经济使得状况更加糟糕。他在 1876 年对一群工人说："先生们，你们受到了威胁，这个国家财富的快速创造和扩散正在动摇国民性的根基。"但是他又说，工人不是威胁，真正的威胁是那些正在以前所未有的速度获取财富并改变他们价值观的富人阶级。他们越来越沉迷于自己的享乐，而牺牲了国家的"内在健康、阳刚和生命力"。格莱斯顿在 1880 年感叹道，19 世纪是一个"伪善的年代"。富裕、享乐和追求奢华正在腐蚀这个国家。[36]

这种民粹的道德主义激怒了来自上流阶级的批评者。他们斥责格莱斯顿使用"极端民主"的语言，举止活脱脱就是煽动家。维多利亚女王称他是"半疯癫的煽动者"，就连马克斯·韦伯这样的崇拜者也把他比作独裁者和"恺撒式的全民表决主义者"。但是格莱斯顿不是民主派，至少不是我们现在意义上的民主派，19 世纪的英国和民主相去甚远。即使是所谓的 1884 年"第三次改革法"① 也只增加了 170 万选民，却排斥了至少 40% 的英格兰男性和所有的妇女，他们没有选举权。[37]格莱斯顿相信"人民"的说辞掩盖了这一事实。和大多数自由派一样，

〔181〕

他相信能力这个概念。他说，拥有选举权的选民应当始终展现出"自制、自控、遵守秩序、受苦时的隐忍"以及对上级的尊重。这些也是他力求在他的听众中激发出的价值。

品格对格莱斯顿来说格外重要。他常常提到选民需要践行自制，才不会在投票中陷于狭隘和自利。他在 1877 年的一次演说中承认，一个人追求自己的利益，这是正当之举，但他也应该始终"用他承担的义务来考量他的利益"[38]；在投票时，需要排除自己的"所有自私和狭隘之念"。格莱斯顿喜欢说，投票

---

① 即 1884 年英国议会通过的《人民代表法案》（Representation of the People Act 1884）。——译者注

是一种升华式的体验，是个人在上帝面前的履责之举。格莱斯顿在 1890 年对工人阶级的听众说："认真履行重要的义务是一项能够提升个人水平的职责。"[39]但是，履行如此重要的义务需要真正的男子气概。作为准备，工人们必须教育自己了解政治事务。格莱斯顿鼓励他的听众阅读报纸和他的演说词，这些平价版的演说词单行本是真正的政治论著。

虽然不是所有人都欣赏格莱斯顿的领导风格和他的那种民粹主义，他仍然备受尊崇。约翰·斯图尔特·密尔说，他是"伟大的现代政治家"，一个真实、坦诚且始终为"公共利益……特别是穷困阶级的利益"奋斗的人。[40]马克斯·韦伯在他著名的论文《作为志业的政治》（*Politics as a Vocation*）中表达对了他的崇敬，称他是"领袖民主制"（leadership democracy）的早期大师，并将他与林肯相提并论。通过描写格莱斯顿对工人表达的尊重以及工人对他的回应，韦伯似乎想说明，一个由爱国、具有公民意识、了解自己的权利和义务的公民组成的自由民主政体是可行的，而且英国在正确的领导下可以渐进并安全地培养这种自由民主。　〔182〕

俾斯麦：自由主义的掘墓人

当然不会有人认为奥托·冯·俾斯麦是自由派领袖。很多人形容他是摧毁德国民主和自由主义前景的邪恶独裁者。他奉行的是当时被自由派称为波拿巴主义或者恺撒主义的路线：他为了不自由的目的操纵民主。[41]因而，在自由主义的历史中，俾斯麦主要用来衬托林肯和格莱斯顿这样致力于启蒙、引导和提升民主的领导人。

俾斯麦在 19 世纪 60 年代担任普鲁士的外交大臣和首相，

他是 1871 年德意志统一的缔造者，并从 1871 年到 1890 年出任统一的德意志帝国的宰相。俾斯麦与林肯和格莱斯顿一样都是与众不同的人物，但是他没有展现出后两者的任何美德。历史学家、政治家海因里希·冯·特赖奇克（Heinrich von Treitschke）第一次见到他时就十分震惊："他对这个世界中的道德力量完全没有任何概念。"一些人说，俾斯麦阴险狡诈、报复心强，甚至如恶魔一般。一位敏锐的奥地利外交官这样评价他的执政风格："他依靠的是人性中最低等的那些天性：贪婪、懦弱、迷惑、懒惰、寡断和狭隘。"[42]没有什么比这更不自由了。

　　一系列机缘使俾斯麦获得了大权。19 世纪 50 年代末期，普鲁士政府开始放松其反动政策。新即位的国王威廉一世承诺将给予国民更多的自由，最重要的一点是，他承诺将实行法治。许多自由派政治人物的回应是创立德意志进步党，从 1861 年到 1865 年，进步党一直是普鲁士下议院最大的党派。

〔183〕　　进步党与国王的分歧导致了双方的对峙和 1862 年的宪政危机。起因是国王计划推行改革，强化他对军队的控制。议会中的自由派拒绝批准所需的资金，造成事态陷于僵局。拒绝妥协的国王在 1862 年任命奥托·冯·俾斯麦为首相。当时的俾斯麦是坚定的专制主义者，也是普鲁士容克（地主）阶级的一员，这个阶级的大部分成员极力反对任何类型的自由化改革。

　　俾斯麦的第一招是宣布他将在没有宪法授权的情况下执政，接下来的四年中他就是这样做的。他直接无视自由派反对党，也不掩饰对自由派的蔑视。在后来的一场著名演说中，他称自己绝不会听从自由派："普鲁士在德意志中的地位不是它的自由主义决定的，而是它的实力决定的……当前的重大问题不能通过演说或者多数派决议来决定——这是 1848 年和 1849 年的重大错误——应当由铁与血来决定。"

俾斯麦挑选的顾问都是公开蔑视自由主义的人士，其中最重要的是赫尔曼·瓦格纳（Hermann Wagener）。[43]瓦格纳是《新普鲁士报》（*New Prussian Newspaper*），即《十字架报》（*Kreuzzeitung*）的创办人和总编，也是立场极度偏向保守派的百科全书《国家和社会辞典》（*Staats- und Gesellschafts- lexikon*）的编辑。他说，自由主义是一种邪恶，是已经对人类造成了无穷伤害的纯粹的负面力量。在"1789年精神"的带动下，试图进行破坏的共济会一直在传播自由主义。

瓦格纳承认自由主义一词源于拉丁文，原来具有高尚的含义，指的是仁爱、慷慨、宽容和开明等值得称赞的个人品质。〔184〕但是法国大革命改变了这一切。这个词现在意味着放松所有限制、解除所有纽带，并且听命于无限的自利。它不过是可耻的个人主义。统治者接受自由主义，是一种不可饶恕的不计后果之举。[44]

在瓦格纳发表这篇文章的同一年，俾斯麦通过限制新闻自由、拒绝任命当选的进步党人士并在市议会中禁止一切政治讨论来打击进步党。鉴于这种情况，人们可能会问，为什么还有相当多的德意志自由派同意支持俾斯麦并与他合作呢？这使历史学家质疑德意志自由派是不是真正的自由派。德意志自由主义是不是有缺陷、软弱无力，甚至是**非自由的**？

海因里希·冯·特赖奇克于1861年发表的一篇论"自由"（freedom）的文章解释了这个问题。撰写此文时，冯·特赖奇克是大学教授、自由派政治家和自由派杂志《普鲁士年鉴》（*Preussische Jahrbücher*）的编辑。他认为德意志自由派和法国，英国的自由派区别不大。他们有很多相通的理想和价值。与约翰·斯图尔特·密尔和爱德华·德·拉布莱一样，德意志自由派也相信个人自由不可侵犯。德意志自由派和其他自由派的区别更多在于各自不同的状况。对冯·特赖奇克来说，拉布莱基于自身状况而担忧国家的权力，这是无可厚非的。然而，德意志自由派并没有一个国家。当德意志分裂为 39 个独立的、拥有各自政府的邦国时，又怎么可能实现任何进步的目标呢？如何形成一个单一的德意志国家才是最紧迫的问题。

〔185〕　　一些德意志自由派对自己无法找到任何有效的前进路径而感到挫败，于是开始渴望出现一位强人，自上而下地完成他们未能自下而上完成的任务。一位自由派人士说，德意志需要"一位有决断力的领导人"。另一位则承认"如果我们有一位恺撒式的人物，那一定会追随他"。自由派人士卡尔·博尔曼（Karl Bollmann）用《圣经》的隐喻表达了很多其他自由派的感受，他说德意志需要"一位手执武器的救世主带领它到达国家统一和独立的应许之地"。博尔曼继续讲道，德意志人应当接受这样的领袖，即使这意味着他们需要"跨越一场全面战争的红海"。[45]

俾斯曼出现并成功统一德意志后，很多人一定将他视为那个期待已久的恺撒。两场战争的胜利（第一场是 1864 年与丹麦的战争，第二场是 1866 年与奥地利和德意志其他邦的战争）导致在 1867 年建立了普鲁士领导下的北德意志联邦。之后不久，这位宰相就向自由派伸出橄榄枝，敦请议会通过一条法律认可其财政权。自由派期望的一切似乎都正在成真。

但是事情并没有这么简单。这条法案同时认可了俾斯麦 1862 年到 1866 年期间各种违宪的支出。法律的这一部分令许多自由派人士十分惊愕，最终导致自由党一分为二。尽管自由派为德国的统一雀跃，很多人还是无法容忍俾斯麦的违宪行为。但是有一群自由派人士决定支持这个法案，并脱离进步党成立民族自由党。剩下的人保留了进步党的名字并拒绝妥协。在接下来的论战中，对恺撒主义的谴责达到了白热化地步。民族自由党党员路德维希·班贝格（Ludwig Bamberger）抱怨说："现在人人都在讲恺撒主义。"[46]

赫尔曼·鲍姆加滕（Hermann Baumgarten）在说服自由派脱离自由党并加入民族自由党支持俾斯麦的过程中发挥了重要作用。他生于不伦瑞克公国，在耶拿大学学习法律，后来当过自由派记者并最终成为历史学教授。1866 年，他出版了《德意志自由主义的自我批评》（*A Self-Criticism of German Liberalism*），他在书中解释了自己的观点。他说，自由派应该比以前更务实。他们应该面对一个事实，那就是需要一个统一的德意志国家才能在其他方面取得进步，仅仅在话语上反对俾斯麦会让他们一事无成："要为国家作贡献首先要有一个国家。"与俾斯麦合作并取得渐进的成果，要好过在永远的反对中无所作为。作为回应，其他自由派人士质疑自由原则能否通过不自由的手段达成。真的有可能与恺撒妥协吗？ 〔186〕

俾斯麦于 1871 年颁布的宪法，无论用当时的眼光还是今天的眼光来看，都是不自由的，也是不民主的，但是它编织了自由和民主的外衣。这部宪法是皇帝钦赐给德国人民的礼物，而不是选举产生的议会制定的。宪法规定了一个由男性普选产生的全国代表机构——帝国议会（Reichstag），但是其权力受到了严重限制。最终，这是一个具有某些民主和议会制元素，但在现实中赋予一小部分贵族极大权力的体制。这个体制中压根就没有言论自由或者人身自由的踪迹。

〔187〕

民族自由党人对与俾斯麦合作的困难程度并不抱幻想。多数人认为他们作出的是策略性妥协，并希望最终能够赢得实惠。毕竟他们面前有法国的范例，路易·拿破仑正在那里与自由派合作改革政权。他们很可能希望俾斯麦能够先像林肯那样统一德意志，然后再像拿破仑三世那样对政权进行自由化。

不管怎样，民族自由党人并没有放弃他们与普鲁士威权主义的斗争。在与俾斯麦合作的同时，他们也继续争取许多英国和法国自由派也在争取的东西。他们倡导扩大并加强议会的各项权力，并寻求立法保护个人自由、法律面前人人平等和一长串经济改革措施，包括废除过时的封建法规。

在某些方面，自由派是成功的。他们确实赢得了不少实质性的让步。议会辩论的自由、结社自由和新闻自由得到了扩大。通过了保障个人和公民权利的法律，国内的旅行限制被解除。改变居住地或者结婚所需的官方批准也被取消。通过了新的刑法典并进行了司法改革。自由派还收获了统一的币制、度量衡、新的商法典、帝国银行和更自由的贸易。自由派没有得到所有他们想要的东西，但他们一度认为与俾斯麦合作的决定是正确的。

然而，毋庸置疑的是，自由派也犯下了一些严重错误。一个错误是他们热烈支持俾斯麦的 Kulturkampf。这个词被译为"文化斗争"，指的是在 1871 年到 1877 年之间通过的一系列法律，这些法律表面上是为了限制天主教会的权力。古今的批评者都谴责这一政策明显违背了宗教宽容的自由原则。公平地说，情况并不那么明了。

〔188〕

1870 年 7 月 18 日，梵蒂冈颁布了教皇无误论（Papal Infallibility）的教义。这个教条规定，借助耶稣对彼得的承诺，教皇在以"宗座权威"（ex cathedra）讲话时，也就是当他在宣告有关信仰或者道德的教义时，具有无误性。这听起来很有限制性——教皇只在宣讲基督教**教义**方面具有无误性。然而，人们至今仍在争论教皇无误论在**政治**方面的意味。当时的批评者，包括相当多的天主教徒，都相信这会违反他们对国家的效忠，或者至少可以这样进行解读。

教皇无误论引来各地自由派的广泛谴责。《纽约时报》宣称，它"否定了世界上所有自由国家的自由所基于的原则"。《纽约论坛报》（*New York Tribune*）则推断，接受教皇无误论就是"在现代进步思想的世界和罗马天主教会之间"筑起一道"中国长城"。[47] 很多人的结论是，天主教徒再一次拒绝了与现代进行和解的机会。格莱斯顿本人感慨地撰写了两本小册子，谴责"梵蒂冈主义"并反驳了英国天主教徒应当同时忠于教皇和国家的想法。接受教皇无误论就等于放弃了个人的"道德和精神自由"，并将他的公民忠诚转移给了罗马。格莱斯顿的第一本小册子卖出了 15 万本，并被译为多种语言。

同一时期，教皇国的地位问题也引起了人们对教会涉嫌谋求政治统治的关注。这个问题在法国特别紧迫，法国军队在 1849 年帮助庇护九世回到罗马教廷复位，法国驻军一直到 1870 年都在维持庇护对罗马的控制。在美国人看来，教皇拒绝向宣告国家统一和民主的运动交出剩余领地的统治权，这进一步证明了教会与时代的分歧。1860 年庇护九世致信拿破仑三世，将倡导意大利统一的原则称为不道德的。这封信被美国媒体广泛转载。 〔189〕

德国的第一部反教会立法是 1871 年 12 月的所谓"布道条例"。条例禁止"以政治目的滥用宗教讲坛"。1872 年，教会对学校的监督被废除。一年后，第一部"五月法案"修改了普鲁士宪法自 1850 年以来就给予教会的自治权。现在，想成为教士的人都需要到德国大学学习并通过国家官员设计的文化考试。所有神职人员的任命都需要政府批准，不再允许天主教教士在国立学校中讲授宗教。成立了皇家神职事务法庭，其对教会的一切事务享有终审权，耶稣会会士也被逐出德国。

当天主教会当局拒绝接受这些法案时，俾斯麦对违抗者处以重罚，并推行了更极端的措施。1874 年通过的两部法律使普鲁士政府有权驱逐任何拒绝服从的教士，当教区没有依法任命的教士时，政府可以没收教区的财产。有数千名下级教士被处罚或者被监禁。到 1876 年，共有 1400 个教区，也就是将近三分之一的普鲁士教区没有教士。

大多数德国自由派衷心支持文化斗争。约翰·布伦奇利谴责天主教是"对人类的威胁"，主张德国"必须使用一切允许的**和不允许**的手段……保卫自己免受这个可怕势力的侵害"。他声称，天主教会在哪里行使权力，"哪个国家就会被阉割贬值"。自由派人士爱德华·温德霍斯特（Eduard Windhorst）认为"德意志帝国在迫害耶稣会时的那种刻骨仇恨"是有道理的，因为德国，是"宽容和启蒙的国度"，他显然没看到其中有自相矛盾之处。

〔190〕

德国自由派坚持认为他们对文化斗争的支持维护了自由和进步的自由原则。他们对"教化"、现代国家和德意志统一的追求都要求他们必须这样做。温德霍斯特解释道："自由保护的是不自由之外的一切，宽容则对不宽容之外的一切都加以宽容。"[48]自由派代表鲁道夫·菲尔绍（Rudolf Virchow）说，这是为了人类利益而进行的争取文明的伟大斗争的重要组成部分。

文化斗争一开始也得到了其他国家自由派的支持。大部分英国媒体认为这些法令实质上是防卫措施。1872 年 3 月，《伦敦泰晤士报》（*London Times*）也认同教皇正在试图推翻德意志帝国的说法，并向德国人民和政府表达了来自"所有享有智力、道德和精神自由的友人们"的支持。[49]英国报刊把耶稣会挑出来作为"教皇专制"的鼓吹者和"煽动叛乱的传教士"。[50]教皇无误论的教条被形容成教皇试图通过迷信、蒙昧和过时的教条强化自己权力的赤裸裸的尝试，这对自由社会的根基形成了重大的威胁。

在美国，教皇无误论的教义和文化斗争引发了新一波反天主教情绪。教会的批评者说，美国现在受到了教士政府的威胁。在文化斗争的高峰期，美国驻德公使乔治·班克罗夫特（George Bancroft）给国务院发回报告，为俾斯麦的"坚定和温和"辩解，并警告说，在包括美国在内的世界许多国家里，"相同的邪恶（天主教）势力正在作祟"。纽约的多家出版社再 〔191〕版了格莱斯顿的《梵蒂冈训令》（*Vatican Decrees*），美国媒体称赞他"打击了罗马的专制主义"。著名的美国教会史学家菲利普·沙夫（Philip Schaff）为其中一版撰写了评注，谴责了梵蒂冈"直接反对当代的自由趋势"[51]。

格兰特总统在1871年12月发给国会的信息中警告说，美国在"迷信、野心和无知"面前保卫了自己，这明显是一场由天主教发动的袭击。他敦促通过宪法修正案禁止政府向宗教学校提供援助，这一措施对天主教的影响特别严重。一份德国天主教报纸断定总统在美国也"发起了文化斗争"。耶稣会则强烈批评自由主义在美国越来越大的影响力，将其等同于一场"针对天主教的战争"[52]。

应当如何利用国家权力，并在多大程度上利用国家权力反对教皇和他的教会？自由派对此看法不一。美国针对天主教的措施还远远没到监禁的程度。当俾斯麦开始强力推行他的法令时，许多自由派人士就不再支持文化斗争了。格莱斯顿私下观察到"俾斯麦的想法和做法与我们的很不一样"[53]。《旁观者》（*Spectator*）杂志既反对教皇和教皇无误论，也反对俾斯麦路线，将整个文化斗争称为不自由的。杂志写道："普鲁士那些所谓的'自由派'在抗击天主教威权主义时似乎对光明力量失去了所有的信心……自由主义不能与它的敌人交换武器并借进步之名进行迫害。"《卫报》（*Guardian*）则宣称："以迫害的形式惩罚哪怕最顽固的教会和反动分子，我们拒绝将其视为自由主义的政策。"[54]随着德国在 1873 年 5 月通过"福克法令"（Falk Laws）并在其后的三年中强制执行，英国的作者们对这个问题〔192〕产生了分歧。绝大部分人继续坚持反对教皇的态度，一些人赞同俾斯麦路线，但许多人明确区分了文化斗争的抽象目标和"福克法令"的具体实施办法。

最终，文化斗争对德国自由派产生了适得其反的效果。德国的天主教中央党在反抗中反而更加壮大，而且由于文化斗争带来的仇恨，未来自由派和天主教的结盟几乎成了不可能办到的事。1879 年，俾斯麦这位不择手段的独裁者结束了与民族自由党人的联盟，转而与中央党在税务改革上达成了共识。

1878 年，德国自由派又被引导着支持了一项适得其反的政策，这就是俾斯麦臭名昭著的"反社会党人法"（Antisocialist Laws）。1869 年，多个左翼团体联合成立了 SPD①。几年后，该

---

① SPD 是德国社会民主党（社民党）的简称。1869 年成立的是社民党的前身之一"德国社会民主工党"（*Sozialdemokratische Arbeiterpartei*），简称 SDAP，后经多次重组、合并、改名后才在 1890 确定了现在的名称，即德国社会民主党（*Sozialdemokratische Partei Deutschlands*）。此处，作者为了行文方便简化了这段历史，以 SPD 统称所有这些名称不同的政党。——译者注

党在哥达举行的党代会上起草了纲领，要求国家接管工业并与工人分享利润。1878 年，SPD 在帝国议会中获得了 12 个席位。同一年，发生了两起针对德皇的刺杀袭击。

俾斯麦以这两起刺杀袭击为借口，颁布了他的"反社会党人法"。这些措施没有直接取缔 SPD，但是将所有传播社会民主原则的组织都定为非法，查禁了工会并关闭了多家报纸。德国自由派大体上支持这些法令。

和文化斗争一样，反社会党人法也是一场灾难性的失败。SPD 继续逆势壮大。法案同样也导致德国自由派陷入了分裂，使其力量削弱并丧失了公信力，而且使得他们以后很难再与社会党人合作。党在一次次地分裂。格莱斯顿把工人带入了自由党，俾斯麦治下的德国自由派则没能做到这一点。

在很长一段时间里，民族自由党人的头上都笼罩着恶名，这在一定程度上败坏了德国自由主义的名声，直到今天也是如此。1907 年，自由派的两个派系仍然在互相攻击，进步党指责民族自由党人背叛了自由原则，因为他们懦弱、缺乏品格和阳刚之气。[55]今天，有不少人说是俾斯麦**摧毁了**自由主义。 〔193〕

马克斯·韦伯认为这位从来没有尊重过议会政府的领袖需要承担主要责任。俾斯麦是一位恺撒式的独裁者，他摧毁了对他的权威构成威胁的一切政党和个人，并利用煽动来获得自己的利益。韦伯在 1918 年思考俾斯麦的遗产时，作出了一段值得长篇引用的观察："他留下了**一个完全没有政治教育的国家**……习惯于期待一位伟大领袖为国民提供他们的政治……（德国）已经习惯于**耐心**并宿命地服从以'帝国政府'之名所作的一切决定。"俾斯麦留给继任者的是"一个没有任何政治成熟度"而且"没有任何自己的政治意愿的国家"。他建立的是一个伪民主政权,并操纵这个政权以达到不自由的目标。韦伯说:"利己主义是这个大国唯一可靠的基础。"[56]

第六章　争取教育世俗化的斗争

伊甸园中的蛇已经道出了自由主义的诱惑和虚假承诺。

——《教会术语与天主教神学及附属
学科百科全书》①，1891 年

1870 年，俾斯麦激怒拿破仑三世对普鲁士宣战，法兰西第二帝国随之在耻辱中灰飞烟灭。普鲁士只用了六个月就击败了法国这个昔日公认的欧洲头号强国。1870 年 9 月 2 日，拿破仑三世在色当被俘，法国成了实质上的共和国。 〔194〕

随后的巴黎起义使法国战败引发的震动更为剧烈。大批巴黎市民拒绝接受德国胁迫法国政府达成的和约条款，他们揭竿而起，成立了所谓的"巴黎公社"。

正当凡尔赛的临时政府集结必要兵力准备一举扑灭起义之时，巴黎公社作出了一系列震惊世界的决定。公社将红旗定为自己的标志，向法国其他城市派出代表，鼓励他们建立自己的公社，并发布《告法国人民书》（Declaration to the French People），承诺将实施改善"社会福利"的措施，并开始以工人 〔195〕

---

① 引自 H. Gruber, S. J. 〔Society of Jesus〕, "Liberalism," in *Kirchenlexikon oder Enzyklopädie der katholischen Theologie und ihrer Hilfswissenschaften*, ed. Wetzer and Welte（Freiburg, 1891）, 7：1912f. ——译者注

阶级之名进行立法。公社投票决定政教分离，取消宗教预算。大量天主教学校和教堂被关闭，两百多位教士、修女和僧侣被捕。公社还开展女权运动，要求同工同酬、离婚权以及女性的世俗和职业教育。

法军令人震惊的战败，加上后来这似乎是另一场革命和共产主义对巴黎的占领，在整个欧洲乃至更远的地区都产生了巨大的冲击波。自由派再次被迫反省到底哪里出现了如此重大的失误。他们当然不可能预见到，法国被普鲁士击败的耻辱会促使法国做好准备，接受自由派追求已久的"自由教育体系"和政教分离。

法国人怎么了？

惊恐的观察家们在对 1870 年巴黎起义的报道中写道，蛮族和野人再一次占领了巴黎，这都是鼓吹阶级仇恨和暴力的"红衫军"造成的。他们是"强盗""歹徒"和"害人虫"。教皇称他们是"野兽一般的、被上帝抛弃的败类"[1]。报刊也报道了妇女在起义中发挥的作用，称她们是下贱、放荡的"暴徒"。

人们害怕这场革命会像以前的革命那样向外输出革命理念，这种恐惧开始流传。《纽约时报》预言巴黎公社只是"即将震撼欧洲各国首都的社会风暴的轻声前奏"[2]。该报反复将革命者称为试图推翻现有社会秩序的"共产主义分子"，并警告说一场将所有财产都收归国有的革命正在到来。

〔196〕凡尔赛的法国政府将革命归咎于国际工人协会及其领导人卡尔·马克思策划的阴谋，这种说法也很流行。美国《国家》杂志的编辑埃德温·戈德金警告说，巴黎公社将"严重动摇西方世界的文明"[3]。

因此，当阿道夫·梯也尔领导的法国国民议会于 1871 年 5 月 21 日下令军队攻打并收复巴黎时，很多人松了一口气。战斗是惨烈的，双方都制造了很多惨剧。凡尔赛的部队未经审判就杀害了数千名嫌犯，其中有很多妇女和儿童。公社社员则处死了包括主教乔治·达尔博伊（George Darboy）等在内的多名人质，并纵火烧毁了包括梯也尔的住所在内的各种国民政府标志。

虽然很难获知准确数字，但估计在"血腥的一周"中有 2 万到 2.5 万人丧生，其中大部分是公社社员和无辜的遇难者，很多人是被当场处决的。大约有 4 万人被捕，包括大量工会和社会主义活动家以及女权主义者，其中很多人被遣送到新喀里多尼亚的罪犯流放地。

军事失败、"共产主义"起义和残酷镇压在法国再次引发了长久的反思与反省。应该怪罪哪些人或事呢？天主教保皇派说这是对自由主义罪恶的神圣惩罚。教皇在谴责自由主义是"撒旦颠覆活动的化身"时就定下了这一基调。自由派早该知道，将上帝逐出社会将直接导致混乱、无政府状态和死亡。他们只能怪罪自己招来了社会主义的诅咒，这是他们的理念必然会导致的结果。天主教保皇派动用了一切可用的宣传手段，对自由原则展开了激烈抨击，特别是对人民主权、代表制政府和宗教自由表达了愤慨。 〔197〕

意见相反的阵营在争论应当建立君主政权还是共和国时，对法国屈辱的战败和巴黎公社起因的争论格外激烈。1871 年，基于男性普选的选举使保皇派再次成为多数派。但是他们内部也不统一。正统派、奥兰多派和波拿巴派无法就王位继承人达成一致。直到共和派在 1879 年的选举中占据多数、保皇派总统麦克马洪辞职后，法国才确定会保持共和政体。

作为虔诚的天主教徒，以镇压巴黎公社而闻名的麦克马洪将军欢迎教会协助打击自由主义。他说，他的政府的主要目标是恢复国家的道德秩序。为此，他需要天主教。议会中引入了公共祈祷。在左翼人士聚居的蒙马特地区修建圣心圣殿以抵偿巴黎公社罪行的计划获得了批准。自 1789 年以来，圣心圣殿就一直是皇室和天主教反革命的象征。政府还组织了前往露德的朝圣，在朝圣活动中，人们哼唱着保皇党的赞美诗。

这一切都使那些认为天主教是法国的问题而不是解决方案的人感到十分沮丧。但是，他们也同意保皇派的一个看法，即法国的第四次革命是深刻的道德和思想危机造成的。在一本畅销书中，史学家、理论家欧内斯特·勒南（Ernest Renan）将责任完全归咎于天主教会。他写道，由于天主教会的存在，法国已经沦为二流国家和由懦夫组成的社会。之后又出现了其他书籍和文章。法军被普鲁士校长击败了，这成了人们的口头禅。人们无休止地重复着一个说法：天主教使法国士兵迷信、唯命是从而且不爱国。法国最受尊敬的哲学家之一阿尔弗雷德·富耶（Alfred Fouillée）表示，法国士兵自私、沉迷享乐。法国迫切需要思想和道德改革。[4]

外国观察家对此也发表了看法，他们再一次将法国的问题归咎于重大的道德失败。英国评论家责怪法国人缺乏男子气概，他们沾染上了对奢华和物质享受的热爱。约翰·斯图尔特·密尔认为，法国人的问题是法国人的精神衰微造成的。法国人再一次显示出他们缺乏品格。[5]美国人认为法国人"愚昧无知，被牧师支配，形同阉人"[6]，德国人则说他们轻佻到极其脆弱。

对天主教会的这种普遍鄙视因普法战争前夕梵蒂冈教廷宣

〔198〕

布教皇无误论而更为加剧。法国的评论家将其视为对理性思维的又一次挑衅和对迷信的鼓励。和其他地方的自由派一样，他们将其解释为对法国国家主权的攻击。教皇似乎在要求天主教徒对他和他的教会效忠，而不是对自己的国家效忠。从法国在战场上面对信仰新教的敌军时的表现就可以看出，这削弱了法国的力量。

另一位颇具影响力的法国哲学家夏尔·勒努维耶（Charles Renouvier）也发表了看法。战争结束后，他创办了《哲学批判》（*La Critique philosophique*）和增刊《宗教批判》（*La Critique religieuse*），主要目的是谴责天主教会带来的危害并倡导新教和公民教育。在短暂的第二共和国时期，他曾担任公共教育部部长，并编写了一本宣传共和主义价值观的手册。他现在的要求是，必须发起一场运动，一劳永逸地消灭削弱这个国家道德品格的"奴隶宗教"。这意味着政教分离，并建立一套免费的和世俗的义务教育体系。他写道，公民教育能够使人摆脱神权统治的枷锁。 〔199〕

许多人认为法国人迫切需要摆脱天主教，勒努维耶只是其中之一。因此，公共教育成为第三共和国的一个关键问题，引发了激烈争论。论战的顶点是 1881 年和 1882 年通过的所谓"费里法"（Ferry Laws）以及 1905 年通过的政教分离政策。之后，共和主义的胜利者夸耀法国已经拥有了"文明世界中最自由、最现代的（教育体系）"[7]。

自由的公立教育体系

以总理和公共教育部部长朱尔·费里（Jules Ferry）命名的"费里法"后来被视为第三共和国最重要、最持久的改革措施。

这些法令使国民可以免费享受世俗化的公立义务初等教育。这个体系的设计者和支持者确信，它将在法国引发一场急需的"道德与社会革命"[8]。

1886 年，议会又通过了第三部法律对"费里法"作出补充。这部法律有时也称"戈布莱法"，得名于总理勒内·戈布莱（René Goblet），他在 1886 年至 1887 年担任内政和宗教部部长。"戈布莱法"禁止在公立学校中雇用宗教教派成员。当法案在参议院受阻时，众议院采取了报复行动，要求政府解散耶稣会。耶稣会会士接到命令，必须在三个月内脱会，其他教派则必须在六个月内申请政府批准。

〔200〕

不难看出，教育改革家们倡导的自由教育体系明显是反天主教的。体系的设计者从不掩饰其目的就是使民众脱离教士的控制。这意味着强制推行某种新教改革，对此，他们也没有隐瞒。《时报》1879 年发表的一篇文章解释了他们的想法："天主教社会面临很大的困难。没有在 16 世纪通过教会或者宗教改革完成的道德世俗化工作，现在需要试图通过学校改革来完成。"[9]

如此多的新教徒在政府中占据要职——实际上远远高于他们在全国人口中所占的比例——这也有助于法案的通过。1879 年到 1890 年间就有五届内阁由信奉新教的总理领导。其中之一是 1879 年的沃丁顿（Waddington）内阁，其一半阁员是新教徒。他们当中有很多人是共济会会员和"人道宗教"的崇拜者。有些人则不再相信上帝。

法国教育改革的主要设计者是费迪南·比松（Ferdinand Buisson），他于 1879 年成为小学教育总监，任职时间长达 17 年。后来，他又在 1902 年至 1906 年期间领导教育联盟，在 1914 年至 1926 年期间领导人权联盟。1905 年，他在议会中主持推行政教分离的委员会。1927 年，他与路德维希·奎德（Ludwig Quidde）共同获得了诺贝尔和平奖。

比松是自由派新教徒，与费里和戈布莱一样也是共济会会员。在第二帝国时期，他出版了多本书籍和文章解释他的宗教观点，包括《自由基督教》（*Liberal Christianity*，1865）和《自由基督教原理》（*The Principles of Liberal Christianity*，1869）。他还创建了一个名为"自由基督教联盟"的组织，以帮助传播这些观点。　〔201〕

比松信奉的宗教是一种没有教条、奇迹或者教士的宗教。它将道德置于其他一切之上，以"人和人性的精神完善"为宗旨。这是一个普世的教会，它欢迎所有人，无论这些人来自哪个教派，信不信神。比松认为，只有这样的教会才能带来他们这类人一直追求的兄弟般的关系和人与人之间的团结。[10]他说，人们需要的是"世俗的、自由的、人的教会……就好像一个公开的大型的共济会"[11]。

比松担任初等教育主管的职位，这有利于他推行自己的宗教和教育思想。他那本浩大的《教育学和初等教育词典》（*Dictionary of Pedagogy and Primary Education*，1880 – 1887）旨在为所有从事初等教育的人提供指南。比松说，公立学校体系不应当只教授普通科目，它最重要的目标是培养"好男人和好公民"。它应该教男孩子"像男人一样思考和行动"。[12]为此，应该让学生摆脱天主教，并教给他们自由派新教徒倡导的教育原则。最重要的是，法国学校应该教授道德而不是对教皇的服从。[13]

比松特别欣赏美国的公立学校体系。他的《教育学和初等教育词典》中有很多篇介绍并赞扬美国及其公民教育方法的长篇文章。他赞赏的一点是，美国的学校不教授具体的宗教教义，只是"笼统"地讲授基督教。这本词典中不仅有赞扬"一位论派"领袖威廉·埃勒里·钱宁的文章，还有赞扬钱宁更激进的弟子西奥多·帕克以及他们共同的朋友、教育改革家霍勒斯·曼（Horace Mann）的文章。[14]

〔202〕　不难理解比松为何如此推崇这些美国人。他们和比松一样，都厌恶天主教，并对自由派新教有所偏爱。曼本人对"一位论派"就深有同感。帕克很熟悉邦雅曼·贡斯当的宗教著作，他最初是"一位论派"的信徒，但最终因为"一位论派"对他来说不够自由而选择了退出。他说，"一位论派"停滞不前，变得狭隘而偏执。他认为，所有的基督教教会都偏离了耶稣的教诲。宗教应该教授自我完善和道德品行，而不是教条。

梵蒂冈教廷传播的天主教是头号敌人，它不允许人们独立思考。曼写道，新教的兴起带来了思想自由和宽容。帕克更加直言不讳。他说，天主教对共和国的儿童来说是绝对有危害的，因为天主教是"一切进步的敌人，并对民主抱有致命的敌意"。天主教是暴君的天然盟友，是自由不可和解的敌人。[15]

曼认为，美国的公立学校应该向儿童教授一种以道德为中心的广义的基督教。儿童应该学习所有基督徒共同的原则，而不是那些不同教派存在分歧的教义。他在1837年担任马萨诸塞州教育委员会秘书期间，设计了一套自由的、"非宗派的"学校体系，他认为这一体系能够教授、维持共和国运行所需的公民美德和价值。其中最重要的是培养自律和判断力。在共和国中，道德和智慧是至关重要的。

比松和他的合作者坚信应该在法国引入类似的原则。比如，保罗·伯特（Paul Bert）就认同法国教育体系的主要目标之一（或许是唯一的主要目标）应该是将男孩的思想从他认为的天

主教学校教授的荒谬而可怕的信仰中解放出来。公共教育应该〔203〕
传播基本的公德和私德，这是男童对家庭和祖国担负的义务。[16]
伯特本人是共济会会员，曾经担任教育部部长，并编写过一本
论道德的初级教育课程手册。

　　新的法国学校体系将具有双重目标。首先，通过鼓励自由
思考和讨论，它将教会男童如何自己思考和判断；其次，通过
灌输比松所说的"自由纪律"[17]，它将教会学生如何自我控制和
自我指导。这二者可以用"自治"一词来概括。经常被反复提
及的一点是，为了成为一个合适的成年人和一个人，男童必须
学习如何管治自己。这意味着既要将他从天主教教士和基督教
教条中解放出来，又要向他传授自由的或广义的基督教道德原
则。如果要教授《圣经》本身，则应该严格地将其限定为可以
帮助人们树立道德的历史文献。

　　比松欣赏的一点是，美国人明白传播恰当的知识文化的必
要性。他们知道教导青年学生学习正义和虔诚的道德准则的价
值，所有共和宪法都是以此为依托的。爱国主义极其重要。按
照他帮助设计的教育系统，法国的学龄前儿童要学习以道德为
主题的爱国歌曲和诗歌。九岁至十一岁，他们要学习纳税和服
兵役的义务；十一岁至十三岁的教育则强调服兵役的重要性、
对国旗的敬重、对法律的服从和政治经济学的基本概念。[18]

　　教育改革不仅仅涉及男童。改革者说，女童也应该接受自
由教育。在这里，他们同样受到了美国的启发。教育改革家塞
勒斯汀·伊波（Célestin Hippeau）在 1870 年访美后，出版了〔204〕
《美国的公共教育》（*Public Education in America*）一书。他在书
中指出，美国证明了为女童提供自由教育的好处。只有这样，
她们才能满怀爱国之情为民主社会作出贡献。他感到遗憾的是，

法国完全没能将妇女从教会的控制中解救出来，这造成了灾难性的后果。

自由主义理论家朱尔·西蒙认为，即使是最好的法国寄宿学校，在教育女孩方面也一无是处。这些学校传授的是轻浮的原则；没有任何严肃或者提升的内容。[19]比松的《教育学和初等教育词典》中的一篇论女童的长文也持此观点。比松感到遗憾的是，他的同胞对女童的教育如此不重视，却对宗教如此关注。他说，女孩和男孩在接受初等教育方面具有相同的权利，因为他们"具有同等的智力，作为国家和家庭的成员也负有相同的义务"。他列出了一长串女孩和男孩都应该学习的内容，最重要的是道德和公民教育，但也包括法语语言和文学、地理、部分法律和政治经济学。他坚持认为，这不是要让女孩变得"爱好争辩"，而在于女孩应该和男孩一样了解宪法、法律以及自己对祖国的义务。另一位改革家则说，这并不是要把女孩变成"蓝袜子"①，但也不应该让她们"毫不知晓现代世界的知识生活"。[20]

教育改革家们没有质疑女孩天生的志业是成为妻子和母亲。他们的主要目标是使女孩成为**更好的**妻子和母亲。亨利·马里翁（Henri Marion）在当时被誉为女性教育专家，他就这个话题

[205]

在索邦大学举办了一系列讲座。马里翁解释说，夫妻关系是各种形式的社会生活中相互依存和团结的例子。女性和男性在社会中扮演的角色不同，但他们是互补的，并且具有同等重要的

---

① "蓝袜子"（bluesfocking）指受过教育的知识女性。这个词源自18世纪的英国，当时男性参加沙龙需着黑色丝织长袜，后来一些精英阶层的女性组织沙龙讨论文学，因着非正式的蓝色羊毛长袜而得此名。但这一称谓后来成为形容附庸风雅，卖弄学问的文艺女性的贬义词。——译者注

意义："适合妇女的角色是完善和柔化生活，首要的是私人生活，但这之后至少也要间接地完善和柔化公共生活。"[21]

像马里翁这样的改革家经常指出要效仿美国对女童的教育方式。他们说，美国的婚姻更加公平，父母对子女的权威更合理；这也是美国的儿童学习民主价值观的途径。[22]丈夫和妻子相互依赖并团结协作的想法，当然与天主教通常传播的父权制婚姻观完全不同。

事实上，在美国，"非宗派的"、自由的或者世俗的公立学校制度也饱受争议。和法国教友一样，美国的天主教徒认为这个制度并不是真正非宗派的，因此表示反对。学校教授的其实是自由派版本的新教教义。因此，天主教徒也有权要求开设自己的公立学校。

1876年，对这个问题进行了一次辩论。广告词宣传这是"一位信奉天主教的美国公民"和"一位持自由观点的美国公民"之间的讨论。随后，辩论以小册子的形式出版。那位信奉天主教的公民是大力倡导天主教教育的罗切斯特主教麦奎德（Bishop McQuaid），持自由观点的公民则是大名鼎鼎的自由思想者、自称"反基督徒"的弗朗西斯·埃林伍德·阿博特（Francis Ellingwood Abbot）。

麦奎德对美国公立学校提出了基于天主教立场的反对意见。首先，它们并不是非宗派的。公立学校传授的是自由派的新教教义，它违反了《宪法》和《权利法案》中规定的天主教徒的权利。其次，学校侵犯了父母决定孩子宗教信仰的权利。最后，〔206〕天主教徒还必须向教育他们的孩子脱离天主教信仰的学校支付学费，这是错误的。麦奎德驳斥了可以在没有宗教的情况下进行道德教育的观点，对他而言，这与基于自私的道德没什么区别，都是明显的自相矛盾。

在对麦奎德主教的回应中，阿博特不否认这些学校是反天主教的。他说，美国公立学校体系的目标不是教授宗教，而是发展"个性"。麦奎德提到的父母权利只不过是"原始野蛮行为"的残留，其真正目的是把专制权威赋予父亲，并以此延伸，最终将这种权威赋予教皇。天主教及其倡导的家庭观使妇女和儿童受到家庭的奴役。阿博特赞赏地指出，在现代美国，人们已经开始认识到法律面前男女平等。阿博特再次赞赏地提到，妇女运动"旨在建立和保护妇女享有其自由个性的权利"[23]。

天主教徒和自由主义者之间的这场讨论不应该让人误以为只有天主教徒才反对美国的公立学校制度。许多保守的新教徒也以最强烈的措辞谴责这一制度。在他们看来，自由派基督教和等级不忠之间没有区别，他们称霍勒斯·曼的学校是反基督教的不道德温床。按照公理会牧师诺亚·波特（Noah Porter）的说法，自由主义比直接的无神论更加危险，因为它非常具有诱惑性。它是反对《圣经》真理的阴谋，对传统的家庭观念具有明显和现实的危害。如果允许它进一步传播，就一定会颠覆社会并给世界带来混乱。

〔207〕传统的宗教正统派拥护者，无论是天主教还是新教徒，都特别担心自由宗教与女权主义之间的联系。从非国教徒背景的玛丽·沃斯通克拉夫特到与"德意志天主教徒"运动走得很近的露易丝·奥托（Louise Otto）[24]再到坚决反对教权的法国女权主义者，这些妇女权益的倡导者都谴责"教士和迷信"，并经常指责传统教会造成了妇女地位的低下。和男同胞一样，她们当中有很多人坚信需要进行重大改革，要么让基督教会变得更加自由，要么就必须发明新的宗教。

很少有比美国的伊丽莎白·卡迪·斯坦顿更激进的女权主义者了，她谴责《圣经》本身就存在公然的性别歧视，并与他人合著了一本《妇女圣经》（*Woman's Bible*）以取而代之。她宣称："《圣经》和教会一直是妇女解放的最大绊脚石。"不过幸运的是，"思想更加自由的人"现在正"对《圣经》进行更高级和更纯粹的解释"。[25]斯坦顿和其他人一样，希望出现一种新的宗教，这种宗教更加宽容，对科学更加开放，并且更有利于推进政治、经济和社会改革——包括妇女的解放。

全国自由联盟、自由思想与自由恋爱

麦奎德主教肯定曾被一个叫作"全国自由联盟"（National Liberal League）的组织激怒。这个组织在他与阿博特进行辩论的那一年成立。阿博特就是该组织的创始人之一。联盟的目标是彻底的政教分离，其成员认为宪法对这一点阐述得还不够明确。为了实现这个目标，联盟通过了"自由主义的九大要求"。

"自由主义的九大要求"批评政府对宗教教育和宗教慈善机构的所有拨款以及政府程序中对所有的宗教仪式和宗教物品的使用。他们要求政府不再承认宗教节日和场合、废除"周日法案"、以简单的誓词代替宣誓、取消宣扬基督教道德的法律，并停止政府对任何宗教的偏爱。〔208〕

全国自由联盟欢迎各种宗教背景的人，无论是基督徒、犹太人、穆斯林、佛教徒、婆罗门，还是无神论者。自由派犹太人后来担任了联盟重要的领导职位。1879年，《美国以色列人》（*American Israelite*）的拉比艾萨克·怀斯（Isaac Wise）和美国犹太教改革派的创始人之一、《犹太时报》（*Jewish Times*）的莫里兹·埃林格（Moritz Ellinger）担任了全国自由联盟的副会长。

联盟的主要目标是政教分离，一个相关目标是打击"精神奴隶制"和"迷信"，这两个词是天主教的代名词，实际上也指代所有基于固定教条的宗教。联盟旨在鼓励自由思想，并致力于促进传播"兄弟情谊"的理性和非宗派的宗教。[26]

阿博特和其他杰出的联盟成员提倡世俗宗教，即所谓的人道宗教。当然，对于宗教传统主义者、保守派以及所有自认为是正统派的人来说，这种"人道宗教"根本不是宗教。难怪麦奎德主教在与梵蒂冈的交流中怒斥了正在蔓延的自由主义。[27]

到19世纪末，宗教语境下的"自由"一词在美国有好几种不同的含义。它可以是指代宽容，这是乔治·华盛顿的用法；可以指代各种"一位论派"，例如威廉·钱宁或他的门徒所宣扬的；还可以指代严格的政教分离和"非宗派"的公立学校体系的倡导者；最后，"自由"还可以指代自由思想者，而自由思想者本身就可以有各种不同的宗教立场。

[209]

到20世纪初，已经有许多俱乐部的名称中带有"自由"一词，它们都为男性自由思考者服务。在纽约有哈林自由联盟，在波士顿有友谊自由联盟，在洛杉矶有自由俱乐部。密苏里州甚至有一个名叫自由俱乐部（Liberal Club）的小镇。它建立于1881年，专为自由主义者而建，到1885年已经发展成为活跃的商业小镇，拥有500名希望摆脱教会教条生活的居民。还有一所自由大学和许多名称中带有"自由"的报纸。实际上，《堪萨斯自由者报》（Kansas Liberal）认为"自由"一词实在已被过度使用，以至于在1883年更名为《光之使者路西法》（Lucifer, the Light Bearer）。那些认为自由主义是魔鬼之作的人，现在终于有了一份名称恰如其分的报纸可供抨击了。

一些自称宗教自由主义者的人完全拒斥基督教。阿博特承认，他不仅不是基督徒，还是坚定的反基督教徒。根据波士顿的《自由宗教索引》（*Free Religious Index*）杂志的说法："在这个国家，'自由'一词现在指的是不承认《圣经》权威或不承认基督教体系超自然性的人。"著名的律师罗伯特·英格索尔（Robert Ingersoll）是备受欢迎的演说家，也是全国自由联盟的成员，他很喜欢在他受众甚广的演讲中取笑宗教。

《真理寻求者》（*Truth Seeker*）杂志的创办人、全国自由联盟的另一位成员戴维·M. 贝内特（David M. Bennett）将基督教称为"世界上最大的虚假"[28]。他说，基督教是"对人类的诅咒"，因为它"滋生了无知、迷信和虚假"。《真理寻求者》的使命是与"国内的自由主义者交流信息、娱乐以及对反对宗教错误和精神奴役的支持"。在创刊号的刊头，戴维·贝内特和他的妻子玛丽宣布，他们的杂志将致力于传播自由主义，字面意思就是"任何倾向于提升和解放人类的事物"。杂志列出一长 〔210〕
串话题，包括科学、道德、劳工改革、自由思想、自由教育、性别平等和自由恋爱。

自由主义与"自由恋爱"的联系成为一个特别引起争议的话题。尽管内部存在分歧，但许多自由恋爱的倡导者也主张妇女应享有投票权、财产权和离婚权。自由恋爱的倡导者和其他妇女权益的捍卫者的区别在于他们对婚姻的直言不讳的批评。一些人称婚姻为合法的卖淫，另一些人称其为性奴隶制，还有一些人称其为强奸制度。他们说，教会和国家都不应该有管理两性关系的权力。离婚应该变得容易，而婚姻则应该基于相互的爱和性吸引。在建立任何关系之前，应该向男人和女人传授性知识，之后再把对自己性行为的管控权交给他们。应当允许妇女控制自己的生殖并在自己不愿意的时候拒绝与丈夫行房。

自由恋爱的倡导者有时将其称为女性对自己的身体拥有权利。[29]新英格兰自由恋爱协会的会长埃兹拉·海伍德（Ezra Heywood）倡导"妇女天然拥有对自己身体的所有权和控制权"，她说这是"一项与妇女的智力密不可分的权利"。[30]一些自由恋爱的倡导者甚至谈到了妇女的性满足权。

好像自由主义与无神论和自由恋爱的结合还不够糟糕，一场备受关注的审判使自由主义在传统主义者眼中的形象更为糟糕。在贝内特出版他的《真理寻求者》的同时，言论自由也遭到了美国邮政检查员、政治人物安东尼·康斯托克（Antony Comstock）的抨击。1873年，国会通过了以他的名字命名的《康斯托克法案》，表面目的是"禁止淫秽文学和不道德物品的交易和流通"。使用美国邮政发送任何被视为"淫秽"的物品的行为都被法案认定为犯罪。法案将可以被定性为淫秽的内容扩展到报纸、广告和各种与避孕有关的产品，从而极大地扩展了政府管理印刷品的权力。它对淫秽的定义如此含糊不清，以至于可以包括任何种类的与性相关的信息，包括基本的生理卫生事实。自由思考者对《圣经》的攻击也可以被认定为淫秽。康斯托克利用"淫秽法"逮捕和拘禁了许多自由思想者和自由恋爱的倡导者。

〔211〕

不少备受瞩目的自由主义者故意违反《康斯托克法案》，引发了一场法律斗争。1877年，戴维·贝内特在《真理寻求者》上发表了《致耶稣基督的公开信》（"Open Letter to Jesus Christ"），并以小册子的形式单独出售。"公开信"是直接写给耶稣的，它问道："难道不是以您为名的宗教比世界上所有其他宗教都引起了更多的流血、更多的迫害和更多的痛苦吗?"贝内特因此被捕，但在人脉广泛的罗伯特·英格索尔代为求情后被撤诉。但是贝内特后来又接二连三地被捕，最后一次被捕后，案件送交法庭审判，贝内特被定罪并入狱。

贝内特的第二次和第三次被捕和埃兹拉·海伍德创作的倡导自由爱情的小册子《丘比特的枷锁》（*Cupid's Yokes*）有关。这本小册子嘲笑康斯托克的扫黄行动是一种"淫荡的狂热主义"，并公开支持许多自由恋爱的原则。它呼吁终止教会和国家对婚姻、通奸和节育的所有规定，并说应该由"性自治"来代替。离婚应该更容易；应当允许男人和女人去爱他们想爱的人，想爱多久就爱多久。　〔212〕

很快，全国自由联盟就被牵扯进来。海伍德和贝内特因与淫秽相关的罪名被捕，海伍德的罪名是撰写这本小册子，贝内特的罪名是出售这本小册子。但是贝内特第一次被捕时，案件并没有交由法庭审判。之后，他又因跨州邮寄小册子被捕，这次他锒铛入狱。针对他们的诉讼，全国自由联盟向国会提出了反对《康斯托克法案》的请愿书。1878 年 2 月，它提交了一份由五万多人（也许有多达七万人）签名的请愿书，声称这条法律是宗教迫害的工具。它通过不恰当地给反宗教作品的编辑、出版商和作家贴上淫秽的标签来威吓他们。然而，国会的专门委员会仍然裁定这部法律合宪。

最终，围绕《康斯托克法案》的争论在全国自由联盟的大会上造成了分裂。英格索尔和阿博特等领导人辞职。他们认为"淫亵法"只是一个次要问题，它分散了人们对联盟更核心议题的关注。但是，对一些自由主义者来说，自由地讨论性问题就是一个核心的、重要的议题。

同时，争取废除或修订《康斯托克法案》的运动引起的宣传模糊了公众心目中自由主义、无神论、性自由和淫秽之间的区别。参加全国自由联盟会议的评论家报告说，那里正在宣扬无神论，正在举行自由恋爱的大联欢。他们指责自由主义鼓励了"猖獗的个人主义"，并否认上帝和婚姻的神圣性。一位评论家警告说，如果这种趋势继续下去，让自由恋爱的倡导者得势，那么个人享乐就会取代家庭稳定，社会的瓦解就不可避〔213〕免。[31]自由主义者是有罪的，淫荡的无神论者在兜售淫秽物品并摧毁家庭。

教皇的反击战

教皇利奥十三世认为"费里法"是对他的教会和教义的直接攻击，这并没有错。他发布了两条通谕作为回应。1884 年 2 月 8 日，他发布《论法国的宗教问题》①，明确谴责了这些法律，称其为"不正当的""恶毒的""罪恶的"。两个月后，他又发布了《人类》（*Humanum Genus*），用相同的词语来咒骂共济会。他说，共济会的原则是不正当的、恶毒的和罪恶的。我们知道，共济会在第三共和国，特别是在学校法的设计和实施中发挥了突出作用。通谕声称共济会"攻击了天主教的根基，却逃过了惩罚"，他们的兄弟会是"渗透进人民血液中的恶性瘟疫"，法国的教育改革不过是一场将会终结一切社会秩序的恶意阴谋。法国的主教和天主教宣传人员重复了这些指控。

教会对女童教育制度的改革感到特别愤怒。[32]教会一如既往地将控制未来妻子和母亲的教育作为重新将法国天主教化的一种办法。自由教育的制度显然对这个目标构成了威胁。自由派

---

① 通谕正式的拉丁文标题是《最高贵的法国人民》（*Nobilissima Gallorum gens*），《论法国的宗教问题》（*On the Religious Question in France*）是副标题。——译者注

的报刊庆祝了"将妇女从荒谬的迷信枷锁中解放出来",保守派和天主教报纸则宣称这种改变是灾难性的。教士们告诉信奉天主教的女孩,这些新课程会危害她们的灵魂,试图劝说她们不要入学。他们警告说,如果国家接管了所有女孩的教育,就会使每个女孩都接触到"激进的不虔诚、无神论、贪图享受和所有道德中最具颠覆性的理论"[33]。

　　天主教的代言人坚决反对改变女童教育能够改善婚姻状况〔214〕并带来更幸福、更道德和更爱国的家庭的看法。相反,他们认为这会"激发(女孩)的某种独立精神",并引起法国家庭的一场革命。妇女将失去对家庭生活和母性身份的向往。她们会变得不守规矩、不听话。可悲的是,这也意味着她们首先将很难找到丈夫。如果年轻女孩参加了未婚教授讲授的课程,她们还会面临其他危险。[34]

　　天主教宣传人员经常以最恶毒的语言来强化并传播教皇对自由主义的攻击。西班牙牧师费利克斯·萨尔达·萨尔瓦尼(Felix Sarda y Salvany)撰写的题为《自由主义是罪》(Liberalism Is a Sin)的小册子于1886年首次以西班牙语出版,随后迅速地被译为其他欧洲语言。这本书宣称,与"亵渎、盗窃、通奸、杀人或其他违背上帝律法的行为"相比,自由主义是"更大的罪恶";它是"万恶之恶",是"撒旦与人类之敌的后代"。[35]

　　四年后,即1888年,教皇又发布了一条谴责性的通谕——《论人类自由的本质》①。他现在宣称,支持政教分离的自由主义者在"跟随路西法的脚步"。赞成人民主权原则的人否认上

---

① 通谕正式的拉丁文标题是《自由》(Libertas),《论人类自由的本质》(On the Nature of Human Liberty)是副标题。——译者注

帝的存在。这样的自由原则不可避免地会导致腐败、动荡和混乱，最终推翻所有国家。有些矛盾的是，教皇还说，政教分离会导致国家的暴政。如果除了国家以外在个人之上再无权威，那么国家就会变得无所不能。

[215] 　　教皇的攻击不仅针对自由主义，还针对"美国主义"（Americanism），这个词在当时梵蒂冈教廷的语汇中几乎成为自由主义的代名词。教皇的发言人经常以最强烈的措辞谴责美国主义。按照耶稣会杂志《天主教文明》的报道，美国正在呼吸被自由主义"感染的空气"，美国主义对各地的天主教都构成了威胁。另一份罗马报纸则抨击了美国人的"撒旦精神"和"亵渎性理论"。[36]

　　教皇和他的亲密支持者当然非常了解"费里法"受到了美国的启发，也了解正在美国发生的围绕公立学校的斗争。他也应该知道，美国的许多天主教徒——包括一些著名的天主教领袖——不反对民主，也不反对政教分离，更不反对许多其他的自由原则，例如大主教约翰·艾尔兰（John Ireland）、约翰·基恩（John Keane）、丹尼斯·奥康奈尔（Dennis J. O'Connell）以及枢机主教詹姆斯·吉本斯（James Gibbons）。有些人甚至很配合公立学校制度。在致梵蒂冈传信部部长枢机主教米奇斯瓦夫·莱多霍夫斯基（Mieczysław Ledóchowski）的信中，麦奎德主教将美国天主教会的整体趋势描述为一种有害的"自由主义"[37]。

　　众所周知，天主教自由派从自由主义诞生之初就存在了，并贯穿整个 19 世纪。他们将自己视为希望展示天主教与现代文明兼容性的国际运动的一部分。所谓的美国主义者也有同样的感受。艾尔兰、基恩和吉本斯在法国，尤其是在那些希望改善共和政府与教会关系的人中都深受好评。他们把艾尔兰最著名的演讲译成法文。像麦奎德主教这样更保守的天主教徒则对"如不及时阻止就会给教会带来灾难的自由主义"感到绝望。[38]

1892 年，教皇的立场突然发生了重大转变。谴责人民主权的通谕发布还不到四年，他就发布了一篇新的通谕逆转了自己的立场。这篇名为《在关怀中》(*Au milieu des sollicitudes*) 的通谕以"法国的教会与国家"为副标题。教皇对教会的教义作出重大修改，他要求法国天主教徒停止将天主教的事业与君主专制联系在一起，并要求他们接受共和体制。这项政策被称为向共和国"集结"(*ralliement*)。 〔216〕

但是，向共和国集结和接受"自由主义"并不是一回事。一位信奉教皇至上主义的作者在 1897 年的一篇反对自由派天主教的长篇批判中再一次提到，"自由主义本身就是一种致命的罪过"[39]。相反，向共和国"集结"意味着要使用共和与自由的手段**对抗**自由主义。

"集结"当然不意味着接受公立学校里的非宗派教育，或者世俗化的法律。教皇和他的亲密支持者继续谴责这些做法，认为这是一种有害的"美国主义"[40]。教会要求天主教徒采用现代的方法，例如通过新闻、宣传、社会运动和俱乐部来传播天主教并使法兰西民族重新天主教化。因而，从一个非常真切的意义上来说，教皇要求法国人用自由主义的方法来对抗宗教自由主义。

梵蒂冈表面上接受某些自由主义原则，特别是选举政治领域的自由主义原则，导致在教皇的建议下，于 1901 年成立了名为"人民自由行动"(Action Libérale Populaire，ALP) 的法国

天主教政党。这个政党是由保皇派人士阿尔伯特·德·蒙
（Albert de Mun）和雅克·皮欧（Jacques Piou）创建的，很有
可能得到了梵蒂冈的资助。[41]党的报纸名为《自由行动消息报》
（*Bulletin Action Libérale*），于 1901 年 11 月 20 日创刊。

〔217〕 值得停顿片刻来思考这一点：一个在历史上被用来形容**反**
天主教运动的单词，现在被挪用来指代一个**亲**教会的政党。
ALP 的目标是利用自由制度——包括自由选举、新闻和媒
体——来捍卫教会的权利，抵御所谓的"共济会……雅各宾派
和社会主义暴政"的威胁。ALP 强烈支持教会和《教务专约》；
它全力反对所有的世俗化法律，特别是政教分离的进程。

然而，如果 ALP 以为自己能够向政府施压使其撤销"费里
法"，那它就要大失所望了。接下来，又通过了更多的世俗化法
律。1901 年的《结社法》授予工会和政党等团体更大的组织自
由，但严格限制了宗教教派的自由，它们如果希望留在法国或
者扩大规模，就必须获得政府的授权。

1902 年至 1905 年担任总理的埃米尔·孔布（Émile
Combes）是坚决反对教权的共济会会员，他的政府严格执行了
这条法律，结果宗教教派发现几乎不可能获得法律授权。到
1903 年，已有超过 14000 所未经授权的教会学校被关闭。1904
年，又禁止宗教教派成员教书，法国几乎所有的宗教教派都被
查禁，财产被拍卖。三万至六万名神父和修女被驱逐。所有这
些都在 1905 年的《政教分离法》中达到顶点，这部法律取消
了所有宗教拨款，并不再承认天主教会。

ALP 激烈反对上述每一项措施，其成员数量也不断增加，
1906 年时已经达到 20 万名纳税人和 1200 位地方选举会委员。
在鼎盛时期，ALP 在众议院中占有 40 个席位。孔布一度在一系

列演讲中专门挑出 ALP 加以责难，并喊出了"人民自由行动 〔218〕
党，这就是我们的敌人！"的口号。

* * * * * *

"自由主义"一词自 19 世纪 20 年代提出后，就与 1789 年的法国大革命和明确反对天主教会的立场紧密联系在一起。自由意味着提倡思想自由、宗教自由和政教分离，这些都是罗马教廷在整个 19 世纪一再抗议的原则。这个词也指代一些其他理念，包括妇女的公民平等权和离婚权。这些都是天主教会反对的原则。

到 19 世纪末，这些自由主义的诉求在世界各地仍然饱受争议，但在美国，这些诉求格外激进化了。在那里，"自由"一词也被用来描述公开的无神论者、性自由和避孕权的倡导者，或者捍卫发表淫秽文学权利的人。对传统主义者来说，他们一个多世纪以来的预言变成了现实：自由主义正在导致全面的道德堕落和混乱。

同时，在法国，教会的支持者利用这个单词与自由和宽容的联系建立了 ALP。在梵蒂冈的资助下，它努力**保护**教会的权利不受法国众议院推行的世俗化改革的影响。该组织的领导人皮欧问道："自由主义到底意味着什么？"他解释说："这个词需要定义。"然后给出了一个将自由主义强行与天主教和右翼运动捆绑在一起的定义。皮欧说，自由意味着保护法国的男人和女人免受雅各宾主义、共济会和"社会主义暴政"的威胁。因 〔219〕
而很有意思的是，在 20 世纪初的法国，自由可以意味着社会和宗教上的保守，而在美国，却通常是相反的意思。

第七章　两种自由主义——旧与新

> 我们不认为国家福利是一种紧急措施或者不可避免之恶，而认为它实现了我们这个时代和国家的最高任务之一。
>
> ——社会政治联盟，1873 年

〔220〕　自由派将法国在普法战争中失败的主要原因归咎于法国差劲的教育体系和教会教义对国民意志的削弱。但是他们意识到，法国蒙受耻辱还有其他原因。显而易见，德国士兵比法国士兵的身体更健康、体格更健壮。在战争过程中，法军中死于天花的人数就相当于一个师的兵力，还有大概五个师的兵力染病。普鲁士军队的官兵都已接种，因此伤亡人数要少得多。这是政府干预带来益处的明证。

战后，普鲁士政府采取了更多举措。1874 年，所有德国公〔221〕民都要接受针对天花的强制疫苗接种。政府设立了一个卫生部门，研究传染病并寻找有效的治疗方法。1876 年，政府颁布法律，要求所有 16 岁以上的产业工人都必须加入医保计划，除非已有另行保障。俾斯麦似乎正在推进"国家社会主义"，各地的自由派都注意到了这一点。

在接下来的几年中，普鲁士政府开始了更多具有开创性的努力。政府为德国工人创建了一套完整的强制保险制度，包括疾病、工伤、退休和残障保险。俾斯麦本人毫不犹豫地将这些措施称为社会主义，并向工人承诺会进行更多的立法。一些自由派人士谴责这些措施不过是恺撒主义的又一例证，其他人则赞成这些措施。不久之后，出现了一场关于"真正的自由主义"和国家社会主义之间关系的跨大西洋论战。

历史学家倾向于忽略德国在自由主义历史中扮演的角色。但是德国的思想从一开始就产生了巨大的影响。德意志的自由神学影响了一个多世纪以来的自由主义宗教观。而现在，在 19 世纪末期，德国的政治经济学思想导致自由主义分裂为两个流派，一个流派主张自由放任，另一个流派则主张政府干预。他们都自称自由派。

重新构想国家的角色

当时有非常多的研究揭示了所有工业化国家面临的严重问题，此时德国政府为穷人所采取的措施就显得格外引人注目。尽管财富正在被大量创造出来，人们的生活水平也在普遍提高，但仍有许多穷人被丢在了后面。

贫民窟、城市过度拥挤和疾病传播十分普遍。劳工动乱 〔222〕 正在加剧，工人、工会和政党也在组织之中。各种形式的社会主义正在广为传播。这导致越来越多的自由派相信政府应该为穷人提供更多的帮助，他们从德国的发展中得到了启发。

法国、英国和美国忧虑的自由派开始逐渐接受新的德国经济学派思想。开拓者是经济学教授威廉·罗雪尔（Wilhelm Roscher）、布鲁诺·希尔德布兰德（Bruno Hildebrand）和卡尔·克尼斯（Karl Knies）等人①，他们在当时颇有影响力，但在我们这个时代已被人遗忘。他们在19世纪中叶对自由放任主义的理论发起了全面攻击。他们说，自由放任的理念过于抽象和理论化，无法应用。这些理念还是不道德的，因为它们允许剥削工人，却没有采取任何补救措施来消除普遍的贫困。

人们需要的是基于实证数据、更加实用和以结果为导向的政治经济学。因此，他们开始收集证据，证明自由放任对工业化国家的大多数居民来说只会使生活变得更糟，而不是更好。他们预言，政府如果不采取行动，情况只会继续恶化和蔓延。

对罗雪尔等人来说，自由放任主义的错误不仅是经验上的，而且是道德上的。人不只是孤单、自利的个体；人是具有道德义务的社会人，既可以理解又可以履行这些义务。他们说，那种认为利己主义和无限制的竞争可以成为可行的和公正的经济基础的看法在道德上令人憎恶。这样的观点导致一些人以"道德经济学家"和"板凳上的社会主义者"之类的标签嘲笑罗雪尔和他的同事们，这些标签也流传了下来。作为回应，道德经济学家继续指责他们的对手支持"曼彻斯特主义"，这是一个同样具有贬义，甚至贬低意味更浓的称谓。

[223]　　1872年，道德经济学家们成立了社会政治联盟（Verein für Sozialpolitik）。他们在联盟的"使命声明"中肯定了国家有致力于共同福利的道德义务。声明明确写道："我们不认为国家福利是一项紧急措施或不可避免之恶，而认为它实现了我们这个时代和国家的最高任务之一。在认真执行这项任务时，个人的利

---

① 这个学派通常被称为"经济历史学派"（historical school of economics），作者在本书中称之为"道德经济学"（ethical economics）。——译者注

己主义和狭隘的阶级利益将服从于整体的长远且更高的命运。"[1]

道德经济学家的思想慢慢地但也切实地传播开来，引发了欧洲各地乃至欧洲以外地区的激烈讨论。哲学家、政治学学者、记者和政治人物都参与其中，他们要么支持政府干预，要么支持自由放任。一些自由主义者热情地欢迎并吸收了这些理念；其他人则反对这些理念。观察家们开始谈论一场政治经济学的危机。精通德国思想，后来成为总统的伍德罗·威尔逊（Woodrow Wilson）称这是"政治经济学家之间的战争"[2]。这导致了美国哲学家约翰·杜威后来所说的自由主义的"两股潮流"的产生：一派偏爱干预主义；另一派则偏爱自由放任主义。

在法国，关于德国政治经济学的争论让夏尔·纪德（Charles Gide）和阿尔弗雷德·富耶等人与让·巴蒂斯特·萨伊的儿子莱昂·萨伊（Léon Say）的意见相左。萨伊在1872年至1883年间担任法国财政部部长。他和其他亲政府的政治经济学家将来自德国的思想贬低为可憎的"国家主义"和"偶像崇拜"。[3]他们说，"真正的自由主义"意味着要坚持自由放任的原则。

主要由于萨伊等人的反对，法国政府在19世纪70年代的官方立场是尽可能少地直接救济穷人。除了1874年通过的"罗素法"（Roussel Laws）对乳母喂养和照顾弃婴作出了规定外，在这段时间里，法国在救济穷人方面几乎毫无作为。政府官员 〔224〕重复着以前的论点："公共慈善"是有害的，因为它助长了工人的懒惰和不负责任。它还促使工人将救济视为一种权利，而不是慈善行为。杰出的知识分子保罗·塞雷（Paul Ceré）曾在第二共和国期间短暂地担任过省长，他甚至提议关闭收容所和其他"宏伟的贫民宿舍"。老人和病人应该被送回家中，闲人则应该入伍当兵。[4]

但是，一批新的政治经济学家正在崛起，并开始挑战这种自由放任主义的意识形态。夏尔·纪德就属于这个群体。纪德是波尔多大学和巴黎大学的教授，后来在法兰西学院任教。他于1883年出版了一本倡导这些新思想的书。1892年，该书被翻译成英文，名为《政治经济学原理》（*Principles of Political Economy*）。两年前，《政治学季刊》（*Political Science Quarterly*）刊登了一篇向美国读者总结介绍纪德思想的文章。[5]

纪德说，是时候向新的德国政治经济学学派寻求指导了。他认为普法战争不仅是法国军队的失败，也是法国自由放任政策的失败。法国以前曾经引领政治经济学领域，弗朗索瓦·魁奈（François Quesnay）、杜邦·德·内穆尔（Dupont de Nemours）、杜尔哥[①]以及亚当·斯密都虚心求教的孔多塞[②]等人都处于他们这个领域的前沿。但是纪德感叹道，弗雷德里克·巴师夏和莱昂·萨伊等重要的法国经济学家现在已经自满、保守甚至对穷人的痛苦采取一副冷漠的态度。纪德说，既然他们提倡的是一种毫不关心公共利益的不道德的自私，也许不应该让他们再自称自由主义者，也许他们应该被称为"现代享乐主义者"。纪德决心将他们命名为"古典"或者"正统"自由主义者，这两

[225] 个词语可能就来源于此。他说，正统自由主义者活在过去，不愿意面对新的现实。幸运的是，他们的思想正在被来自德国的更健康的思想取代。

德国的思想在英国也取得了进展。法国在普法战争中的迅

---

① 安·罗伯特·雅克·杜尔哥（Anne Robert Jacques Turgot，1727 – 1781）。——译者注
② 尼古拉·德·孔多塞（Nicolas de Condorcet，1743 – 1794）。——译者注

速战败和巴黎公社的崛起已经向人们发出了严峻的预警，之后，英国严重的经济下滑又造成了大规模的失业和困苦。来自德国和美国的竞争也使英国人担心英国失去作为世界工厂的领导地位。同时，越来越多的人开始对"自由市场"失去信心。

1874年，自由党在选举中突然失利，这加剧了自由派的焦虑。保守派三十多年来首次获得议会多数席位。本杰明·迪斯雷利（Benjamin Disraeli）取代了格莱斯顿出任英国首相。在使他胜选的竞选造势活动中，迪斯雷利与工人接触，并承诺将进行立法。保守党执政后，立刻推行了一系列改革，致使第一位当选议员的工人亚历山大·麦克唐纳（Alexander MacDonald）在1879年指出："保守党在五年内为工人阶级所做的事情比自由党在五十年内所做的都要多。"

所有这些都使英国自由党中的许多人感到困惑和迷失。他们开始抱怨自由党漫无目标。他们似乎不再具有统一的口号或者目的。模棱两可地讲一讲改良、谈一谈品格和自我牺牲显然不再奏效了。一些人抱怨说，甚至无法给自由派下一个定义。以"什么是自由原则"为题的小册子和文章开始大量出现。

这种情况导致越来越多的英国自由派开始接受来自德国的新思想，这从大量涌现的德国政治经济学著作和翻译作品中就可以看出。早在1875年，19世纪英国最有影响力的改革派杂志之一《双周评论》（*Fortnightly Review*）就欣然宣布"旧的正统信条"已经落幕，事实证明，它完全无法解决困扰工业化国家的那些问题。1879年，《双周评论》发表了约翰·斯图尔特·密尔的《社会主义论章》（"Chapters on Socialism"），他在文中主张应当充分考虑社会主义思想，因为这能够为改革提供指导原则。

〔226〕

在接下来的几十年中，越来越多的英国自由派开始偏爱一种新型的自由主义，这种自由主义主张政府应当更多地为穷人进行干预。他们呼吁国家采取行动消除贫困、无知、疾病以及财富分配中的过度不平等。他们开始声称不仅应当赋予人们自由，还应当赋予人们实现自由的**条件**。他们将其称为"新自由主义"①。

在美国，许多年轻人前往德国大学留学，后来回到美国大学担任重要教职，从而引进了新的政治经济学思想。在德国，他们沉浸在道德经济学中，并目睹了一个国家可以为穷人做些什么。和英法同行一样，他们也越来越确定自由放任主义在道德和实践上都是错误的，开始主张政府对经济进行更多干预。

和其他地方一样，深刻的变化正在转变美国的经济。美国正在迅速工业化，以至于到 20 世纪初，其产出已经超过了英国、德国和法国的总和。经济的变化导致了前所未有的贫富悬殊。19 世纪 70 年代和 90 年代的长期萧条导致了数百万美国人失业。

〔227〕

美国工人像其他地方的工人一样，向政府求助，却遭到了拒绝。当局动用武力平息了 1877 年的大罢工，这是美国历史上第一次全国性的劳资纠纷。焦虑的观察家们认为巴黎公社已经跨越了大西洋。[6]

第二年，众议院决定调查工人骚乱的原因并制定补救措施，并以此作自己庄严的职责。但是，最终并没有形成任何政策建

---

① 这种新自由主义（new liberalism）也被称为社会自由主义（social liberalism），与 20 世纪后期开始流行的倡导"小政府"、反福利国家、要求去监管、强调市场和资本自由的新自由主义（neo-liberalism）观点完全相反。——译者注

议。人们的共识似乎和以前一样：政府的干预违反了市场规律。工人应该学习这些规律并养成正确的习惯和价值观：努力工作、学会储蓄和培养男子气概。

几位在德国学习道德经济学的美国人成了新兴的经济学、政治学、历史学和社会学学科的领军人物。他们成立了许多专业学术协会，包括美国历史学会（1884），美国经济学会（1885），美国政治科学协会（1903）和美国社会学会（1905）。美国经济学会最初的 6 位执委中有 5 位曾在德国学习，最初的 26 位会长中有 20 位曾在德国学习。

经济学家理查德·伊利（Richard Ely）是新思想在美国最重要的传播者之一。他在海德堡大学师从道德经济学家卡尔·克尼斯和约翰·布伦奇利，获得经济学博士学位，伊利于 1881 年回到约翰·霍普金斯大学政治经济学系任教，很快就出版了多部著作并发表了大量文章。他说，美国人应该留意德国的榜样，并向德国思想学习。

在伊利的领导下，一群年轻的美国经济学家于 1885 年成立 〔228〕了美国经济学会。学会的章程重申了德国联盟的创建理想。它写道，国家是"一个教育和伦理机构"，国家承担的援助工作是人类进步所必需的。政治经济学不能再被贪婪之人当作工具，也不应被当作"在人们挨饿时无所作为"的借口。[7]

英国和美国的百科全书也证明了德国道德经济学的影响。1885 年版的《不列颠百科全书》（*Encyclopædia Britannica*）中关于政治经济学的文章告诉读者，一个新学派正在兴起。《美国政治学、政治经济学和政治史百科全书》（*Cyclopaedia of Political Science, Political Economy, and of the Political History of the United States*）则宣称，政治科学正处于混乱状态。书中写道，正在发生一场反对自由放任主义的运动，德国人已经证明自由放任主义是完全错误的。现在，大多数人意识到，国家在道义上必须代表无助和被压迫者进行介入。它追求的不仅仅是物质财富的创造，还有更高尚的目标。公民在"智力和幸福"方面的进步具有更大的重要性，这就是文明与野蛮的区别。[8]

这种德国思想对自由主义的历史产生了强力影响，引发了"旧的""古典的""正统的"政治经济学思想的拥护者与"新的""进步的"或者"建设性"的思想的拥护者之间的激烈争论——通常是充满咒骂的争论。结果，政治经济学被一分为二。双方为了下一个世纪进行斗争，从某种程度上来说，今天的情形依旧如此。

新自由主义遭到的抵抗相当大。正统派进行了反击。赫伯特·斯宾塞（Herbert Spencer）是其中最有力也最有影响力的声音之一，他可能是那个时代读者最多的用英语写作的哲学家。斯宾塞现在以"适者生存"一词闻名，是伦理学、生物学、哲学和经济学等多个学科领域的权威。

〔229〕

1884 年，斯宾塞以极具争议的《人对国家》（*Man versus the State*）加入论战。他指责"新自由主义"的倡导者根本不是真正的自由主义者。"真正的自由主义"无非就是不受他人限制或干涉的自由。过去，自由主义曾反对无限的君主权力。现在，自由主义应当反对议会的无限权力。[9]

斯宾塞最重要的美国弟子威廉·格雷厄姆·萨姆纳（William Graham Sumner）贬低德国的思想不过是"社会庸医"。萨姆纳在耶鲁大学教授社会科学，和他的导师一样，他也信奉严格的自由放任政策。他说，根本不存在什么"社会问题"，工人需要的就是不去管他们。[10]哈佛大学的 J. 劳伦斯·劳克林

（J. Laurence Laughlin）也提出了类似的看法。1884年，劳克林出版了约翰·斯图尔特·密尔的《政治经济学原理》节选本，以供美国的学校使用，但是他删除了密尔提及国家干预好处的部分。[11]密尔的《社会主义论章》在英格兰发表五年后，他在美国被打造成了不受限制的自由市场的拥护者。

　　萨姆纳和劳克林都无法阻止时代大潮。到1903年，芝加哥大学政治学教授查尔斯·梅里亚姆（Charles Merriam）宣告德国思想获得胜利。他的《美国政治理论史》（*History of American Political Theories*）追述了美国政治思想自出现以来的演变。他说，现代人对国家宗旨的观念已经彻底改变了。美国的政治学家现在已经准备好让国家承担更大的权力。他们不再相信政府应当限制自己而只扮演消极角色，相反，政府应当促进普遍的福利。梅里亚姆本人就曾在德国学习。　　　　　　　　　　〔230〕

　　英国的自由派为真正的自由主义的本质争论不休，而格莱斯顿在这个问题上没有发挥什么领导作用。他转而将爱尔兰自治作为能够团结所有自由派的议题。然而，自由派最终因为这个议题导致分裂，并在1885年败选。到那一年，自由派的不团结和混乱达到了顶点。除去1892年至1895年之间的短暂时期，在接下来的二十年中，自由派都没能再次执政。据《每日纪事报》（*Daily Chronicle*）报道，自由党陷入了危机，它变得"逻辑不清、冷漠、组织混乱和愚蠢"[12]。自由派完全搞不清楚自己的立场了。

　　同时，许多英国报纸要求对社会和经济事务给予更多的关注。他们越来越急迫地要求自由派必须抛弃"旧自由主义"，给新自由主义让路。1906年，当时最具原创性的政治理论家之一约翰·A. 霍布森（John A. Hobson）斩钉截铁地宣布："旧的自由放任主义已死。"应当采取更进步的措施来消除贫困的根源以及与之相伴的疾病。只有到那时，真正的"经济和智力机会平等"才有可能存在。[13]

自由社会主义

许多新自由主义的支持者承认，可以把他们看作在宣扬社会主义，但他们对此并不介意。1893年，英国一份重要的自由派周刊写道："如果说社会主义是抱有慷慨的情操和满怀希望的情绪……那从这个意义上来说，我们都是社会主义者。"[14]几年
[231]后，未来的首相温斯顿·丘吉尔（Winston Churchill）发表演说，特别敦促自由派不要担心社会主义标签。他认为"自由党的事业就是被丢下的数百万人的事业"，自由党应该支持帮助他们的国家干预。借助于一种新型的、具有"社会主义倾向"（socialistic）的自由主义，社会才能发展到具有"更加平等的基础"。[15]

当然，对社会主义的开放态度还取决于社会主义的定义。在这方面也存在分歧。这个词对不同的人意味着不同的意思。对丘吉尔来说，"社会主义倾向"并不一定意味着鼓吹革命或者对私营行业进行国有化这样的激进政策。他赞同渐进的、非暴力的改革。美国经济学家弗朗西斯·阿马萨·沃克（Francis Amasa Walker）断言，可以将"社会主义"一词用于"在大众利益的驱动下，为扩大政府职能所作的一切努力"。[16]布伦奇利的《国家词典》承认社会主义对不同的人意味着不同的事物。但是在他看来，将渐进式的社会改革称为社会主义是完全恰当的。[17]

在法国，自由主义和社会主义之间的中间路线通常被称为

"团结主义"（solidarism）①。它的主要支持者是莱昂·布尔茹瓦（Léon Bourgeois），他于 1895 年成为总理，并于次年出版了一本名为《团结合作》（*Solidarity*）的书。有人更喜欢称之为"自由社会主义"[18]，实际上布尔茹瓦也很愿意自称"自由社会主义者"[19]。他说，法兰西共和国有义务促进其公民之间的团结合作，不仅应该通过在公立学校中教授爱国主义，还应该通过减少使他们分裂的不平等来促进这一点。作为回应，莱昂·萨伊和他的同事们坚持认为，政府应当忠实于**真正的**自由主义，也就是他们所说的自由放任主义。

团结主义为法国激进的共和党与议会中的社会主义者之间的合作提供了平台。他们共同推动了一项改革纲领，包括限制工作日、提供养老金和由累进制所得税支付的公共救济。布尔茹瓦说，社会团结的义务需要国家的干预。他宣称，共和国不应当只是某种政治制度，而应当作为道德和社会进步的工具。这种想法激怒了萨伊这样的自由派政治经济学家。〔232〕

自由派对社会主义的日益友善无疑与社会主义者对他们的日益友善有关。19 世纪末的社会主义者并不一定主张革命或废除资本主义。法国的第一个社会党是成立于 1879 年的法国社会主义工人联合会，它提倡通过议会进行渐进式改革。在德国，社会民主党在选举中的成功也许使他们相信，通过和平改革和立法可以实现社会主义。这些事态发展促使自由派意识到他们可以与社会主义者合作通过进步的法律。1901 年，自由派领袖弗里德里希·瑙曼（Friedrich Naumann）提出了一个"从巴塞

---

① 中文一般译作"连带主义"，但这是取自日本译名的和制汉语，不能准确地反映法语原文中团结、互助和协作的含义。——译者注

曼到倍倍尔"① 的大选联盟，也就是从右翼的民族自由党人到左翼的社会民主党人的联盟。

德国政治理论家、社民党党员爱德华·伯恩斯坦（Eduard Bernstein）成为这次对社会主义学说进行修正的领军人物之一。伯恩斯坦在刊发于《新时代》（*Die Neue Zeit*）的一系列文章中提出，社会主义者应当淡化反自由主义的言论，因为自由主义本来也在朝着正确的方向发展，伯恩斯坦说，社会主义是对自由主义的继承和实现，民主则通过和平和渐进的方式使社会主义的实现成为可能。没有必要进行革命了。

〔233〕 这种社会主义的态度有助于解释为什么新自由主义在英国的重要宣传家伦纳德·霍布豪斯（Leonard Hobhouse）会断言"真正的社会主义是为了完成而不是破坏自由主义的主要理念"[20]。他的朋友约翰·霍布森称其为"可行的社会主义"[21]。然而，毫不奇怪的是，老牌自由主义者继续谴责任何与社会主义的联合。在法国，自称"秩序的信徒"和"真诚的保守派"的人士创建了一个自由共和党联盟，以争取"**真正的**自由主义"。[22]对这些人以及人民自由行动党的党员来说，自由主义现在就意味着保守。

道德的生活方式

从自由主义诞生之日起，自由主义者就将他们的事业视为道德的事业。他们不仅争取自己的权利，还在争取更好地履行其道德义务的手段。新自由主义者也这样认为。他们所倡导的不是个人权利，而是道德上的自我发展，目的是促进公共利益。

---

① 埃内斯特·巴塞曼（Ernest Bassermann）时任德国民族自由党领袖；奥古斯特·倍倍尔（August Bebel）时任德国社会民主党领袖。——译者注

一个很好的例子是 T. H. 格林（T. H. Green）于 1880 年发表的广为流传的演讲《自由立法和契约自由》（"Liberal Legislation and Freedom of Contract"）。格林曾在德国学习哲学和神学，在牛津大学担任道德哲学教授。他的演讲在当时很有影响力，从那以后一直被认为是英国新自由主义的精髓。

格林声称，每个人都有道义上的义务去尽力而为。尽力而为意味着对同胞履行某些义务。无论贫富，每个人都有这样的义务。但他问道，鉴于穷人和患病者的痛苦状况，他们能够履行对社会的义务吗？格林认为，个人无法控制的情况使大多数穷人无法履行他们的道德义务。这种推理促使他提倡卫生法、工厂检查和公共教育等一系列措施。其他自由派则会添加更多的改革措施。 〔234〕

实际上，不从倡导者对道德的极度重视入手，就无法理解新自由主义。驱使新自由主义者前进的是一种改善人类的热忱之心。新自由主义者经常谈到个人需要发展自身"更高的能力"。伊利认为，为他人的利益而进行自我发展是社会伦理的目标。格林在牛津大学贝利奥学院的一场世俗布道中敦促人们努力使自己变得更好。他说，为此，人们应该树立自我牺牲的精神。一位德国自由主义者说，自由主义最重要的任务是帮助工人过上道德的生活。其他人则称其为"人道的生活"或者"最佳的生活"。

政府可以为人们提供过上道德生活的机会，方式之一是公共教育。我们已经看到，自由主义者为此付出了多大的努力。根据法国团结主义者莱昂·布尔茹瓦的说法，应当由公立学校系统"提升人们接受社会责任的理念"[23]。新式法国学校体系的使命是培养学生成为良好的公民，换句话说，就是教导他们如何团结。霍布森说，这是一个改良的公共教育体系，会带来必要的"人类思想的……革命"[24]。伍德罗·威尔逊宣称，需要培养慷慨和人性的情操，他认为博雅教育的作用就是培养这种情操。[25]

　　教育和道德改革一如既往地与宗教密切相关。许多新自由主义者要么是新教徒，要么是具有新教背景的人，这毫不奇怪。他们大都赞同我们之前提到的各式各样的"自由新教"。T. H. [235] 格林是福音派牧师的儿子，曾在图宾根学习自由神学。[26]美国经济学学会的成员中有 23 名神职人员，其中许多人在德国学习过。自由派新教徒和共济会在法国团结运动中起到了超乎比例的重要作用。霍布森和霍布豪斯的很多道德观都来自他们在英国道德协会①中所做的工作。

　　根据其倡导者的观点，"自由派基督教"体现在它的利他主义和善行上。到 19 世纪末，英格兰人称其为"广义的"或者"普通基督教"。自由党议员、公理会牧师爱德华·米尔（Edward Miall）希望英国学童吸收"更广泛、更自由，也许在某些方面更含混的教义信条"[27]。

　　流传甚广的"一位论派"手册《我们的神学自由运动》（*Our Liberal Movement in Theology*）描述了这种"广义的"基督教。最重要的是，它应该传播一种对生活有实用作用的道德体系。[28]人们常常反复提及宗教应该是实用的。弗里德里希·瑙曼

---

　　① 这里指的是美国人费利克斯·阿德勒（Felix Adler）发起的"道德运动"（Ethical Movement），也称"道德文化运动"或"道德人文主义"，主要理念包括重视人的内在价值、独特性和尊严，倡导善待他人并注重人与人之间的联系。运动在世界各地的分支机构一般被统称为"道德协会"（Ethical Societies）。英国的分支机构后来演变为英国人文主义协会。——译者注

称其为"实用的基督教"²⁹。理查德·伊利认为："不切实际的基督教根本就不是基督教。"³⁰所有这些自由派新教徒都认为基督教应该摆脱在他们看来着重于拯救个人灵魂的那种狭隘的、消极的和过分个人主义的态度，转而致力于改善所有人的生活。

自由主义优生学

对人类改善和自我完善的这些高谈阔论使我们一下子很难接受一个惊人的事实：在这些倡导扩大国家职责以帮助穷人的人当中，许多人也是"种族科学"和优生学的热情拥护者。在〔236〕今天的我们看来，令人震惊的是许多自由主义者认为这完全符合他们进一步追求共同利益的使命。

"优生学"一词是 1881 年由英国自然学家、数学家弗朗西斯·高尔顿（Francis Galton）提出的，他是查尔斯·达尔文（Charles Darwin）的表弟。美国重要的优生学家查尔斯·B. 达文波特（Charles B. Davenport）将其描述为"通过更好的育种来改善人类的科学"。其中有"积极"优生学，也就是鼓励健康的、适合生育的人多生育。积极措施通常包括促进健康母亲和新生儿方面的立法。还有"消极"优生学，目的是鼓励那些被认为不健康、"不适合"（unfit）生育的人少生育，甚至完全不生育。

许多优生主义者希望他们的种族改善计划——无论是积极的还是消极的部分——都是自愿的。他们强调教育、道德禁令和避孕。一些人还赞成强制绝育或禁止"不适合"的人群结婚。这些人包括精神失常者、智障者和癫痫病患者。而且，人们通常认为智力低下与不道德和犯罪之间存在某种关系，罪犯的后代还是罪犯，贫民的后代还是贫民，因此，一些人主张要限制这些人的婚姻。

优生学的热心拥护者不仅包括自由派，对优生学和"种族科学"的崇信在我们提到的所有国家的民众中都非常流行，无论其政治立场如何。这背后是工业化国家中出现的越来越强烈的对退化的恐惧，不仅包括普法战争后的法国，还有美国、英国和德国。在法国，对"种族"退化的担忧导致了1896年法国人类复兴联盟（League of Human Regeneration）的成立。几年〔237〕 后，莱昂·布尔茹瓦成为新成立的法国优生学学会的名誉会长。历史学家指出，法国人更倾向于采取积极的方法而不是消极的方法。

1903年，英国议会成立了一个处理国民恶化问题的委员会。人们认为，国民的"肌体"（fabric）——也就是国民的道德品格、智力和在世界上的竞争力——正在下降。为了解决这个问题，仅仅进行社会和政治改革是不够的。

霍布森是当时最受尊敬的自由主义理论家之一，他支持防止"反社会的生育"。"选择最适者，或者至少淘汰最不适者"，对所有进步都是至关重要的："将儿童的生产完全交予不受限制的私营企业，这是政府所能做的最危险的弃权行为。"[31]

在美国，从理查德·伊利和赫伯特·克罗利（Herbert Croly）到伍德罗·威尔逊这样的进步主义者都热烈拥护优生学。伊利敦促接受人工选择以避免产生"恶性后代"，并赞成以法律剥夺某些人的结婚权。他写道，有些人"完全不适合生育，应该阻止他们繁衍后代"。伊利还支持将劳动者人口中的"不宜雇用者"隔离开来，当这种措施还不够时，他提出了更严厉的补救措施。伊利主张：对"那些既不工作，也不服从，道德上无可救药之人"，不应当允许他们繁衍后代。[32]1911年，新泽西州州长威尔逊签署了该州有关强制绝育的立法，针对的就是"身心缺陷、无可救药和犯罪的阶层"。[33]

即使不是大多数人，也有很多优生主义者是公开的种族主义者。伊利写道，黑人"在大多数情况下是长大了的儿童，应该依此对待"。他的学生威尔逊的种族主义当然是众所周知的。作为教授，威尔逊告诉《大西洋月刊》（*Atlantic Monthly*）的读者，解放后的奴隶以及他们的后代"懒惰、好斗、厌倦工作、贪图享乐"。[34]这种想法在当时很普遍。人们认为黑人缺乏自我管理的能力，因此，不应当给予他们投票权。 〔238〕

19 世纪末的女权主义和自由主义

优生学还影响了自由派对妇女的态度。由于女性是生物学意义上较弱的一方，很多人认为妇女在家庭以外的环境中工作时需要得到特殊保护。这就是自由派立法者赞成限制工作时间或者禁止女性从事夜间工作的主要原因。毕竟，女性在保持人类遗传属性方面起着特别重要的作用，不能允许她们因为过度工作或者疲劳而增加种族的健康风险。伊利写道，应当禁止任何"伤害女性肌体"的工作。[35]

这种思想在法国自由派中也很普遍，尤其是普法战争后，人们非常担心人口下降和素质下滑。朱尔·西蒙在他的《女性劳动者》（*On the Female Laborer*）中写道，在家庭之外从事工作的妇女会生下羸弱和畸形的婴儿，母乳也会受到污染。诸如此类的焦虑推动了法国针对妇女的自由主义福利改革。新的法律主要和鼓励健康生育有关。[36]

对妇女投票权的问题，大多数自由派继续表示反对。他们认为妇女和非裔美国人一样都缺乏必要的能力。她们不仅身体

较弱，而且比男人更容易受影响、更缺乏理性。她们的天性使她们没有能力作出合理的判断。她们缺乏常识。这样的想法当

然只会强化一种观念，即只有在家庭中，妇女才能找到合适的角色，在那里她们可以接受丈夫的监督，并在鼓励下生育健康的孩子。

在法国，人们还担心赋予妇女投票权会有利于天主教候选人。自由派说，妇女从天性上说是迷信的，因此容易受到教士的操纵。这是阿尔弗雷德·富耶反对妇女投票权的主要原因，他在其他情况下都倡导他所说的"进步"和"改革的自由主义"，但认为在妇女还没有接受更多教育之前，甚至不用考虑妇女选举权的问题。同时，妇女对公共利益的贡献就是生育健康的后代并维持幸福的家庭。

自由派为剥夺妇女投票权还举出了其他理由。她们太过情绪化，太过缺乏理智，因此，允许妇女投票会鼓励过度立法。国会的自由党议员赫伯特·塞缪尔（Herbert Samuel）承认，政府也许能变得"更加人道"，但这是以效率、原则和"真正的治国才能"为代价的。如果给予妇女投票权，那政府将不堪"不实际的理想主义"的重负。女性的阴柔气质也会渗入政府，"悄无声息地削弱国家和帝国的伟大根基"。塞缪尔总结说，性别"定下了一条政治能力的基线，超出界限是不安全的"[37]。

尽管妇女普选权运动在壮大，威廉·格莱斯顿还是明确反对给予妇女选举权。1886 年，在格莱斯顿夫人领导下成立的妇女自由联盟（Women's Liberal Federation）也是如此。联盟的宗旨是促进自由党的利益，或者按照格莱斯顿夫人的话来说，就是"帮助我们的丈夫"[38]。一些自由派人士继续声称，赋予妇女平等的权利于事无补，只会危及婚姻和家庭，而后者是教化男

性并让他们准备好成为公民的最重要的社会制度。[39] 在德国，〔240〕
1897 年的民族自由党手册说出了很多自由派人士的心声。手册
宣称家庭生活"只有在男人当家做主的时候……才能健康发
展"[40]。让妇女加入政府可能会使国家变得"阴柔"，这呼应了
塞缪尔的观点。[41]

　　有些论点明显是自相矛盾的。一些人说给予妇女投票权会
导致人道和理想主义诉求等方面的"立法过度"；也有人说让
妇女投票是没有必要的，因为她们的票投给谁都是丈夫决定的，
这么做只不过让票数增加了一倍，实际上毫无意义。另外，夫
妻之间的政治分歧会在家庭内部造成不和谐。塞缪尔补充说，
妇女在离婚、继承"等诸如此类"的问题上的各种不满本来也
"不严重"，并且正在得到解决。剩下的问题可以由她们的丈夫
来解决。[42]

　　一些自由主义者认为女性**最终**有可能获得选举权。塞缪尔
说："让我们稍等片刻"，随着时间推移，女性可能会获得必要
的"适当性"。[43] 实际上，很多自由派认为女性选举权的时机还
不成熟。妇女必须首先获得并展示她们的"能力"。当德国女
权主义者呼吁弗里德里希·瑙曼支持她们时，他回答道，妇女
在要求投票权之前，"最好先在公共事务中展示其成就"。他们
的首要任务应该是普鲁士男性的选举权改革。妇女应该帮助男
人"在政治领域完全成熟"，然后"妇女投票权问题自然会得
到解决"。[44]

　　越来越多的自由派男女对这种论点提出异议，他们坚持认
为自由派违背了自己的原则。德国女权主义者抱怨说，最近自
吹自擂的"新自由主义"没有给女性带来任何好处，或者说几
乎没有带来任何好处。阿莉塞·萨洛蒙（Alice Salomon）试图　〔241〕

说服自由派，女权主义和自由主义"本是同根生"，具有相似的世界观。[45]妇女要求的只不过是将她们纳入其中的"扩展的自由主义"[46]。

许多女权主义者开始说，"真正的自由主义"现在应该支持妇女投票权。在诸如"德国青年自由党"这样的新生代男性群体中，越来越多的人同意这一观点。新教神学家鲁道夫·维兰特（Rudolf Wielandt）就是其中之一。他宣称："动机最高尚、最优秀的妇女运动是自由主义的姐妹。""妇女只希望获得"为公共利益而运用她们特殊天性的"权利"，应该鼓励妇女这样做。[47]

英国妇女自由联盟也逐渐不满足于"帮助丈夫"这一狭隘的使命，并要求赋予她们投票权。1911年，《曼彻斯特卫报》（*Manchester Guardian*）宣称排斥妇女是"一种暴行……迄今为止，没有哪个自称自由派的政府能够背叛自由原则，而不造成深远持久的名誉扫地和终极灾难"[48]。

一些妇女主张，正是她们的特殊"天性"使她们的充分参政对国家极为重要。一个例子是德国女权主义者格特鲁德·鲍默（Gertrude Bäumer），她于1910年应邀在德国进步主义者的一个会议上发表了题为"妇女与自由主义的未来"（"Women and the Future of Liberalism"）的主旨演讲。她说，女性的独特性使她们必须拥有投票权。妇女的选举权将确保"女性的才能和能量"对社会的影响。

然而，这恰恰是鲍默的对手所担心的，即国家的"阴柔化"。1908年，民族自由党的官方立场驳斥了她的论点并延续了一百多年以来不断被重复的指控，即允许妇女投票就是要否定"大自然意欲形成的两性差异"[49]。

在 19 世纪末期争取妇女普选权的人中，基于权利的论点仍然很少见。在这方面，美国的妇女参政运动活动家苏珊·B. 安东尼（Susan B. Anthony）和伊丽莎白·卡迪·斯坦顿是真正的先驱——她们也是这方面的特例。尽管当时的妇女被禁止投票，安东尼和纽约州罗切斯特市的其他 15 名妇女还是在 1872 年 11 月 5 日的总统选举中参与了投票。两周后，她们被捕。安东尼受到审判，被判犯有非法投票罪。一些人说她的行为威胁了婚姻、家庭、教会和宪法。她则反过来指责当局："践踏了我们的政府的每一项重要原则。我的自然权利、公民权利、政治权利和司法权利全都被忽略了。我被剥夺了作为公民的基本权利，从公民的身份降为了臣民的身份。而且，根据您的裁决，不仅是我本人，而且所有和我性别相同之人，都注定只能在这个所谓的政府形式下处于政治上的屈从地位。"

这种基于女性个人权利的论点在其他地方很少听到。塞缪尔在他的自由党手册中解释说，人们谈论投票的"自然权利"是毫无意义的，因为不存在这种权利。适当性是获得选举权的绝对条件。由于英国妇女与英国儿童和印度男人一样缺乏必要的"适当性"，因此，赋予她们投票权是一个荒谬的想法。同样，《国家自由新闻报》（*National Liberal News*）也希望德国妇女避免自己被"美国化"。良好的德国妇女应该拒斥"妇女参政运动的愚蠢"。[50]

妇女常常会继续争辩说，她们希望改变法律，以便更好地履行作为妻子、母亲和公民的义务，并生育更健康的孩子。大多数女权主义者并没有否认她们的特殊天性或者家务志业。她们相信男人和女人具有不同但互补的天性和义务；他们应当共同努力，以有助于公共利益的方式养育家庭。有些人甚至利用〔243〕

优生学的论点进一步阐明她们的诉求。美国大名鼎鼎的自由恋爱倡导者和女性参政运动活动家、曾在 1870 年参选总统的维多利亚·伍德哈尔（Victoria Woodhull）认为，更自由的离婚法将使（人类）"种族"获得重生。自由恋爱的倡导者常说，让女性的离婚更容易、婚姻更富于爱、性生活更愉悦，将会带来更好的母亲、更好的家庭和更健康的孩子。

* * * * * * * * * *

到 19 世纪末，谈及政府的角色时，存在两种自由主义者：新自由主义者和旧自由主义者，干预主义者和自由放任主义者。双方都坚称**自己**才是**真正的**自由主义者。

最终，新自由主义者放弃了"新"这个限定词，直接称自己为自由主义者。和格林一样，他们中的许多人认为他们那个版本的自由主义本来也没有什么新意。格林说，自由主义者为"社会公益"这同一件事已经奋斗了五十年。霍布森则坚持认为，自由主义者从未信奉过狭隘的自由放任主义或者以完全消极的角度来思考自由。吸收德国道德经济学家的观点与自由主义原则是完全相容的，因为这些原则在不断地进行调整以应对时代的问题。

新老自由主义者之间的斗争也是如何诠释自由主义学说创始人的斗争。新自由主义者声称自由放任主义者误读了亚当·斯密等经济学家。"接过亚当·斯密衣钵的"[51]正是新自由主义者。《不列颠百科全书》写道，斯密毕竟对历史情况非常敏锐，他在《国富论》的第五部中承认了政府干预的必要性。同样，阿尔弗雷德·富耶对"自由放任主义者的经济主义"也不以为然；他说斯密根本就不认同这些思想。[52]

〔244〕

　　费边社会主义者比阿特丽斯·韦伯（Beatrice Webb）为其中的反讽陷入了沉思："亚当·斯密的政治经济学是对 18 世纪反对阶级暴政和少数人压迫的那场充满激情的斗争的科学表达。不知道是通过何种悄无声息的革命和无意识的思想转变，它竟摇身一变成了 19 世纪'雇主的福音书'?"[53]

第八章　自由主义成为美国的理念

> 在当下的美国，自由主义不仅是首要的思想传统，它甚至是唯一的思想传统。
>
> ——莱昂内尔·特里林（Lionel Trilling），1950 年

　　自由主义是如何成为美国政治语汇中如此核心和常用的概念的呢？1831 年版的《美国百科全书》中并没有"自由主义"的词条，"自由"的词条则解释说其政治含义来自法国。直到半个世纪后，《美国政治学、政治经济学和政治史百科全书》中才出现了"自由主义"的词条，那还是一篇法语文章的翻译，将自由主义等同为"八九原则"。19 世纪末期，"自由主义"仍然是美国政治语汇中的冷门术语，主要用来指代欧洲特别是**法国的**一系列理念。

　　那么，自由主义是如何变得如此美国化的呢？著名的知识分子和政治评论家沃尔特·李普曼（Walter Lippman）认为，共和党进步派这一改革派团体在 1912 年以及威尔逊民主党人在 1916 年前后，首度将自由主义纳入了美国的主流话语。[1]伍德罗·威尔逊在 1916 年自称"进步主义者"，在 1917 年自称"自由派"，就很能说明问题。[2]但是总统当时是什么意思呢？自由派对威尔逊来说又意味着什么呢？

到 1917 年，自由主义的含义已经大大脱离了它在法国大革命时期的原义以及之后一个世纪与法国政治发展的联系。19 世纪末期，法国的影响力早已消散，德国思想的影响力越来越大。

在英格兰，这引发了新自由主义的诞生。这种新型自由主义的传播主要归功于英国自由党、自由派报纸和伦纳德·霍布豪斯等自由主义理论家的努力。到 20 世纪 10 年代，其倡导者认为新自由主义的理念已经深入人心，可以去掉"新"字，直接称其为自由主义了。后来成为英国首相的 H. H. 阿斯奎斯（H. H. Asquith）在 1902 年为赫伯特·塞缪尔的自由派手册《自由主义：试论英格兰当代自由主义的原则与主张》（*Liberalism： An Attempt to State the Principles and Proposals of Contemporary Liberalism in England*）撰写了导读，另一位自由党政治人物莱昂·布利兹（Lyon Blease）在 1913 年出版了一本书名非常简洁，名为《英格兰自由主义简史》（*Short History of English Liberalism*）的著作。共和党进步派和威尔逊民主党人在 1914 年至 1917 年间引入美国的正是这种自由主义。

赫伯特·克罗利是进步主义运动中最有影响力的公共知识分子之一，也是创办于 1914 年的进步派旗舰杂志《新共和》的共同创始人之一。他是"自由主义"在美国的传播者之一。他写于 1909 年的著作《美国生活的希望》（*The Promise of American Life*）极具影响力，对自由放任经济学提出了严厉的抨击，并强烈主张政府干预。克罗利很有可能用"自由主义"一词来表达对英国的自由派政府和自由派思想家的支持，他同他们惺惺相惜。到 1914 年，克罗利开始称自己的思想为"自由派的"，到 1916 年中期，该词在《新共和》中已经十分常见，成了进步主义立法的另一个提法。毕竟，正如伍德罗·威尔逊在 〔247〕

1908 年的《美国的宪政政府》(*Constitutional Government in the United States*) 中所解释的，美国人"从英格兰借来了我们的全部政治语言"[3]。

自由的帝国

威尔逊总统可能也是最早使用"自由"一词来描述某些外交政策议程的美国人之一。在 1917 年 1 月的著名的"没有胜利的和平"("Peace without Victory")讲话中，他声称自己"为自由主义者和人类之友代言"。在前往巴黎和会兜售他的"十四点原则"的途中，他宣称"自由主义是唯一可以将文明从混乱中解救出来的东西"。

当然，自由主义一直以来就不局限于国内政治。从吹嘘自由主义是从法国向外扩散的大型运动的拉法耶特，到那些害怕余波远及印度的"普世自由主义"的人，在国际上传播自由主义的想法由来已久，威尔逊总统对其中一些人肯定很了解。在去巴黎的路上，他造访热那亚，并在马志尼的纪念碑前致敬。威尔逊表示，他仔细研究过马志尼的著作，并从中得到了指引。总统补充说，随着第一次世界大战的结束，他希望为"实现他（马志尼）毕生所追求的理想"作出贡献。[4]

威尔逊很可能也知道自由主义与帝国的思想紧密相关。很多美国进步主义者同情的英国自由派人士都认为帝国是在世界范围内传播自由主义价值观的一种方式。

〔248〕　　的确，他们中的许多人没有意识到，在赞同帝国的同时还相信"自由主义的根本原则是对自治理想的热烈支持"[5]，这本身就是自相矛盾的。他们认为帝国是一项"真正的自由外交政策"，将在世界范围内传播文明和"政府的艺术"。[6]

　　他们如此谈论帝国，同时又谴责"帝国主义"，这在今天看来实在有些奇怪。仅举一例，约翰·霍布森在一本备受推崇的论帝国主义的著作中，将其称为以穷人为食的经济寄生虫传播的"疾病"。自由派政治家罗伯特·劳（Robert Lowe）则称其为"终极的暴力……强者压迫弱者，强权压倒正义"[7]。

　　在英国，帝国的议题在保守党的本杰明·迪斯雷利与自由派的威廉·格莱斯顿的 1872 年选战中被高度政治化了。自由派多次一致谴责迪斯雷利的帝国主义，以此抹黑和中伤他。作为回应，迪斯雷利则利用帝国在英国人民中的声望贬低自由派。他说自由派软弱、不爱国，不能把保卫英国殖民地的重任交给他们。他警告说，自由派会毁掉帝国。这位雄心勃勃的首相在 6 月 24 日著名的水晶宫讲话中声称，在整个英国历史上"从未有过像自由主义为瓦解大英帝国而进行的种种尝试那样持久、精细，投入了如此多的精力，并以如此的能量和精明进行操作的活动"。

　　迪斯雷利的修辞显然就是他的制胜法宝。在担任首相期间，他策划了对苏伊士运河股份的购买，指使他的政府插手埃及事务，支持土耳其对抗俄罗斯，并在南非和阿富汗保持了强力态势。1876 年，他宣布维多利亚女王成为印度的女皇。自由派强烈抨击他的帝国主义，认为它是虚伪的、不道德的，与英国的价值观背道而驰。〔249〕

　　不理解其中的文字游戏，就很容易错误地诠释自由派对帝国主义的这些谴责。虽然今天我们可能会觉得很奇怪，但英国自由派完全有可能在谴责帝国主义的同时又拥护"真正的殖民主义"。这两个词的含义并不相同。

　　"帝国主义"和其他许许多多的主义一样，都是被当作贬义词引入政治话语的。它被用来抨击拿破仑三世和俾斯麦之类的专制统治，并与恺撒主义具有某些共同特征；众所周知，恺撒主义也是同一时期出现的术语。例如 1878 年刊载于《双周评论》的一篇文章，标题非常生动，叫作《帝国主义是什么意思？》（"What Does Imperialism Mean?"）。作者解释说，帝国主义意味着对他人施加暴力，它建立在自私和完全无视道德义务的基础上。

人们常说，像拿破仑和俾斯麦这样的帝国主义者，利用帝国的吸引力转移国内贫困人口的注意力，使他们不再关注国内的改革需求，同时增强自己的力量，并允许一小部分支持者牺牲公众的利益来积累财富。换句话说，帝国主义是独裁者与贵族合谋掠夺社会，并利用无知暴民的支持，试图制止甚至扭转自由主义改革的手段之一。英国自由派通过指责迪斯雷利实行帝国主义，暗示他误导公众，以牟取个人私利，包括皇室和英格兰贵族的利益。更糟糕的是，他为了实现自己的目标而诉诸公众最恶劣的本能。他的帝国主义被称为"非英式"的，是一种有害的恺撒主义。

〔250〕 但是，这样的表述不应被视为自由主义者希望解散帝国。不赞成一种帝国并不一定意味着不赞成另一种帝国。格莱斯顿赞许的是允许自治的帝国，并将这种帝国与迪斯雷利提倡的那种被他称为自私的帝国进行了对比。他可以反对**帝国主义**，却支持**殖民地**。

格莱斯顿不反对投射英国的实力和影响力。他只是反对使用经常与这种投射相伴的暴力（不过，他在 19 世纪 80 年代担任首相期间的记录表明，他很难称得上是实践了这些看法，例如他在 1882 年对埃及的武装干预）。他坚信英国人有义务传播英国的文明，因此，也有权利这样做。关于英国对印度的统治，格莱斯顿说："我们捍卫的是他们和他们的利益，比捍卫我们自己的利益都多，甚至多得多。"[8]许多自由派对此表示赞同。《曼彻斯特卫报》说："自由主义一如既往地代表着人道主义原则，代表着我们对治下的印度和非洲较落后人民的正义，代表着与外国人民公正地打交道，无论他们是弱小还是强大，还代表着向那些为争取自由而奋斗的人伸出援手，他们争取的自由正是我们早已为自己赢得的自由。"[9]

格莱斯顿的美国崇拜者也认为他们这样的国家具有殖民的使命。但是，他们不应当遵循一位作家所称的"野蛮之路"。19世纪90年代，《北美评论》的编辑查尔斯·诺顿谴责了帝国主义的傲慢、军国主义和自私。他钦佩格莱斯顿，认为他是真正的"自由外交政策"的拥护者。《国家》和《哈泼斯周刊》等美国出版物也认同这样的观点。在他们看来，迪斯雷利诉诸错误的民族荣耀形式诱惑支持者，同时转移了英国人民对紧迫的国内问题的注意力。迪斯雷利的帝国主义的主要目标是通过国外扩张来转移人民对国内问题的注意力，这对他的批评者而言是一清二楚的。[10] 〔251〕

霍布森和霍布豪斯等主要的自由派理论家对好的帝国和坏的帝国、积极的"真正的殖民主义"和卑鄙的"帝国主义"进行了区分。他们说，帝国主义只让一小部分"经济寄生虫"受益，而没有为下层阶级带来任何长期利益。它转移了下层阶级对国内改革必要性的关注。

他们两人还认为存在一种更好的帝国形式，即一种促进"世界文明"的帝国。[11]它通过推进治下人民的品格改良和提高来实现这一点。和其他自由主义者一样，他们也捍卫定居式的殖民主义，他们都认为这是一种非强制的、自愿的互惠互利安排。霍布森说，其目标是"人类的提升"。如果"殖民主义扩大了文明的界限，并提高了世界的物质和道德行为水平"，那么，殖民主义就是真诚和仁慈的。[12]自由派法官、学者、印度殖民理事会成员詹姆斯·菲茨詹姆斯·斯蒂芬（James Fitzjames Stephen）帮助印度制定并通过了许多法律改革措施。对他来说，自由主义意味着履行公正统治和将欧洲文明传播给被统治者的义务。这意味着将和平、秩序和法律带到印度。约瑟夫·张伯伦（Joseph Chamberlain）解释说，只有使人民满意并改善人民的生活前景，大英帝国才有正当的存在理由。

几乎所有欧洲的帝国主义倡导者——无论是英国的、法国的还是德国的——都认为帝国将传播文明，而欧洲人有权利和义务这样做。在法国，他们谈到了"文明教化使命"（*mission civilisatrice*）；在德国则是"文化"（*Kultur*）的传播；美国人当然要承担他们的"白人的负担"。最后但同样重要的一点是，自由派常说，真正的殖民主义将教给低等种族"政府的艺术"。

〔252〕霍布豪斯写道，自由主义的核心原则就是自治，[13]真正的殖民主义应当将这一原则传播到世界各地。自由派经常说，英格兰正在努力教会原住民如何自给自足，并"在时机成熟的时候，在他们自己的旗帜下"给予他们"新的、更好的自由"，[14]这也是传播文明的含义。

有点自相矛盾的是，欧洲人还认为，建立帝国会使**本国**人民更加文明和道德。它能够把欧洲的失业者和堕落的城市工人转变为有生产力的农民，从而使他们更健康、更有男子气概、更爱国。赫伯特·塞缪尔认为，帝国促进了"（英格兰）种族的崇高化"。[15]在法国，人们认为殖民地会鼓励大家庭，从而为

法国人口出生率的下降提供一个补救方案，这是法国在普法战
争战败后面临的一个紧迫问题。建立帝国也将大大有助于恢复
法国的荣誉。[16]

如此高谈阔论也无法掩盖自由派经常粉饰恐怖暴力的事实。
即使是定居式的殖民主义，也经常伴随对财产的剥夺和其他残
暴之举。许多自由主义者很清楚殖民者犯下的暴行，[17]但似乎选
择了在谴责之后就转移话题，而不是寻求终结帝国。塞缪尔认
为，尽管"偶尔出现权力的滥用"，但是平衡地来看，帝国还
是至善的力量。批评失误时不能不成比例。[18]在法国，政治经济
学家夏尔·纪德建议欧洲殖民者承认自己过去的罪行，并在未
来做得更好。像法国人民这样的伟大民族有责任进行殖民，但
应该以爱心和和平的方式来做。

盎格鲁－撒克逊神话的种族化

亲殖民主义的自由派话语中充斥着明显的种族主义语言。〔253〕
"低等种族""臣服的种族""野蛮种族"的提法比比皆是。尽
管真正的殖民主义表面上是为了促进这些人的自治，但这些低
等种族应该等待多久才能获准自治，没有明确的说法。这取决
于他们的社会发展水平，以及他们被"教化"的程度。塞缪尔
写道，"野蛮种族如果在一段时期内，**甚至一段很长的时期内**放
弃自治权以换取教化，就可能繁荣昌盛"，这将在"时机成熟
的时候发生"。[19]

从一开始，自由主义者就将投票权与掌握"能力"联系在
一起。尽管人们经常说妇女由于生物学上的原因缺乏能力，但
是谈到男人时，更常见的说法是这种能力至少在原则上是可以
获得的。如果你赚到了足够的钱，获得了必要的教育和闲暇时

间，那么，你就可以获得投票权。

在 19 世纪的最后 10 年中，这一情况发生了变化。政治能力逐渐种族化，并转而成为遗传问题。对许多有影响力的自由主义者来说，投票的能力现在已成了"盎格鲁－撒克逊种族"的专有财产，他们有时也被称为"条顿人种族"。

当然，盎格鲁－撒克逊人的神话已经有数百年的历史了。传说英格兰的自由和自治理念来自中世纪早期从德国黑森林迁徙到英格兰的德意志部落。这个神话在 19 世纪得到了广泛传播，比如通过自由派人士斯塔尔夫人的《论德意志》和《国家辞典》的作者们。实际上，许多自由派继续相信"撒克逊人"将他们的独立精神和自治知识带到了英国。他们说，《大宪章》和《权利法案》只是德意志部落带给英格兰的"自由萌芽"的后续发展。

〔254〕

但是在多数情况下，"盎格鲁－撒克逊人"一词主要指的是文化传承。部落把他们的**思想、价值观**或者某种**精神**带到了英格兰。在 19 世纪末期，这个词的含义开始发生改变。在"种族科学"的影响下，越来越多的人用它来指代生物遗传上的问题。《政治学季刊》的创始人约翰·伯吉斯（John Burgess）是当时最有影响力的政治学家之一。他认为，美国、英国和德国——"条顿人的三大强国"——不仅具有道德和政治上的纽带，还有种族上的纽带。他写道："如果英国是我们的祖国，那么，德国就是我们祖国的祖国。"[20]

当然，我们不应该过分简化或者概括。"种族"一词的含义在当时还有些混乱。有时，它似乎只是"说英语"的同义词，这表明，至少从理论上来讲，一旦被殖民的种族学会了英语并成功地被教化，他们就不会低人一等了。但是史料还显示，人们通常认为世界上的白人地区比其他地区更容易教化。实际上，非白人地区可能**永远**无法达到自治所需的文明水平。

此外，盎格鲁－撒克逊人被认为在民主方面具有特殊的禀赋。人们常说盎格鲁－撒克逊人具有较高的政治天赋，因此特别适合教导全世界如何善治。他们有权统治世界上那些"政治不开化的、野蛮的种族"居住的地区。统治世界是他们的使命和命定之事。主宰世界是"盎格鲁－撒克逊种族与生俱来的权利"[21]。 〔255〕

如果说盎格鲁－撒克逊种族占据了政治能力的最顶端，那么，黑人或者"野蛮种族"则永远位于最底层。伯吉斯写道，黑皮肤意味着"属于一个从未使感性服从理性，因而也从未创造过任何形式的文明的种族"[22]。更令人惊讶的是，进步主义历史学家查尔斯·梅里亚姆在他的《美国政治理论史》中写道，"野蛮种族，如果没有能力，**就可以被清除**"，而且"这种行动并不会侵犯这些人的权利，这与条顿人在世界各地建立政治和法律秩序的超然权利及义务相比，并不是次要或微不足道的"。[23]

从盎格鲁－撒克逊帝国到英美自由帝国

一些人开始声称，盎格鲁－撒克逊人具有优越的政治能力，这意味着他们应该合作，将他们的文明和文化传播到世界其他地方。第一次世界大战爆发之前，英美两国在这个问题上的联系日益紧密。许多美国人被格莱斯顿于1878年在《北美评论》上发表的题为《超越大海的亲情》（"Kin beyond the Sea"）的文章所感动。这位英国首相在文章中提出两国为了维护世界和平、繁荣和"自治"应当恢复睦邻友好关系。格莱斯顿称美国宪法是"有史以来人类大脑能完成的最精彩的作品",并赞扬美国"为在全世界建立民治政府的普遍事业作出了卓越贡献"。他预言,不久之后美国的财富和实力将超过所有其他国家。

〔256〕　　格莱斯顿强调了英美两国政府形式的相似之处,以及两国对自治原则的认同。他指出,英美两国不久将成为世界上最强大的两个国家。两国应当合力推动"最高的目标"。英美两国是"天生就要统御他族的种族的两大分支",将共同打击野蛮和不人道,同时为世界带来和平、进步和繁荣。在成为强权后,两国也要承担起促进文明事业发展的重大责任。[24]

有些人走得更远,认为不仅要合作,还建议英美应实际上**合并**为一个由"操着相同语言、由具有超凡智力和精力的种族治理的 …… 单一的邦联"[25]。安德鲁·卡内基(Andrew Carnegie)在《北美评论》上发表的一篇文章中谈到了"重新合众的合众国"(Re-United States),那是一个通过优越的道德支配世界的"种族邦联"[26]。这份杂志的另一位撰稿人则建议英国建立"一个新的世界合众国"[27]。

盎格鲁 – 撒克逊帝国优越性的思想在国外得到了认可,但也引起了相当大的恐惧。法国教育家埃德蒙·德莫林斯(Edmond Demolins)耸人听闻的著作《盎格鲁 – 撒克逊人的优越性从何而来?》(*Where Does the Superiority of the Anglo-Saxons Come From?*,1897)在法国引发了激烈辩论,甚至引起了恐慌。德莫林斯提供了统计数据并据此预言,除非法国能够按照盎格鲁 – 撒克逊的模式进行改革,否则美国、加拿大、南非、澳大利亚和英国的产品将席卷所有市场。其他知名作家则用同样论战式的文章和书籍来回应这本书。[28]相信盎格鲁 – 撒克逊种族优

越性的人总是少数，但是他们对当时法国的政治思想产生了重　〔257〕
大影响，强化了人们对积极优生学十分必要的看法。

随着第一次世界大战的临近，美国和英国的自由主义者越
来越感到有必要将自己和自己的政治传统与德国区分开来。在
1915 年为《新共和》撰写的一系列文章中，哲学家、散文家乔
治·桑塔亚那（George Santayana）阐述了英国和德国自由观之
间的差异。他解释说，英格兰拥有议会制政府，而德国则是官
僚和威权主义政府。在德国，政府颁布了一套规范个人行为的
规则，然后强迫每个人遵守。在英国，个人有自行作出决定的
自由。未来将决定德国和英国的自由观念哪个会获胜。[29]

随着第一次世界大战的临近以及威权主义的威胁变得越来
越明显，这种趋势越来越加剧。战争期间，反德国的敌对情绪
高涨。正如加利福尼亚教育委员会在禁止公立学校教授德语时
所说的，德国文化深陷于"专制、残暴和仇恨的理想中"。战
时的宣传将敌人形象化为"普鲁士的杂种狗"和"德国野
兽"。[30]"英美"和"讲英语的"逐渐取代了"盎格鲁－撒克
逊"的表述。

战后，人们对德国与美国之间可能存在种族纽带，或者美
国的政治思想中很重要的部分来自德国这样的想法感到颇为尴
尬。美国经济学会的会长欧文·费雪（Irving Fisher）在 1918
年 12 月的会长发言中，就将美国的传统与德国的传统拉开了距
离。这篇讲话后来发表在《美国经济评论》（*American Economic
Review*）上。众所周知，美国经济学会是由一群在德国学习过　〔258〕
的美国人建立的，他们回国后带来了国家应该帮助穷人的种种
理念。

费雪在讲话中承认德国政治经济学对学会的重要性。但是，

他补充道，学会的成员现在已经意识到德国经济学在为一个"罪恶"国家服务。他总结说，美国人最好还是借鉴英国经济学，因为英国经济学对世界而言更加自由、民主和健康。[31]

因此，第一次世界大战强化了英美同盟的意识，德国对自由主义的历史贡献逐渐被遗忘或丢弃。不久之后，法国的贡献也被尽量弱化了。同时，自由主义、民主和西方文明几乎成了同义词，而美国由于实力的增强被选为其主要捍卫者。

将自由主义等同于美国，这一理念借由战后发明，并在美国大学教授的西方文明课进一步得到了巩固和传播。这些课程的目的是让学生了解美国在一战中的立场和其捍卫的对象。

在 20 世纪 20 年代和 30 年代，欧洲法西斯主义者、纳粹分子及他们的先驱和支持者一致认为，自由主义与西方文明、民主和美国息息相关，正因为如此，他们才将自己定义为**反自由主义的**。奥斯瓦尔德·斯宾格勒（Oswald Spengler）、弗里德里希·容格（Friedrich Junger）、卡尔·施米特（Carl Schmitt）和穆勒·范·登·布鲁克（Moeller van den Bruck）等知名的德国知识分子都谴责自由主义是一种外来的哲学，是德国文化的对立面。他们说，自由主义是德国的大敌，这就是为什么国家社会主义的守护神穆勒·范·登·布鲁克会如此高兴地宣称："今天在德国没有自由派。"[32]这当然不是实情。这也是意大利独裁者贝尼托·墨索里尼（Benito Mussolini）将法西斯主义视作"对自由主义的否定"的原因，[33]阿道夫·希特勒（Adolf Hitler）则宣称，纳粹主义的主要目标就是"废除有关个人的自由主义概念"[34]。

〔259〕

当然，本书已经阐明，自由主义在某种程度上是非德国式的说法是完全错误的。反法西斯的意大利作家圭多·德鲁杰罗

（Guido de Ruggiero）在他 1925 年所写的《欧洲自由主义史》（*History of European Liberalism*）一书中有力地驳斥了这一论点。德鲁杰罗写道，不应该认为自由主义的危机（这也是结语的标题）意味着不存在欧洲的自由主义传统。他在书中用了整章的篇幅分别讨论意大利、德国和法国的自由主义，以此阐明这个观点。但是，他也承认"盎格鲁－撒克逊"版本的自由主义更为强大。

一个奇怪的情况是，直到 20 世纪 30 年代末，自由主义才开始作为一种政治哲学出现在美国的教科书中。乔治·萨宾（George Sabine）于 20 世纪 30 年代出版的《政治理论史》（*A History of Political Theory*）是当时美国第一本讨论自由主义的重要教科书，被大多数美国本科和研究生课程采用。他将自由主义描述为英国 19 世纪的传统，并担心这是一个正在被削弱的力量。

第二次世界大战只是巩固和传播了美国作为自由主义、民主和西方文明的主要代表和捍卫者的观点，在那时的许多人心中，这几种事物实际上就是一回事。亨利·卢斯（Henry Luce）于 1941 年 2 月 17 日在《生活》（*Life*）杂志上发表了著名的社论《美国的世纪》（"The American Century"），呼吁"世界上最强大、最重要的国家"承担世界领导的职责。卢斯写道："我们是西方文明所有伟大原则的继承者……现在是我们成为强者的时候了。"

政府干预的问题

从自由主义与美国日益紧密的联系中推断出人们对这个词　〔260〕的实际含义存在共识，这样的结论是错误的。比如，自由主义与民主有什么不同，自由主义对政府在经济中的作用而言意味着什么？聚集在《新共和》杂志周围的进步主义者自称自由派，但赫伯特·胡佛（Herbert Hoover）也自称自由派，他的意思就与前者有所不同。胡佛从 1929 年至 1933 年担任美国总统，他坚持认为自由主义的主要关注点是保护个人自由，这听起来很像赫伯特·斯宾塞。它代表了这样一种观点，即政府应尽可能少地参与经济活动。作为总统，胡佛目睹了 1929 年的股市崩盘和大萧条的爆发。尽管发生了经济灾难，但他直到 20 世纪 40 年代都依然继续捍卫自由放任版本的自由主义。

在欧洲大陆，一些强有力的声音在继续传播自由主义意味着自由放任的思想。那些不这么认为的人必须加上诸如"进步"或者"建设性"之类的限定词，或者使用"自由社会主义"的提法。在 1927 年出版的《自由主义》（*Liberalism*）一书中，颇具影响力的奥地利经济学家路德维希·冯·米塞斯（Ludwig von Mises）对这个词的确切词义尚存争议表达了失望。他坚称，真正的自由主义与任何人道主义的目标无关，无论这些目标多么崇高。自由主义除了提高人民的物质福利外，别无他意。它的核心概念是私有财产权、自由与和平。除此之外的都是"社会主义"，而米塞斯对社会主义不屑一顾。那些认为自由主义与传播人性和宽容有关系的人都是"伪自由主义者"。[35]

[261]　不过，不久之后，美国哲学家约翰·杜威也加入了论战，他作出了艰苦卓绝的努力，并一劳永逸地为自由主义赋予了进步的含义。杜威在约翰·霍普金斯大学师从理查德·伊利，1884 年获得博士学位。1914 年，他成为《新共和》的固定撰稿人。在漫长的职业生涯中，他主要在芝加哥大学和哥伦比亚大

学任教，出版并发表了四十多本著作和几百篇文章。

20 世纪 30 年代，杜威发表了多篇以《自由主义的含义》《自由主义：这个词的含义》《自由主义者为自由主义辩护》《自由主义与公民自由》等为标题的文章。他还在 1935 年出版了一本题为《自由主义和社会行动》（*Liberalism and Social Action*）的著作。

杜威认为，自由主义存在"两大流派"。一种是更加人道主义的，因此可以接受政府的干预和社会方面的立法；另一种则是为大工业、银行业和商业服务的，因此致力于自由放任。但他写道，美国的自由主义与自由放任毫无关系，以前也从没有过关系。[36] 自由主义与"个人主义的信条"也没有任何关系。美国自由主义代表"慷慨与宽容，特别是精神和品格方面的慷慨与宽容"[37]，其目的是在政府的帮助下促进更广泛的平等并打击财阀统治。

使自由主义的这种含义在美国占据主导地位的最重要的人物是富兰克林·德拉诺·罗斯福（Franklin Delano Roosevelt），他从 1933 年至 1945 年担任总统。像之前的许多自由主义者那样，他为自由主义占据了道德上的高地。他说，自由主义者相信慷慨大方和社会意识。他们愿意为公共利益做出牺牲。罗斯福担任总统期间，经常谈到人类合作的重要性。他说，自由主义者的信念就是人们能够有效地互相帮助。

罗斯福还巩固了自由主义与民主党之间的联系。他区分了这个支持政府干预的"自由党"和那个不赞成政府干预的"保守党"。他说，自由党相信："由于出现了新的条件和问题，超出了人们的个人能力，因此，寻找新的补救措施来满足他们，就成了政府自身的义务。"相比之下，"保守党"则认为："政　〔262〕

府没有必要介入。"[38]罗斯福说：民主党是自由党，而共和党则是保守派。[39]

为了强调这一点，亨利·阿加德·华莱士（Henry Agard Wallace）在 1944 年提名罗斯福成为民主党总统候选人的讲话中，至少 15 次提到了"自由主义者"一词，其中一次称罗斯福是"美国历史上最伟大的自由主义者"[40]。华莱士在 1941 年至 1945 年间任美国副总统，1945 年至 1946 年间任商务部部长，1946 年到 1947 年间任《新共和》杂志的编辑。

罗斯福对这个词的解释与英国经济学家、社会改革家和自由党党员威廉·贝弗里奇（William Beveridge）所讲的很接近。贝弗里奇在 1942 撰写了所谓的《贝弗里奇报告》（"Beveridge Report"），这份报告是二战之后英国福利国家的基石。他在 1945 年题为《我为什么是自由主义者》（*Why I Am a Liberal*）的小册子中宣称："自由的意义不仅仅在于摆脱政府的专断权力。它还意味着免于贫困、肮脏和其他社会弊端带来的经济奴役的自由；它意味着不受任何形式的专断权力限制的自由。挨饿的人不是自由人。"[41]

然而，事实证明，争夺自由主义定义的斗争尚未结束，尤其是在欧洲。米塞斯的门徒、奥地利出生的经济学家弗里德里希·哈耶克（Friedrich Hayek）强烈反对贝弗里奇和罗斯福对这个词的使用。哈耶克于 1931 年加入伦敦经济学院，在那里，他对罗斯福式的自由主义和新政提出了强烈批评。哈耶克震惊于欧洲大陆的政治发展，他警告说，"集体主义实验"会使各国滑向法西斯主义。因此，有必要回到"旧自由主义"[42]，哈耶克指的当然就是政府不干预。随着时间的推移，他对此变得越来越坚持和激进。

〔263〕

1944 年，哈耶克出版了畅销书《通往奴役之路》（*Road to Serfdom*）。哈耶克在前言中激动地写道："有必要说出一个令人不快的事实，那就是我们有重蹈德国覆辙的危险。" 自由社会主义是一个矛盾的概念；仁慈和慷慨不是政府需要发挥的作用；相反，政府的作用是保护个人自由。西方文明是"个人主义的文明"，真正的自由原则源自英格兰的个人主义思想；而自由社会主义则是来自德国的舶来品，是源于俾斯麦顾问的思想，对西方文明构成了威胁，它必然会导致"农奴制"和"极权主义"。"极权主义"在当时还是一个相对新颖的术语。

尽管做出了种种努力，但仅仅两年后，胡佛就承认失败了。他带着明显的苦涩承认："我们不用'自由派'这个词了。这个词的真实含义受到了污染和玷污……创立自由主义是为了进一步提高人们的自由，而不是减少自由。"[43]

同样，共和党参议员罗伯特·塔夫脱（Robert Taft）在 1948 年发表的题为《什么是自由派?》（*What Is a Liberal?*）的演讲中抱怨说，这个"曾经具有明确含义的合理的盎格鲁－撒克逊词语，现在已经失去了所有意义"。和政府的用法相反，"政治意义上的'自由派'当然不意味着'慷慨'"。这个词的基本含义仍然是纯粹而简单的，那就是"主张自由（freedom）的人"。[44]

哈耶克最终似乎也放弃了这个词。1950 年，他前往芝加哥大学担任社会思想委员会的教授。在那里，他启发了美国经济学家米尔顿·弗里德曼（Milton Friedman），并最终成为我们现在所说的"自由至上主义者"的最爱。[45]迄今为止，他的许多追随者依然声称他们才是真正的，也就是"古典的"或者"正统的"自由主义者。[46]而哈耶克在不同场合下都自称"始终如一的 〔264〕

自由主义者""新自由主义者"（neo-liberal）或"激进主义者"，因为自由主义已经不再是过去那个含义了。[47]

值得注意的是，围绕"自由"的含义展开的这些争夺战虽然难解难分，但并没有涉及自由主义的起源。自由主义的两个流派都声称他们的版本源于**英格兰的历史**。对哈耶克来说，自由主义源于英格兰的个人主义，而对杜威来说，它源于英格兰的人道主义。他们都没有提到法国或者德国。

这只是将法国和德国逐出自由主义历史的序幕。随着时间的推移，法国的所有贡献都退居幕后，而德国则被视为**非自由主义**的源头。到 1947 年，无论是杜威的流派还是哈耶克的流派，无论是好是坏，都成了"美国的信念"[48]。正如莱昂内尔·特里林（Lionel Trilling）在 1950 年所说的，自由主义不仅是美国**首要的**传统，甚至是美国**唯一的**思想传统。

后　记

贡斯当常常像是在描述希特勒治下的德国。

——约翰·普拉梅纳兹，1963 年

围绕自由主义的争论今天仍在继续。右翼评论家至今仍在使用这个原本带有侮辱性的用语羞辱他人。只要回想一下罗纳德·里根（Ronald Reagan）那段著名的"可怕的 L 开头的单词"① 的说辞，就不难理解这个词语在论战中的分量。美国的民主党人不会用它来形容自己，他们害怕因此失去选票，无法胜选。右翼评论家称其为顽疾和毒药，认为它危害道德价值。

这真是老生常谈了。从诞生之日起，自由主义就饱受此类攻击。当代自由主义的内部存在分歧，这也不是新鲜事。自由主义从来就不是一套固定或者统一的信条。从一开始，自由主义的内部就充满了激烈争论。**不一样的是**当代的自由主义者如何描述自己的定位和理念。如今他们压倒性地强调个人权利和选择，却极少谈及义务、爱国主义、自我牺牲或是对他人的慷慨。这些术语在当代自由主义语汇中的缺失反倒凸显了它们的

---

① "可怕的 L 开头的单词"（dreaded L-word）即"自由派"（liberal）。1988 年 11 月 5 日，共和党总统里根在密歇根州的一场演讲中以此抨击民主党的政治路线。——译者注

意义。自由主义者已经将道德高地拱手让给了他们的对手。

对自由主义的研究强化并确认了自由主义的这种自我定义。无数著作都在重复同样的内容：自由主义学说的核心原则是保护个人以及个人的权利、利益和选择。无论是学术类还是论战类的书籍、文章和论文，无论是否赞同自由主义，都声称自由主义的核心原则在于政府的职责是保护个人的权利、利益和选择。一位研究自由主义的知名学者甚至断言，自由主义是建立在人类的"动物性需求"（animal needs）之上的。[1] 从这种自我描述出发，不难得出如下结论，正如一位评论家所言，自由主义者"明确排斥任何形式的共同利益的观念。他们虽然没有要求彻底消除人类生活的内容，却认为人类生活具有私人性，并且要将其内涵减少到最低程度"[2]。

本书中讨论的大部分自由主义者在很多方面存在分歧，但他们一定不会支持"动物性需求"或者排斥共同利益。这是他们的敌人安在他们身上的说法，不是他们自己的看法。纵观历史，自由主义者始终将自己信奉的价值描述为爱国、无私、旨在促进公共利益。自由主义者争取个人权利，是因为他们认为这些权利能够使个人更好地履行义务。自由主义者始终在寻找弘扬公民价值的办法。道德在他们的目标中处于核心地位。

本书中提到的所有自由主义者也都坚信，政府的目的是为公共利益服务。起初，这意味着推翻贵族制度造成的障碍，使财富、权力和机会不再被世袭精英垄断。后来，反抗财阀和伴随财阀统治而来的剥削也成为自由主义理念的一部分。在任何时候，自由主义者的根本目的都是要促进所有人在物质和道德上的幸福。

〔267〕

从关注培养自我牺牲精神的邦雅曼·贡斯当，到担忧自私问题的阿列克西·德·托克维尔，再到为财阀统治痛心疾首的伦纳德·霍布豪斯和赫伯特·克罗利，自由主义者对道德和品格的塑造抱着近乎痴迷的态度。正如本书所述，早期的自由主义者甚至因为"个人主义"一词带有贬义就尽量避免使用这个词。贡斯当和后世的许多人更喜欢使用"个性"这个词，还有一些人使用"人格"（personhood）一词。"人格"和"品格"所要表达的是：每个人都需要而且有能力培养自己在道德和智力上的潜能，理解人与人之间的相互联系，并了解自己的公民责任。

自由主义者远非完美。虽然他们自诩为中立的改革推动者，但这充其量是一厢情愿的想法，是"视而不见"的结果。他们曾经将许多人类群体排斥在自由主义的理想之外：比如妇女、黑人、被殖民者，以及被他们称为"不够格"（unfit）的群体。不过，他们在这样做的时候，总会有其他自由主义者指责他们背叛了自由主义的原则，提醒他们要忠于"自由"的核心含义：不仅要热爱自由并具有公民意识，还要慷慨并富有同情心。实现自由是一个远大的理想，自由主义者要无愧于这一标准才行。

为什么这段历史被遗忘了呢？聚焦个人权利和利益的做法从何而来？为什么义务、自我牺牲和共同利益在自由主义的历史中被轻描淡写甚至一笔抹去了呢？

在这篇后记中，我试图回答这些问题。我认为，以个人权利为核心的"英美自由主义传统"就算不是更晚近的建构产物，最早也是在20世纪中叶才被建构出来的。借用其他学者的观点，我认为"转向权利"是两次世界大战和冷战造成的。这涉及两个相互关联的过程。首先，正如本书所述，自由主义被 〔268〕

美国化了。其次，自由主义被重新设定为优先考虑个人权利的学说。正如美国历史学家艾伦·布林克利（Alan Brinkley）所指出的，自由主义者降低了视野并调整了目标。[3]

自由主义与来自极权主义的威胁

弗里德里希·哈耶克的《通往奴役之路》于 1944 年出版。这本书鼓噪了民众对极权主义的恐惧，作者因此获利匪浅。人们开始将自由主义与强力国家和政府干预之间的联系视为缺陷。哈耶克在这本意外走红的畅销书里写道，人们需要认识到一件很重要的事情，即"我们有重蹈德国覆辙的危险"[4]。美国和英国当时正在迈向的"社会自由主义"必将导致极权主义。

在美国，新政自由主义的支持者被贴上了社会主义者的标签，甚至共产主义者的标签，这些词也越来越带有恶意。1948年，俄亥俄州的共和党参议员罗伯特·塔夫脱指责新政自由主义已经"沾染上了苏俄色彩"，他认为接受约翰·杜威或者罗斯福式自由主义观点的自由主义者不是真正的自由主义者，而是"极权主义者"。

在这种焦虑和悲观的气氛下，人们开始接受一些宗教思想家的观点，这其中既有天主教思想家，也有新教思想家。他们认为自由主义导致了西方世界的道德危机。在天主教理论家中，最重要的两位是出生于俄罗斯的德裔美籍政治学家瓦尔德马·古里安（Waldemar Gurian）和法国哲学家雅克·马里坦（Jacques Maritain）；新教理论家中最突出的当属赖因霍尔德·尼布尔（Reinhold Niebuhr）。古里安、马里坦和尼布尔都在传播一个观念，即自由社会正在出现滑向不自由社会的势头。古里安写道，"反自由主义"不过是"自由主义理念彻底实现之后的结果"。"极权主义国家"不是对自由主义的否定，而是自由主义"最终也是最激进的结果"。[5]

天主教和新教的观点在很大程度上是一致的。这些基督教理论家声称，当人们将上帝从世界中驱逐出去之后，所有的道德基础都会随之崩坏。对上帝失去信仰会导致道德相对主义，使人们容易受到煽动家和独裁者的蛊惑。这些理论家是最早一批对极权主义进行分析的学者，他们认为极权主义就是自由主义将世界祛魅后的产物。

尼布尔是他那一代中最有影响力的美国知识分子之一。在《自由主义的感伤》（"The Pathos of Liberalism"）和《自由主义的盲目》（"The Blindness of Liberalism"）等文章中，他对潜藏于自由主义内部的危险因素进行了一番批判。人类的傲慢最终导致了极权主义，这是合乎逻辑的结果，它会给所有否认原罪并拒绝接受基督教原则的地方带来威胁。[6]尼布尔告诫美国人，当人们"试图在历史中扮演上帝的角色"时，就可能会深陷邪恶之中，而美国的自由主义文化根本无法理解这邪恶的深渊有多深。鉴于德国的先例，他建议美国的自由主义者调整他们的社会改革计划，对所有以集体主义来解决社会问题的方案都要抱有戒心。他警告说，几乎所有社会改造的实验都有"将经济和政治权力融为一体的危险"，因此，"明智的共同体应当谨慎前行，先对每一项新举措的效果进行考核，再实施后续的举措"。[7]

有意或无意间，这些基督教理论家在重申一条古老的责难：自由世俗主义就是祸根所在。自由主义者攻击宗教，导致灾难降临到自己头上。这个观点也是老生常谈了。但是纵观历史，我们会发现，基督教中的自由派一直在反驳这类指控。他们坚 〔270〕

持认为自由主义没有否定上帝或者攻击宗教。自由派基督教，也就是更注重道德而不是罪恶且对世界的改善有裨益的基督教才是符合上帝旨意的。

尼布尔对自由派基督教持激烈批判的态度。他认为自由派基督教对人类的善良以及教育的可能性抱有天真的和乌托邦式的想法，这是非常危险的。在《自由派教会不要再自欺欺人了!》（"Let the Liberal Churches Stop Fooling Themselves!"）一文中，他对自由派基督徒的乐观主义和理想主义大加鞭挞。他声称正是这种乐观主义和理想主义导致了欧洲的危机。[8]人们并非生而善良，而是带有原罪，是非理性的、暴力的和自私的。不承认这一事实，就不可能建立合乎道德的社会。

到了 1945 年，教皇庇护十二世对这个问题的立场已经十分明确了。在那一年的《圣诞致辞》中，他重申了天主教长期以来对自由主义的那一套程式化的谴责，只不过在形式上有所更新。简单地概括就是：自由主义者将上帝从世界中驱逐出去，导致了极权主义的兴起。庇护十二世宣称：自由主义的破坏性力量带来的只是暴行、野蛮和毁灭。

天主教的宣传人员将这一观点广为传播。乔纳森·哈洛韦尔（Jonathan Hallowell）在写于 1946 年的《自由主义的衰落》（*The Decline of Liberalism*）中警告说，引发极权主义的那场精神危机不是德国特有的危机，而是整个西方文明的危机。自由主义就是罪魁祸首，因为它否定超越性真理。在 1953 年出版的《自由主义的兴起和衰落》（*The Rise and Decline of Liberalism*）中，托马斯·尼尔（Thomas Neil）也强调了这一点。"自由主义的逻辑"摧毁了一切精神价值，直接导致了极权主义的产生。[9]数年后的 1964 年，另一位反对共产主义的天主教斗士詹姆斯·伯纳姆（James Burnham）将自由主义称为"导致西方世界自我摧毁的意识形态"，因为自由主义已经沾染上了共产主义色彩。[10]

从纳粹德国流亡至美国的知名思想家们对这种针对自由主义的严厉评价也多有赞同。来自德国的犹太裔政治哲学家汉娜·阿伦特（Hannah Arendt）是古里安的朋友，她写道，自由主义是导致纳粹主义产生的"地狱的种子"[11]。她后来所写的《极权主义的起源》（*Origins of Totalitarianism*，1951）成为一部名著。对德国天主教徒埃里克·弗格林（Eric Voegelin）来说，共产主义只是自由主义的极端表述。自由主义将"灵魂的真理"替换成自己的理论，并大力推进对世界的祛魅，因而在很大程度上要为西方自毁式的政治负责。[12]另一位来自德国的犹太裔流亡者列奥·施特劳斯（Leo Strauss）指责自由主义的相对主义打开了一扇通往虚无主义和极权主义的大门。在他看来，自由主义者和极权主义者有许多共同之处。

转向个人权利的自由主义

在冷战的学术氛围下，这些重要思想家对自由主义的强大攻势激起了美国自由主义者的反击之心，其中有许多人感到有必要澄清并强调他们所主张的自由主义是如何**不同于**极权主义的。正是在这个过程中，他们减少了对社会重建计划的讨论，转而强调对个人权利的捍卫。自由主义被重塑为极权主义在意识形态上的"他者"，无论是左翼的还是右翼的极权主义。在这个过程中，自由主义丧失了大部分道德核心以及几个世纪以来对公共利益的追求。随着自由主义者放低视野、降低目标，这些丧失的内容被个人主义取代。自由主义再一次被重塑，其

〔271〕

目标也在这一过程中被降级。

美国历史学家、公共知识分子小亚瑟·施莱辛格（Arthur Schlesinger）是这个转变中的一位关键人物。他的《关键中心》（*The Vital Center*，1949）一书读者众多，备受推崇。这本书很[272] 好地反映了学术氛围的变化和自由主义者在认知上的转变。施莱辛格深受尼布尔的影响，他感叹许多自由主义者这么晚才认识到极权主义的危险及其对个人构成的威胁。自由主义者必须重新肯定并申明他们捍卫个人权利的立场。他说，自由主义不能向极权主义妥协。

冷战时期自由主义转型的另一位关键人物是出生于俄罗斯的英籍犹太裔社会政治哲学家以赛亚·伯林（Isaiah Berlin）。1958 年，他在牛津大学发表了一篇演讲，后来被整理为题为《两种自由概念》（"Two Concepts of Liberty"）的开创性论文。在文中，伯林讨论了他眼中的两种意识形态的冲突。他认为，这是两种自由之间的冲突，一种是极权主义的自由，另一种是自由主义的自由。自由主义的自由本质上是消极的。其核心是保护个人自由，也就是保护个人免受政府的强迫。极权主义的自由则与乌托邦式的社会工程相关，许诺的是"集体的自我指导"和"自我实现"。[13]

在美国，自认为是自由主义者的人们纷纷开始强调他们对个人权利的支持，以此显示自己的反极权主义立场。人们开始以一批大思想家的作品作为经典来构建知识谱系，并出版了相应的文选。自由主义的创始人就这样被发现出来，而本书之前讨论的许多自由主义理论家、政治家和作家，要么被忽略不谈，要么就被认为没有什么影响力。

人们对这些"伟大思想家"的解读要遵从自由主义向权利

的转向，他们思想中与这种解读冲突的部分会被尽量弱化。约翰·洛克成了自由主义的创始人之一，他对财产的辩护得到了强调。非英语国家的思想家偶尔也会被重新解读，纳入经典。约翰·普拉梅纳茨（John Plamenatz）的《英法自由主义思想家作品选读》（*Readings from Liberal Writers, English and French*, 1965）收录了贡斯当的作品节选。编者称赞"贡斯当常常像是在描述希特勒治下的德国"[14]。该书特别强调了贡斯当对个人权利的辩护，而忽略了他关注的其他问题。贡斯当在国家建设方面所作的努力和他一直以来对道德、宗教和"人的可完善性"的思虑，则被淡化或者被完全忽视。　　　　　〔273〕

随着时间的推移，自由主义最坚定的捍卫者开始团结在一个理念周围，那就是自由主义主要关注个人权利和个人利益。本书中讲述的自由主义史被人们遗忘了。从某种意义上说，20世纪的自由主义者欣然接受了历史上各种诋毁自由主义的观点，换句话说，就是自由主义的核心即便不是自私的哲学，也是一种个人主义的哲学。

1971年，约翰·罗尔斯（John Rawls）的《正义论》（*A Theory of Justice*）一书问世。这本书因为重新激发并丰富了当时对自由主义的讨论而广受赞誉。它论述了以个人主义和个人利益为基础的自由主义如何在逻辑上必然会走向福利国家。为论证这一结论，罗尔斯假定存在一群自利和理性的人，并论述了这些人在不了解自己的社会处境的情况下，为了尽可能地使自己占据有利条件，不会选择自由放任的社会，而会选择福利社会。从某种意义上说，他的论证是把保守的、基于权利的论证倒转了过来。然而，在这个过程中，他认为要让自由社会正常运转，并不需要刻意倡导共同利益。没有必要担心克服自私冲动的问题，因为自私已经成为一种可以接受的品行。

现在有一种观点被称为社群主义（communitarian）批评，它指责自由主义过于个人主义，过于关注私人权利以至于牺牲了共同利益。这种批评指出，自由主义建立在一种存在缺陷的

〔274〕自我概念之上，这种概念忽视了个人的社会建构和公共纽带的重要性。这破坏了公民身份和共同体的观念，并造成了美国的道德沦丧。自由主义者几个世纪以来倡导共同体和道德的事实则被遗忘了。

许多自由主义者也开始对过度强调个人权利感到失望，他们感慨审慎的自由主义或者"恐惧的自由主义"（liberalism of fear）① 的内涵过于贫瘠，似乎成了一种纯粹止损的哲学。[15]但是他们中的大多数还是接受了自由主义是有关权利的学说。

鉴于自由主义对个人权利的关注，女权主义者思考的问题是，如何使自由主义对女性有利。女权主义者认为，自由主义过于偏向个人主义，忽视了女性作为女性的需求；自由主义还忽略了一个事实，即所有人都具有道德"人格"的核心。对自由主义的这种争论极度缺乏历史视角。[16]正如本书所述，过去的自由主义者曾经对女性"作为女性"抱有近乎痴迷的关注，很少谈及女性的个人"权利"。

自由主义转向关注权利，还引发了一场关于美国的立国价值究竟是自由主义还是共和主义的旷日持久的争论，好像这二者是相互矛盾的。这个问题换一种提法就是：美国的立国之本

---

① "恐惧的自由主义"是朱迪斯·施克莱（Judith Shklar）提出的概念。她认为自由主义的主要目的是建立一套政治秩序，使人们的生活能够免于恐惧，这就要求通过宪政民主限制政府权力以避免当权者滥用权力侵害公民。——译者注

是保护权利（"自由主义"），还是培养美德（"共和主义"）？
对自由主义和共和主义所谓的差异感兴趣的学者，很快就将自
由主义描述为"一种强调私权的现代的、自利的、具有竞争性
的和个人主义的意识形态"[17]。

法国和德国（所谓的）非自由主义

　　用这种个人主义和基于权利的英美自由主义作为衡量标准，
会使许多人得出结论，认为法国和德国的自由主义传统有缺陷，　〔275〕
甚至根本就不存在。这两个国家在历史上对自由主义所作的各
种贡献或被人们淡化，或者干脆消失殆尽。

　　德国的历史因纳粹主义而蒙上了挥之不去的阴影，史学家
们因此着力于研究他们眼中的德国自由主义的失败。德国历史
学家弗里德里希·塞尔（Friedrich Sell）于 1953 年出版了《德
国自由主义的悲剧》（*The Tragedy of German Liberalism*），为后
来的研究定下了基调。他说，德国自由主义的问题在于，这个
国家对"盎格鲁－撒克逊传统"一直抱有敌意。德国的自由主
义是有缺陷的，因为它从来没有真正理解到政府的作用是保护
个人权利。[18]

　　塞尔的书出版后，大量同类书籍纷纷问世，其中大部分谈
到德国自由主义的弱点、缺陷或者失败。[19]人们质疑德国是否**真
有过**自由主义的传统。[20]哥伦比亚大学教授弗里茨·斯特恩
（Fritz Stern）的论述很有影响力，他认为德国的"传统是**不自
由的**，也就是威权主义的传统而不是自由主义的传统"[21]。

　　那些认为德国确实存在自由主义传统的学者则认为这种传
统是有缺陷的，因为它是一种"国家自由主义"，也就是一种
"将国家视为实现自由主义纲领的核心工具"的自由主义。市

场模式在德国始终处于边缘地位，其大体上亲国家的立场被人们视为"早期德国自由主义的最大弱点"[22]。

这种对德国自由主义所谓的缺陷的关注，有时会转变为对"德国为什么没有成为英格兰"这一问题的求索。一些人认为，这是因为德国的自由观有缺陷，也有人认为德国没有资产阶级。人们饶有兴致地讨论德国自由主义从何时何地开始"偏离"自由主义发展的"规范"模式。[23]显然，这是因为德国的自由主义者缺乏政治抱负。

〔276〕　类似的事情也在法国发生，只是时间略晚。史称"反极权主义时刻"的思潮出现在 20 世纪 70 年代。二战之后，许多法国知识分子被共产主义思想吸引，对此，学者们开始探究这个令人尴尬的现象背后的原因。许多学者将其归咎于法国大革命中所谓的"原始极权主义"（proto-totalitarianism）以及法国缺少健康的自由主义传统这一相关"事实"。弗朗索瓦·傅勒（François Furet）就是这批学者中很有影响力的先驱者。

学者们的结论是，法国的自由主义不是真正的自由主义，因为它缺少对个人权利的高度重视。"真正"的自由主义从根本上来说是一个舶来品，很难在法国生根发芽。[24]跟德国的情况一样，法国的自由主义也具有国家主义倾向，因此是有缺陷的。有点自相矛盾的是，学者们认为法国的自由主义是"拒绝政治"的，因为据说它对自由市场抱有十足的信心。[25]难怪历史学家们觉得这段历史非常令人困惑。[26]我们常常听到这样的论述："（法国的）自由主义者显然无法理解他们自己学说的核心要素。"问题在于他们"没有足够的哲学资源来思考自由主义"，因为他们没有洛克这样的思想家。[27]

不过，法国倒是有邦雅曼·贡斯当，他现在被重新发掘出来，并且重新被解读为那个年代少有的真正的、个人主义的、英美式自由主义的代表人物。贡斯当特别关心的议题，比如建立完善的国家和对个人主义的批评，则都被忽略了；他终其一生对宗教和"自我牺牲"的兴趣也被人们忘记了。一些知名学者反而认为贡斯当"最重要的概念"是"个人独立"，[28]并且认为他支持"激进的个人主义"[29]。一些人指出，法国也有许多政治经济学家明白利己主义、小政府和不受监管的市场中包含的自由价值。

无论在法国还是在美国，这种所谓真正的、奉行个人主义的自由主义都饱受批评。与强调公民身份和美德的共和主义相比，法国的自由主义被批评家描述为沉迷于享乐主义。[30]天主教哲学家皮埃尔·马南（Pierre Manent）指责自由主义的创立者们拒绝接受任何形式的共同利益概念，在他对自由主义的简短概括中，马南认为马基雅维利和霍布斯才是自由主义的创立者。马南的观点是：自由主义起源于对基督教教会的攻击，这听起来很像本书中讨论过的那一连串批判自由主义的天主教批评家。在马南看来，这也就是为什么自由主义有一种可怕的、自我毁灭的倾向，并会不可避免地走向极权主义的原因。[31]马南其实就是把两百年前天主教对自由主义的批判重新包装了一下。 〔277〕

虽然今天人们普遍认为自由主义是西方的主流政治学说，但是胜利主义和悲观主义还是同时并存的。我们经常听说自由主义正在遭遇信心危机，这个危机随着近年来"非自由民主制"（illiberal democracy）在世界各地的兴起更为加剧。[32]有人认为，只要自由主义者能够就他们捍卫的理念达成一致，并斗志昂扬，就能解决这个问题。一些人说，自由主义思想本身就蕴含着明确阐述某种善的概念以及自由的美德理论所需的思想资源。[33]自由主义者应当重新回到自由主义传统的资源中，找回、理解并接受其核心价值。本书旨在重新开启这一进程。如果本书能够重新开启并激发关于自由主义历史的讨论，就算不辱使命了。

注　释

绪　论

如无特别标明，所有翻译皆为本书作者所为。

1. 概念史是一门快速成长的学科，其"基本概念"的含义和学科概况可参见"参考文献"中方法论部分列举的作品。

2. 最近的例子可以参见 Larry Siedentop, *Inventing the Individual：The Origins of Western Liberalism*（Cambridge, MA：Harvard University Press, 2014）。

3. Pierre Manent, *An Intellectual History of Liberalism*, trans. Rebecca Balinski（Princeton：Princeton University Press, 1996）.

4. Duncan Bell, "What Is Liberalism?," *Political Theory* 42, no. 6（2014）：682 – 715.

5. 例如可参见 Jörn Leonhard 具有开创性的作品 *Liberalismus. Zur historischen Semantik eines europäischen Deutungsmusters*（Munich：R. Oldernbourg Verlag, 2001）。

第一章　自由的含义——从西塞罗到拉法耶特

1. Cicero, *On Duties*, bk. 1.

2. *Plutarch's Lives, Translated from the Original Greek：With Notes, Critical and Historical by John Langhorne and William Langhorne*, 6 vols.（London, 1770）, 2：156 – 57.

3. 这里当然有大量的歪曲。参见 Hans Baron, "Cicero and the Roman Civic Spirit in the Middle Ages and Early Renaissance," *Journal of the John Rylands Library* 22（1938）：73 – 97。

4. 参见 St. Ambrose, *On the Duties of the Clergy*, chap. 28, para. 130. 文中有多个段落提到了慷慨。

5. 中世纪对亚里士多德（Aristotle，前384 – 前322）的重新发现也有助于传播古代的慷慨观。

6. 转引自 Guido Guerzoni, "Liberalitas, Magnificentia, Splendor: The Classic Origins of Italian Renaissance Lifestyles," *History of Political Economy* 31, suppl. (1999): 332 – 78。

7. Pietro Paolo Vergerio 的段落转引自 Kenneth Bartlett, ed., *The Civilization of the Italian Renaissance: A Sourcebook*, 2nd ed. (Toronto: University of Toronto Press, 2011), 184。

8. Juan Luis Vives, *The Education of a Christian Woman* (1524), bk. 1, para. 29.

9. 一长串名单参见 J. K. Sowards, "Erasmus and the Education of Women," *Sixteenth Century Journal* 13, no. 4 (1982): 77 – 89。

10. 在线版《牛津英语词典》中的"自由"（liberal）词条，3a。

11. *Christiani matrimonii institutio*, 转引自 Sowards, "Erasmus," 87。

12. 这本书的拉丁文标题是 *De pueris statim ac liberaliter instituendis* (1529)。

13. Erasmus, *The Education of a Christian Prince*, ed. Lisa Jardine (Cambridge: Cambridge University Press, 2016), 77. 谈到女童教育时，伊拉斯谟主要关注的是她们需要守贞（Sowards, "Erasmus"）。

14. Leon Battista Alberti, "On Painting and on Sculpture," in *The Civilization of the Italian Renaissance: A Sourcebook*, ed. Kenneth Bartlett (Toronto: University of Toronto Press, 2011), 171.

15. Edgar Wind, *Pagan Mysteries in the Renaissance* (New York: Norton, 1968).

16. Antoniano（[1584] 1821), 2: 39 – 40, in Guerzoni, "Liberalitas."

17. Piccolomini (1552), 转引自 Guerzoni, "Liberalitas"。

18. Fabrini (1547), 转引自 Guerzoni, "Liberalitas"。

19. 在 ECCO 发现的16世纪的译文中写的是"爽朗的王子"（freeharted

princes），而意大利文和法文版本分别用了"libérale"和"liberal"的拼法。1724 年的英文翻译将其译为"自由的王子"（liberal princes）。

20. Erasmus, *Education*, 78.

21. 西塞罗和马基雅维利对这一点的分歧，参见 Marcia L. Colish, "Cicero's De Officiis and Machiavelli's Prince," *Sixteenth Century Journal* 9, no. 4 (1978): 80 – 93。

22. *The Essays of Michael Seigneur de Montaigne Translated into English* (London, 1759), 3: 153.

23. Nicolas Faret, *L'Honeste-homme, ou l'art de plaire à la cour* (Paris: Du Bray, 1630).

24. Isaiah 32: 5 – 8; Proverbs 11: 25; 2 Corinthians 9: 13.

25. Sermon 75 preached to the king at Whitehall, April 15, 1628.

26. Richard Allestree, *The Gentleman's Calling* (London, 1705), 58, 86.

27. 温斯罗普著名的布道词各处都可以找到。

28. Roger L'Estrange, *Seneca's Morals by Way of Abstract* (Cork, 1797).

29. Thomas Hobbes, *Leviathan* (Cambridge: Cambridge University Press, 1996), 89; *On the Citizen* (Cambridge: Cambridge University Press, 1998), 21, 22, 25; Leviathan, "Of the Natural Condition of Mankind"; *Leviathan*, 102; *On the Citizen*, 149.

30. 詹森主义是 17 世纪天主教内部的神学运动，强调原罪、人类堕落、神的恩典的必要性和宿命论。

31. Blaise Pascal, *Pensées* (Paris, 1670), 89.

32. Pierre Nicole, "Of Charity and Self-Love," 转载于 Bernard Mandeville, *The Fable of the Bees and Other Writings*, ed. Mark Hulliung (Indianapolis: Hackett, 1997)。

33. Jacques Esprit, La Fausseté des Vertus Humaines (Paris, 1678), 487, 着重号为本书作者所加。

34. *Discourses: Translated from Nicole's Essays by John Locke with Important Variations from the Original French* (London, 1828), 172.

35. John Locke, *The Reasonableness of Christianity*, in *The Works*, vol. 6 (Liberty Fund Online Library of Liberty), 116, http://oll. libertyfund. org/titles/locke - the - works - vol - 6 - the - reasonableness - of - christianity.

36. John Locke, *Some Thoughts Concerning Education*, in *The Educational Writings of John Locke*, ed. James L. Axtell (Cambridge: Cambridge University Press, 1968).

37. Anthony Ashley Cooper Shaftesbury, *An Inquiry Concerning Virtue* (London, 1732), 293.

38. George Turnbull, *Observations on Liberal Education in All Its Branches* (London, 1742), 142, 136, 197, 141, 180, 321, 87.

39. *Dr. Johnson's Dictionary of the English Language* (London, 1755).

40. John Marshall, *John Locke: Resistance, Religion and Responsibility* (Cambridge: Cambridge University Press, 1996), 111.

41. Anthony Ashley Cooper Shaftesbury, *A Letter Concerning Enthusiasm*, in *Characteristicks*, vol. 1 (London, 1732), 333.

42. George Turnbull, *Observations upon Liberal Education, in All Its Branches*, ed. Terrence O. Moore Jr. (Indianapolis: Liberty Fund, 2003), chap. 4. 还可以参见 Bruce Kimball, *Orators and Philosophers: A History of the Idea of Liberal Education* (New York: Teachers College Press, 1986), 14。

43. François de Salignac de La Mothe-Fénelon, *On the Education of Girls*, trans. Kate Lupton (Boston, 1891), 96, 65, 96, 13, 12.

44. Adam Smith, *An Inquiry into the Nature and Causes of the Wealth of Nations* (London, 1776), bk. 5, chap. 1, 302.

45. 例如可以参见 Lieselotte Steinbrügge, *The Moral Sex: Woman's Nature in the French Enlightenment* (Oxford: Oxford University Press, 1995); Ludmilla Jordanova, " Sex and Gender," in *Inventing Human Science: Eighteenth-Century Domains*, ed. Christopher Fox, Roy Porter, and Robert Wokler (Berkeley: University of California Press, 1995), 152 - 83; and

Anne Vila, " ' Ambiguous Beings ' : Marginality, Melancholy, and the Femme Savante," in *Women*, *Gender and Enlightenment*, ed. Sarah Knott and Barbara Taylor (New York: Palgrave Macmillan, 2005), 53 – 69。

46. Francis Hutcheson, *A Short Introduction to Moral Philosophy* (Glasgow, 1747), 94.

47. Ibid. , 87.

48. Jean-Baptiste Massillon, *Œuvres de Massillon* (Paris, 1803), 1: 304.

49. John Locke, *Essay Concerning Understanding*, bk. 4, chap. 20.

50. David Armitage, " John Locke, Carolina, and the ' Two Treatises of Government, ' " *Political Theory* 32, no. 5 (2004): 602 – 27.

51. Nathan Bailey, *An Universal Etymological English Dictionary*, 7th ed. (London, 1735).

52. 转引自 Gordon Wood, *The Radicalism of the American Revolution* (New York: Vintage, 1993), 27。

53. Peter Clark, *British Clubs and Societies 1580 – 1800* (Oxford: Clarendon, 2000); Davis McElroy, *Scotland's Age of Improvement: A Survey of Eighteenth-Century Literary Clubs and Societies* (Pullman: Washington State University Press, 1969).

54. Nicholas Phillipson, *Adam Smith: An Enlightened Life* (New Haven, CT: Yale University Press, 2010).

55. *The Works of William Robertson: History of the Reign of the Emperor Charles V*, 12 vols. (London, 1812), 4: 82, 178, 78.

56. F. A. Brockhaus, *Allgemeine deutsche Real-Encyclopädie für die gebildeten Stände. Conversations-Lexicon*, vol. 5, 4th ed. (Leipzig, 1817), 674 – 75.

57. George Washington, "Circular to the States" (September 2, 1783), 转引自 *The Encyclopedia of Libertarianism*, ed. Ronald Hamowy (Thousand Oaks, CA: Sage, 2008), 536。

58. Benigne de Bossuet, *Œuvres*, 23: 625, 转引自 Henrietta Louisa Farrer Lear, *Bossuet and His Contemporaries* (London: Rivingtons, 1874), 178。

59. John Locke, *A Letter Concerning Toleration and Other Writings*, ed. Mark Goldie (Indianapolis：Liberty Fund, 2010), 着重号为本书作者所加。

60. 也有人认为洛克的思想并不像以前人们声称的那样反天主教，参见 Emile Perreau-Saussine, "French Catholic Political Thought from the Deconfessionalisation of the State to the Recognition of Religious Freedom," in *Religion and the Political Imagination*, ed. Ira Katznelson and Gareth Stedman Jones (Cambridge：Cambridge University Press, 2010), 150 – 70。

61. Samuel Wright, 转引自 Jörn Leonhard, *Liberalismus. Zur historischen Semantik eines europäischen Deutungsmusters* (Munich：R. Oldernbourg Verlag, 2001), 118。

62. Richard Price, "Sermons on the Christian Doctrine," in *Sermons on the Security and Happiness of a Virtuous Course, on the Goodness of God, and the Resurrection of Lazarus, to Which Are Added, Sermons on the Christian Doctrine* (Boston：E. W. Weld and W. Greenough, 1794), 175.

63. William Paley, *Principles of Moral and Political Philosophy* (1785).

64. "From George Washington to Roman Catholics in America, c. 15 March 1790," *Founders Online*, https：//founders. archives. gov/documents/Washington/05 – 05 – 02 – 0193.

65. "From George Washington to the Hebrew Congregation in Newport, Rhode Island, 18 August 1790," *Founders Online*, https：//founders. archives. gov/documents/Washington/05 – 06 – 02 – 0135.

66. Eric Carlsson, personal communication, 2015.

67. 这没能阻止他同时接受赫尔墨斯主义。这个问题可以参见 Peter Reill, "Between Theosophy and Orthodox Christianity：Johann Salomo Semler's Hermetic Religion," in *Polemical Encounters：Esoteric Discourse and Its Others*, ed. Olav Hammer and Kocku von Stuckrad (Leiden：Brill, 2007), 157 – 80。

68. *General Repository and Review* (1812).

69. John A. Buehrens, *Universalists and Unitarians in America: A People's History* (Boston: Skinner House, 2011).

70. Mr. Pratt, *Liberal Opinions; or, The History of Benignus*, vol. 1 (London, 1783), 2.

71. Alan Heimert, *Religion and the American Mind* (Cambridge, MA: Harvard University Press, 1968), 50, 169, 211.

72. Charles Chauncy, *Enthusiasm Described and Caution'd Against* (Boston, 1742).

73. Benjamin Whichcote, *The Works of the Learned Benjamin Whichcote*, vol. 2 (Aberdeen, 1751), 128.

74. Jean-Jacques Rousseau, *First and Second Discourses*; 这段话引自 *Second Discourse*。

75. Adam Ferguson, *An Essay on the History of Civil Society*, ed. Duncan Forbes (Edinburgh: Edinburgh University Press, 1966), 217 – 20.

76. Ibid., 217 – 20.

77. 例如可以参见 Karl Koppman, ed., *Die Recesse und andere Akten der Hansetage*, 8 vols. (Leipzig, 1870 – 97), 其中英国国王拥有 "liberaliter donatam et concessam"。

78. 例如可以参见 Joseph Lathrop, "A Sermon on a Day Appointed for Publick Thanksgiving," in *Political Sermons of the American Founding Era, 1730 – 1805*, ed. Ellis Sandoz (Indianapolis: Liberty Fund, 1998), 870。"最早颁发给美洲殖民地的皇家特许状，特别是给新英格兰的特许状，是最自由的，而且与他们的观点和愿望完全相符。"

79. 写给编辑的信，转引自 Dennis Carl Rasmussen, *The Problems and Promise of Commercial Society: Adam Smith's Response to Rousseau* (University Park: Pennsylvania State University Press, 2008), 99。

80. Adam Smith, *An Inquiry into the Nature and Causes of the Wealth of Nations*, vol. 1 (1776; Chicago: University of Chicago Press, 1977), iv, v, 47, 388, 75, 76, 77, 208, 250, 着重号为本书作者所加。

81. Adam Smith, *The Theory of Moral Sentiments* (1759), vi, ii. 3. 3.

82. Ibid. (2016 version), 288.

83. Smith, *Wealth of Nations*, 519.

84. Ibid. , 161. 参见 Dennis C. Rasmussen, "Adam Smith on What Is Wrong with Economic Inequality," *American Political Science Review* 110, no. 2 (2016): 342 – 52。

85. Samuel Cooper, "A Sermon on the Day of the Commencement of the Constitution" (1780), in Sandoz, *Political Sermons of the American Founding Era*, 1: 644, 655.

86. Ezra Stiles, "The United States Elevated to Glory and Honor," https://digitalcommons. unl. edu/etas/41/.

87. Joseph Lathrop, "Sermon on a Day Appointed for Public Thanksgiving," in *Political Sermons of the Founding Era*, vol. 1, ed. Ellis Sandoz (Indianapolis: Liberty Fund, 1998), 871.

88. David Ramsay, *The History of the American Revolution*, vol. 1 (1789), 357.

89. David Armitage, *Age of Revolutions in Global Context, c. 1760 – 1840* (New York: Palgrave Macmillan, 2010), 5n15.

90. 在德国，关于宪政的讨论比其他地方稍晚一些。还可以参见 Joyce Appleby, "America as a Model for the Radical French Reformers of 1789," *William and Mary Quarterly* 28, no. 2 (1971): 267 – 86。

91. Levi Hart of Preston, Connecticut, 转引自 Jonathan Sassi, *A Republic of Righteousness: The Public Christianity of the Post-revolutionary New England Clergy* (New York: Oxford University Press, 2001), 58。

92. John Millar, *The Origin of the Distinction of Ranks* (Aalen: Scientia, 1986), 294, 转引自 Domenico Losurdo, *Liberalism: A Counter-history* (New York: Verso, 2011), 11。

93. Christopher L. Brown, *Moral Capital: Foundations of British Abolitionism* (Chapel Hill: University of North Carolina Press, 2012).

94. Arthur Zilversmit, *First Emancipation*: *The Abolition of Slavery in the North* (Chicago: University of Chicago Press, 1967), 132; Robin Blackburn, *The Overthrow of Colonial Slavery*: *1776 – 1848* (New York: Verso, 2011), 118; Losurdo, *Liberalism*, 59.

95. *Pennsylvania Journal*, April 4, 1781.

96. Edmund Burke, *The Works*: *A New Edition*, 16 vols. (London: Rivington, 1826), 3: 54, 转引自 Losurdo, *Liberalism*, 37。

97. Abigail Adams to John Adams, March 31, 1776, *Founders Online*, https://founders.archives.gov/documents/Adams/04 – 01 – 02 – 0241.

98. Abigail Adams to Mercy Otis Warren, April 27, 1776, *Founders Online*, https://founders.archives.gov/documents/Adams/04 – 01 – 02 – 0257.

99. Noah Webster, *On the Education of Youth in America*, 转引自 *Readings in American Educational Thought*: *From Puritanism to Progressivism*, ed. Andrew Milson, Chara Bohan, Perry Glanzer, and J. Wesley Null (Charlotte: Information Age, 2004), 106, 着重号为本书作者所加。

第二章　法国大革命与自由主义的
起源，1789～1830

1. Marquis de Lafayette, *Memoirs*, *Correspondence and Manuscripts of General Lafayette Published by His Family* (London, 1837), 2: 192.

2. *Dictionnaire universel françois et latin*, *vulgairement appelé Dictionnaire de Trévoux* ... , nouvelle ed. (Paris, 1771), 508.

3. 例如上面引用的信和致国会的信, Marquis de Lafayette, *Memoirs*, 1: 286。

4. Germaine de Staël, *On Germany* (1810).

5. Richard Price, "A Discourse on the Love of Our Country" (London, 1790), 20.

6. *The Correspondence of the Revolution Society in London*, *with the National Assembly* (London, 1792), 157.

7. Edmund Burke, *Reflections on the Revolution in France*, ed. J. G. A. Pocock (Indianapolis: Hackett, 1987), 70, 163, 70, 69, 着重号为本书作者所加。

8. Ibid. , 70, 33, 34, 66, 70.

9. 例如可以参见 *A New Catechism for the Use of the Swinish Multitude* (1792)。

10. Catherine Macaulay, *Observations on the Reflections of the Right Hon Edmund Burke on the Revolution in France* (London, 1791), 38 – 39.

11. Mary Wollstonecraft, *A Vindication of the Rights of Men*, ed. Sylvana Tomaselli (1790; Cambridge: Cambridge University Press, 2003), 16.

12. Thomas Paine, *Rights of Man, Being an Answer to Mr. Burke's Attack* (1791).

13. Germaine de Staël, *Considerations on the Principal Events of the French Revolution*, ed. Aurelian Craiutu (Indianapolis: Liberty Fund, 2008), 493, 190.

14. Joseph de Maistre, *Considerations on France*, ed. Richard Lebrun (Cambridge: Cambridge University Press, 2003), 41.

15. *Des réactions politiques*, in *De la force du gouvernement actuel de la France et de la nécessité de s'y rallier*, ed. Philippe Raynaud (Paris: Flammarion, 1988), 111, 115, 118. 参见 K. Stephen Vincent, *Benjamin Constant and the Birth of French Liberalism* (New York: Palgrave Macmillan, 2011), 76 – 77, and "Benjamin Constant, the French Revolution, and the Origins of French Romantic Liberalism," *French Historical Studies* 23, no. 4 (2000): 607 – 37。

16. 转引自 Aurelian Craiutu, *A Virtue for Courageous Minds: Moderation in French Political Thought, 1748 – 1830* (Princeton: Princeton University Press, 2012), 178。

17. Mona Ozouf, "La Révolution française et la formation de l'homme nouveau," in *L'homme régénéré. Essais sur la Révolution française*, ed. Mona Oouf (Paris: Gallimard, 1989), 116 – 45.

18. Madame de Staël, *Des Circonstances actuelles qui peuvent terminer la révolution et des principes qui doivent fondre la république en France* (Paris: Libraire Fischbacher, 1906), 10, 146, 279.

19. 转引自 John C. Isbell, *The Birth of European Romanticism: Truth and Propaganda in Staël's De l'Allemagne, 1810 – 1813* (Cambridge: Cambridge University Press, 1994), 131。

20. *Benjamin Constant, De Madame de Staël et de ses ouvrages*, in *Portraits, mémoires, souvenirs* (Paris, 1992), 222.

21. Kurt Klooke, *Benjamin Constant: une biographie intellectuelle* (Geneva: Droz, 1984); J. Lee, "The Moralization of Modern Liberty" (PhD diss., University of Wisconsin – Madison, 2003); and Helena Rosenblatt, *Liberal Values: Benjamin Constant and the Politics of Religion* (Cambridge: Cambridge University Press, 2008).

22. Benjamin Constant, "De la force du gouvernement actuel de la France et de la nécessité de s'y rallier," in *Œuvres complètes de Benjamin Constant*, vol. 1 (Tübingen: Max Niemeyer Verlag, 1998), 380.

23. 转引自 Rosenblatt, *Liberal Values*, 72。

24. Howard Brown, "From Organic Society to Security State: The War on Brigandage in France, 1797 – 1802," *Journal of Modern History* 69, no. 4 (1997): 661 – 65.

25. 还有 Adrien Lamourette, 参见 David Sorkin, The *Religious Enlightenment* (Princeton: Princeton University Press, 2011)。在西班牙、西属美洲、意大利和其他国家还有很多。关于格列高利的论述，参见 Alyssa Goldstein Sepinwall, *The Abbé Grégoire and the French Revolution: The Making of Modern Universalism* (Berkeley: University of California Press, 2005)。

26. *Annales de la religion*, vol. 1 (1795), 15, and vol. 15 (1802), 359.

27. Napoléon Bonaparte, *Correspondances de Napoléon 1er*, vol. 6 (Paris: Plon, 1862), 5 – 6.

28. 转引自 Guillaume de Bertier de Sauvigny, "Liberalism, Nationalism, Socialism: The Birth of Three Words," *Review of Politics* 32 (1970): 151 –52。

29. 1797 年 7 月 24 日的信，转引自 quoted by Julia von Leyden Blennerhassett in *Madame de Staël, Her Friends, and Her Influence in Politics and Literature*, vol. 3, trans. Jane Eliza Gordon Cumming (1889; Cambridge: Cambridge University Press, 2013), 429。

30. Marquis de Lafayette to Thomas Jefferson, June 21, 1801, *Founders Online*, http://founders. archives. gov/documents/Jefferson/01 – 34 – 02 – 0318.

31. Madame de Staël, *Considerations*, 422.

32. Speech to the Priests of Milan, June 5, 1800, in *In the Words of Napoleon*, ed. R. M. Johnston (Barnsley: Frontline Books, 2015).

33. 转引自 Jörn Leonhard, *Liberalismus. Zur historischen Semantik eines europäischen Deutungsmusters* (Munich: R. Oldernbourg Verlag, 2001), 208 – 24。

34. 转引自 H. C. Barnard, *Education and the French Revolution* (Cambridge: Cambridge University Press, 2009), 218。

35. 引自他 1814 年的反拿破仑宣传册 "The Spirit of Conquest and Usurpation"。

36. 第一次使用这个词是在 1816 年，Berke Vardar, *Structure fondamentale du vocabulaire social et politique en France de 1815 à 1830* (Istanbul, 1973)。

37. Melvin Richter, "Tocqueville and the French Nineteenth Century Conceptualizations of the Two Bonapartes and Their Empires," in *Dictatorship in History and Theory: Bonapartism, Caesarism and Totalitarianism*, ed. P. R. Baehr and Melvin Richter (Cambridge: Cambridge University Press, 2004), 83 – 102, 84. 第五章会详述。

38. Jean-Baptiste Say, *Traité d'économie politique*, 4th ed., vol. 1 (Paris, 1819), 197.

39. Ibid. , 298. 参见 Philippe Steiner, "Jean-Baptiste Say et les colonies oucomment se débarrasser d'un héritage intempestif," *Cahiers d'économie politique* 27 – 28 (1996): 153 – 73; and Jennifer Sessions, *By Sword and Plow: France and the Conquest of Algeria* (Ithaca, NY: Cornell University Press, 2015)。

40. François-Louis-Auguste Ferrier, *Du Gouvernement considéré dans ses rapports avec le commerce* (Paris: Perlet, 1805), 14 – 15, 37.

41. Ibid. , 26.

42. Lettres de Ferrier à Fiévée, June 5 and 20, 1816, in *Correspondance de Joseph Fiévée et de François Ferrier (1803 – 1837)*, ed. Etienne Hofmann (Bern: Peter Lang, 1994), 138, 142.

43. Benjamin Constant, "The Spirit of Conquest and Usurpation," in *Political Writings*, ed. Biancamaria Fontana (Cambridge: Cambridge University Press, 1993), 118, 126, 122, 121.

44. 转引自 E. E. Y. Hales, *Napoleon and the Pope* (London, 1962), 89 – 90.

45. Charles de Villers, *Essai sur l'esprit et l'influence de la Réformation de Luther. Ouvrage qui...* (Paris, 1804), 转引自 Rosenblatt, *Liberal Values*, 102 – 4。

46. 关于瑞典问题, 参见 Arthur Thomson 具有开创性的研究, "'Liberal': Några anteckningar till ordets historia," in *Festskrift tillägnad Theodor Hjel mqvist på sextiårsdagen den 11 april 1926* (Lund: Carl Bloms Boktryckeri, 1926), 147 – 91。关于西班牙问题, 参见 Javier Fernández Sebastián 的多部论述。

47. Madame de Staël, *De l'Allemagne*, vol. 1, ed. Simone Balayé (Paris: Garner-Flammarion, 1968), 73.

48. Jaime Rodriguez, *The Independence of Spanish America* (Cambridge: Cambridge University Press, 1998).

49. Ignacio Fernández Sarasola, "La proyección europea e iberoamericana de la Constitución de 1812," in *La Constitución de Cádiz. Origen, contenido y*

proyección internacional (Madrid： Centro de Estudios Politicos y Constitucionales, 2011）, 271 – 336.

50. Jaime E. Rodríguez O. , "Introducción," in *Revolución, independencia y las nuevas naciones de América*, ed. Jaime E. Rodríguez O. （Madrid： Fundación Mapfre Tavera, 2005）, 16.

51. Rodriguez, *Independence*, 105.

52. Harro M. Höpfl, "Isms," *British Journal of Political Science* 13, no. 1 （1983）：1 – 17.

53. 转引自 Javier Fernández Sebastián, " 'Friends of Freedom'： First Liberalisms in the Iberian Atlantic," in *In Search of European Liberalisms*, ed. Javier Fernández Sebastián, Jörn Leonhard, and Michael Freeden （New York： Berghahn Books, 2018）。

54. "Déclaration de Saint-Ouen," 重印在 *La monarchie impossible： Les Chartes de 1814 et de 1830* （Paris： Gallimard, 1994）, 90。

55. Constant to Lafayette, May 1, 1815, in Lafayette, *Memoirs*, 5：423.

56. Benjamin Constant, *Principles of Politics Applicable to All Governments*, in Fontana, *Political Writings*, 175, 179.

57. L'abbé Rauzan, "Toute constitution est un régicide" （April 1814）, in *René Rémond, La Droite en France de* 1815 *à nos jours： Continuité et diversité d'une tradition politique* （Paris： Aubier Editions Montaigne, 1954）, 36.

58. "Des élections, du ministère, de l'esprit public et du parti libéral en France," *La Minerve* 4, no. 1 （December 1818）：379 – 84.

59. *La Minerve française* 14, no. 1 （November 4 – 5, 1818）：14 – 22. 文章于 1819 年重新刊发在 *Cours de politique constitutionelle*, 3：53 – 58, 着重号 为本书作者所加。

60. 转引自 Maria Luisa Sànchez-Mejìa, "La Inquisición contra el liberalismo。 El Expediente de Calificación de los Principes de Politique de Benjamin Constant," *Cuadernos dieciochistas* 14 （2013）：283 – 303, 286.

61. Louis de Bonald, "Sur les langues," in *Œuvres de M. de Bonald* （Brussels：

La Société nationale，1845），7：455.

62. *La Quotidienne*，August 23，1814，3.

63. *Les Idées libérales*，in *Le Nouvelliste français ou Recueil Choisi de Mémoires*，no. 12（Pesth，1815），277.

64. 详细介绍改革的作品参见 Brendan Simms，*The Struggle for Mastery in Germany*，*1779 – 1850*（Basingstoke：Palgrave Macmillan，1988）。

65. 这段 1814 年的文字转引自 Rudolf Vierhaus，"Liberalismus，" in *Geschichtliche Grundbegriffe. Historisches Lexikon zur politisch-sozialen Sprache in Deutschland*，vol. 3，ed. Reinhart Koselleck，Otto Bruner，and Werner Conze（Stuttgart，1972 – 93）。

66. "What does liberal mean?" 是 *Neue Alemannia* 1816 年的第一期。

67. 根据 Revolutions-Almanach 所讲，改革引入了新词使这些词变得"神圣"并具有"神奇的含义"。Vierhaus，"Liberalismus，" 741.

68. Castlereagh speech，February 15，1816，in *Hansard First Series*：*1803 – 1820*，vol. 37，602，转引自 Leonhard，Liberalismus，236。

69. Andrew Robertson，*The Language of Democracy*：*Political Rhetoric in the United States and Britain*，*1790 – 1900*（Charlottesville：University of Virginia Press，2005），62.

70. *Edinburgh Review* 24，no. 48（November 1814 – February 1815）：529.

71. Ibid.；之后的文章屡次用"自由"一词指代法国政治，有时会使用斜体字体。

72. 快速搜索美国旧报纸数据库可以得到以下关于"自由党"或者法国政治的条目：*Columbian Centinel*，November 1，1817，2；*Centinel of Freedom*，May 26，1818，2；*Weekly Aurora*，September 14，1818，240；*Columbian Centinel*，December 26，1818，2；*National Gazette*，April 29，1820，2；*Baltimore Patriot*，October 10，1822，2；*Daily National Intelligencer*，October 12，1822，2；*National Gazette*，November 25，1824，1。

73. Metternich to Gentz，April 23，1819，转引自 Vierhaus，"Liberalismus"。

74. 转引自 Guillaume de Bertier de Sauvigny, La Restauration（Paris：Hachette, 1997）, 168。

75. André Vissieux, *Essay on Liberalism*; *Being an Examination of the Nature and Tendency of the Liberal Opinions*; *with a View of the State of Parties on the Continent of Europe*（London：Pewtress, Low, and Pewtress, 1823）, 103.

76. Christopher Bayly, "Rammohan Roy and the Advent of Constitutional Liberalism in India, 1800 – 1830," *Modern Intellectual History* 4（2007）：25 – 41; and *Recovering Liberties*：*Indian Thought in the Age of Liberalism and Empire*（Cambridge：Cambridge University Press, 2011）, 50 – 60.

77. Ignacio Fernandez Sarasola, "European Impression of the Spanish Constitution of Cadiz," *Forum historiae iuris*, http：//fhi. rg. mpg. de/es/2016 – 09 – sarasola/.

78. 第一版名为 *Collection complète des ouvrages publiés surle Gouvernement représentatif et la Constitution actuelle de la France formantune espèce de Cours de Politique constitutionnelle*, par M. Benjamin de Constant。

79. Maurizio Isabella, *Risorgimento in Exile*：*Italian Emigres and the Liberal International in the Post-Napoleonic Era*（Oxford：Oxford University Press 2009）.

80. Rodriguez, *Independence*, 193.

81. C. J. Gilliard, *Réflexions sur les sociétés secrètes et les usurpations. Première partie*：*Ecueils et dangers des sociétés secrètes*, tome 2（Arbois, 1823）, 444 – 45.

82. Lafayette to Jefferson, July 20, 1820, in Gilbert Chinard, ed., *The Letters of Lafayette and Jefferson*（Baltimore, 1929）, 398 – 99.

83. *Achille de Vaulabelle*, *Histoire des Deux Restorations*, 10 vols.（Paris, 1952）, 6：283 – 324; 还可参见 Lafayette, *Memoirs*, 6：153。

84. *Morning Chronicle*, November 7, 1822.

85. Vissieux, *Essay on Liberalism*, viii, 6, 5.

86. *Monthly Censor* 2（1823）：487. 参见 Guillaume de Bertier de Sauvigny，"Libéralisme. Aux origines d'un mot," *Commentaire*, no. 7（1979）：420 – 24；D. M. Craig, "The Origins of 'Liberalism' in Britain: The Case of The Liberal," *Historical Research* 85, no. 229（2012）：469 – 87；Daisy Hay, "Liberals, Liberales and the Liberal," *European Romantic Review* 19（2008）：307 – 20。

87. *Blackwood's Magazine* 13（1823）：110.

88. 参见 G. I. T. Machin, "Resistance to Repeal of the Test and Corporation Acts, 1828," *Historical Journal* 22, no. 1（1979）：115 – 39；还可参见 Craig, "Origins of 'Liberalism'"。

89. *La Macédoine libérale*（Paris, 1819）。

90. 密尔的评论，参见他的 *Essays on French History and Historians*, in *The Collected Works of John Stuart Mill*, vol. 20, ed. John M. Robson（Toronto：University of Toronto Press, 1985）, 109, http://oll.libertyfund.org/titles/235。

91. Charles Hale, *Mexican Liberalism in the Age of Mora*, *1821 – 1853*（New Haven, CT：Yale University Press, 1968）.

92. Robert Alexander, *Re-writing the French Revolutionary Tradition*（Cambridge：Cambridge University Press, 2003）.

93. Louis de Bonald, "De l'Esprit de corps et de l'esprit de parti," in *Œuvres de M. de Bonald*（Brussels：La Société nationale, 1845）, 8：309.

94. Auguste Levasseur, *Lafayette en Amérique en 1824 et 1825 ou Journal d'un voyage aux Etats-Unis*（Paris, 1829）, 1：440.

95. 转引自 Robert Bigler, *The Politics of German Protestantism: The Rise of the Protestant Church Elite in Prussia*, *1815 – 1848*（Berkeley：University of California Press, 1972）, 96, 101。

96. Wilhelm Traugott Krug, *Geschichtliche Darstellung des Liberalismus alter und neuer Zeit*（Leipzig, 1823）, 65, 103, ix, 83, vii, 148.

97. Yun Kyoung Kwon, "When Parisian Liberals Spoke for Haiti: French Anti-

slavery Discourses on Haiti under the Restoration, 1814 – 30," *Atlantic Studies: Global Currents* 8, no. 3 (2011): 317 – 41.

98. "De M. Dunoyer et de quelques-uns de ses ouvrages," in Benjamin Constant, *Mélanges de littérature et de politique* (Paris, 1829), 128 – 62.

99. 转引自 Kwon, "When Parisian Liberals Spoke," 326。

100. Adam Smith, *An Inquiry into the Nature and Causes of the Wealth of Nations* (1776; Chicago: University of Chicago Press, 1977), bk. 1, chap. 11, 278.

101. David Todd, *L'Identité économique de la France. Libre- échange et protectionnisme, 1814 – 1851* (Paris: Grasset, 2008), 75.

102. 转引自 Philippe Steiner, "Jean-Baptiste Say, la société industrielle et le libéralisme," in *La Pensée libérale. Histoire et controverses*, ed. Gilles Kévorkian (Paris: Ellipses, 2010), 105 – 32。

103. *Monthly Magazine* 6 (July 1796): 469 – 70.

104. Mary Wollstonecraft, *A Vindication of the Rights of Woman* (1792; Oxford: Oxford University Press, 2009), 134.

105. Madame de Staël, *De la littérature*, ed. Gérard Gengembre and Jean Goldzink (Paris: Flammarion, 1991), 336.

106. Louis de Bonald, *Du Divorce considéré au XIXe siècle relativement à l'état public de la société* (Paris: Le Clere, 1801), 5, 193, 转引自 Joan De Joan, *Tender Geographies: Women and the Origins of the Novel in France* (New York: Columbia University Press, 1991), 262。

107. Claire Goldberg Moses, *French Feminism in the 19th Century* (Albany: State University of New York Press, 1985), 6.

108. *Preuves frappantes de l'imminence d'une seconde révolution* (Paris, 1827).

109. *Avis à tous les bons français. Catéchisme antilibéral. Projets impies, immoraux et anarchiques du libéralisme* (Marseilles: M. Olive, n. d.), iij.

第三章　自由主义、民主和社会问题的
浮现，1830～1848

1. C. A. Bayly, "Liberalism at Large: Mazzini and Nineteenth-Century Indian Thought," in *Giuseppe Mazzini and the Globalisation of Democratic Nationalism, 1830 – 1920*, edited by C. A. Bayly and Eugenio F. Biagini (Oxford: Oxford University Press, 2008), 355 – 74.

2. 转引自 Quoted by F. B. Smith, "Great Britain and the Revolutions of 1848," *Labour History*, no. 33 (November 1977): 846。

3. A. Thiers, *La Monarchie de 1830* (Berlin, 1832), 150, 118.

4. François Guizot, *Histoire parlementaire de France, Recueil complet de discours prononcés dans les chambres de 1819 à 1848*, vol. 4 (Paris, 1863), 381.

5. Speech of March 13, 1834, 转引自 Pierre Rosanvallon, *La Démocratie inachevée* (Paris: Gallimard, 2000), 115。

6. Etienne Cabet, *Révolution de 1830, et situation présente* (Paris: Gallica, 1833).

7. John Stuart Mill, *Autobiography*, in *The Collected Works of John Stuart Mill*, vol. 1: *Autobiography and Literary Essays*, ed. John M. Robson and Jack Stillinger (Toronto: University of Toronto Press, 1981), http://oll. libertyfund. org/titles/242.

8. "Prospects of France, I," *Examiner*, September 19, 1830, 594 – 95, in *The Collected Works of John Stuart Mill*, vol. 22, ed. Ann P. Robson and John M. Robson (Toronto: University of Toronto Press, 1986), http://oll. libertyfund. org/titles/256.

9. #85, "French News," *Examiner*, February 13, 1831, 106, and "The Prospects of France," *Examiner*, April 10, 1831, 225 – 26, in *The Collected Works of John Stuart Mill*, vol. 22, ed. Ann P. Robson and John M. Robson (Toronto: University of Toronto Press, 1986), http://oll. libertyfund. org/titles/256, 着重号为本书作者所加。

10. *Easton Gazette*, March 3, 1832, 3; *Charleston Courier*, April 14, 1831, 2; *Daily Picayune*, April 13, 1839, 2.

11. "Liberal, Liberalismus," in *Staats-Lexikon oder Encyclopädie der Staatswissenschaften*, vol. 9 (Altona: Verlag von Johann Friedrich Hammerich, 1840), 713 – 30.

12. 转引自 Dieter Langewiesche, *Liberalism in Germany*, trans. Christiane Bannerji (Princeton: Princeton University Press, 2000), 12。

13. 转引自 Rosanvallon, *La Démocratie inachevée*, 123n1。

14. Thomas Jefferson to William Short, January 8, 1825, *Founders Online*, https://founders. archives. gov/documents/Jefferson/98 – 01 – 02 – 4848.

15. *Encyclopedia Americana. A Popular Dictionary of Arts*, *Sciences*, *Literature*, vol. 7 (Philadelphia, 1831), 533.

16. Alexis de Tocqueville, *Democracy in America*, vol. 2, bk. 2, chap. 2 and introduction.

17. Aurelian Craiutu and Jeremy Jennings, "The Third 'Democracy': Tocqueville's Views of America after 1840," *American Political Science Review* 98, no. 3 (2004): 391 – 404.

18. Nadia Urbinati, "Giuseppe Mazzini's International Political Thought," introduction to *A Cosmopolitanism of Nations: Giuseppe Mazzini's Writings on Democracy*, *Nation Building*, *and International Relations*, ed. Stefano Recchia and Nadia Urbinati, trans. Stefano Recchia (Princeton: Princeton University Press, 2009), 3.

19. 转引自 Denis Mack Smith, *Mazzini* (New Haven, CT: Yale University Press, 1994), 24。

20. John Morley, *The Life of William Ewart Gladstone* (London, 1903), bk. 10, 478; Morley, *The Works of John Morley*, vol. 1 (London, 1921), 223.

21. John Stuart Mill to Peter Alfred Taylor, August 22, 1870, in *The Collected Works of John Stuart Mill*, vol. 17, ed. Francis E. Mineka and Dwight N. Lindley (Toronto: University of Toronto Press, 1972), 1759, http://

oll. libertyfund. org/titles/254.

22. *Staats-Lexikon* (1834): 1: xxi.

23. 转引自 F. Gunther Eyck, "English and French Influence on German Liberalism before 1848," *Journal of the History of Ideas* 18, no. 3 (1957): 314。

24. 转引自 Thomas P. Neill, *The Rise and Decline of Liberalism* (Milwaukee: Bruce, 1953), 151。

25. Robert Owen's *Millennial Gazette*, no. 11 (1857): 58.

26. *New Moral World*; or, *Gazette of the Universal Community Society of Rational Religionists*, vol. 6 (Leeds, 1839), 673.

27. Cabet, *Révolution de 1830*, 362, 547.

28. "De la philosophie et du christianisme" (1832) and "La Carrosse de M. Aguado" (1847).

29. Victor Considérant, *Principes du socialisme suivie du procès de la démocratie pacifique* (Paris, 1847), 16.

30. Friedrich Engels, "Outlines of a Critique of Political Economy," in *The Young Hegelians*, ed. L. T. Stepelevich (New York: Cambridge University Press, 1983), 278 – 84.

31. Arthur Bestor, "The Evolution of the Socialist Vocabulary," *Journal of the History of Ideas* 9, 3 (1948): 259 – 302; and Gregory Claeys, " 'Individualism,' 'Socialism' and 'Social Science': Further Notes on a Conceptual Formation 1800 – 1850," *Journal of the History of Ideas* 47, no. 1 (1986): 81 – 93.

32. 例如可以参见 Frédéric Bastiat, *Sophismes économiques* (Paris: Guillaumin, 1846), 139, 着重号为本书作者所加。

33. *Journal des économistes* 8 (April – July 1844): 60; 4 (December 1842 – March 1843): 260.

34. Cobden, 转引自 Anthony Howe, *Free Trade and Liberal England, 1846 – 1946* (Oxford: Clarendon, 1997), 119。

35. *Discours parlementaires de M. Thiers*, 16 vols. , ed. M. Calmon (Paris, 1879 – 89), 9: 139 – 43, 着重号为本书作者所加。

36. 转引自 Dennis Sherman, "The Meaning of Economic Liberalism in Mid-Nineteenth Century France," *History of Political Economy* 6, no. 2 (1974): 185。

37. Frédéric Bastiat, "À Messieurs les électeurs de l'arrondissement de Saint-Séver," in *Œuvres complètes de Frédéric Bastiat* (Paris: Guillaumin et Cie, 1855), 1: 464.

38. Louis Blanc, *Louis Blanc on the Working Classes: With Corrected Notes, and a Refutation of His Destructive Plan*, trans. James Ward (London, 1848), 223.

39. 例如可以参见 Louis Blanc, *The History of Ten Years; or, France under Louis Philippe*, trans. Walter Kelly (Philadelphia: Lea & Blanchard, 1848), 83, 19。

40. Tocqueville, *Democracy in America*, vol. 2, bk. 3, chap. 7; bk. 4, chap. 7; and *Memoir on Pauperism*, ed. and trans. Seymour Drescher (London: IEA, 1917), 36, 16.

41. Jonathan Riley, introduction to John Stuart Mill, *Principles of Political Economy and Chapters on Socialism*, ed. Jonathan Riley (Oxford: Oxford University Press, 2008).

42. Mill, *Principles of Political Economy*, bk. 5, chap. 11, 335; chap. 1, 161, 162, 165.

43. Mark Donoghue, "The Early Economic Writings of William Thomas Thornton," *History of Political Economy* 39, no. 2 (2007): 209 – 52.

44. J. R. McCulloch, *Principles of Political Economy*, 5th ed. (Edinburgh: Charles Black, 1864), 187 – 88.

45. David Roberts, *The Victorian Origins of the British Welfare State* (New Haven, CT: Yale University Press, 1960), 81.

46. William Leggett, "The Natural System," 179, and "The Legislation of

Congress," 20, both in *Democratick Editorials*: *Essays in Jacksonian Political Economy* (1834), http://oll. libertyfund. org/titles/leggett – democratick – editorials – essays – in – jacksonian – political – economy.

47. Francis Lieber, 转引自 *The Progressive Evolution in Politics and Political Science*: *Transforming the American Regime*, ed. John Marini and Ken Masugi (Lanham, MD: Rowman & Littlefield, 2005), 227 – 28。

48. Francis Lieber, *Manual of Political Ethics*: *Designed Chiefly for the Use of Colleges*, 2nd ed. (Boston, 1847), 347.

49. Rudolf Walther, "Economic Liberalism," trans. Keith Tribe, *Economy and Society* 13, no. 2 (1984): 178 – 207.

50. Steven Lukes, "The Meanings of 'Individualism,'" *Journal of the History of Ideas* 32, no. 1 (1971): 54.

51. 转引自 Donald Rohr, *The Origins of Social Liberalism in Germany* (Chicago: University of Chicago Press, 1963), 130。

52. 必要的政府干预措施清单见 Rohr, *Origins*, 127。

53. "Eigenthum," *Das Staatslexikon*, 2nd ed. , ed. Karl von Rotteck and Karl Welcker (1846), 4: 211 – 17. Rotteck 倡导的其他干预主义政策, 参见 Rohr, *Origins*, 110 – 11。

54. Marwan Buheiry, "Anti-colonial Sentiment in France during the July Monarchy: The Algerian Case" (PhD diss. , Princeton University, 1973), 230.

55. T. P. Thompson, "East India Trade," *Westminster Review* 14 (January 1831): 101; 还可以参见 "The British in India," *Westminster Review* 4 (October 1825): 265 – 66。

56. Bernard Semmel, *The Rise of Free Trade Imperialism*: *Classical Political Economy*, *the Empire of Free Trade and Imperialism 1750 – 1850* (Cambridge: Cambridge University Press, 1970), 154.

57. Anna Gambles, *Protection and Politics in Conservative Economic Discourse*, *1815 – 1852* (Suffolk: Boydell Press, 1999), 241.

58. Tocqueville，转引自 Melvin Richter，"Tocqueville on Algeria," *Review of Politics* 25, no. 3 (1963): 379。

59. J. -J. O. Pellion, "Alger-Algérie," in *Dictionnaire politique*; *Encyclopédie du langage et de la science politiques* (Paris: Pagnerre, 1842), 48.

60. 转引自 Semmel, *Rise*, 148。

61. John Stuart Mill, *Principles of Politics*, ed. Jonathan Riley (Oxford: Oxford University Press, 2008), 119.

62. Jean-Baptiste Say, *De l'Angleterre et des Anglais* (Paris, 1815), 55.

63. Jennifer Sessions, *By Sword and Plow: France and the Conquest of Algeria* (Ithaca, NY: Cornell University Press, 2015), 179.

64. John Stuart Mill, *On Liberty* (1859), chap. 1.

65. 转引自 Helena Rosenblatt, *Liberal Values: Benjamin Constant and the Politics of Religion* (Cambridge: Cambridge University Press, 2008), 203。

66. *L'Avenir*, January 3, 1831.

67. J. -C. -L. Simonde de Sismondi, *Epistolario*, vol. 3, ed. Carlo Pelligrini (Florence: La nuova Italia, 1933 – 75), #437, 123.

68. "Kirschenverfassung, katholische," *Staats-Lexikon* (1840): 9: 310 – 27; Friedrich Kolb, "Klöster," *Staats-Lexikon* (1840): 9: 416 – 51; S. Jordan, "Jesuiten," *Staats-Lexikon* (1839): 8: 437 – 538, 538; 转引自 Bigler, *Politics of German Protestantism*, 194; Andreas Buchner, "Religion," *Staats-Lexikon* (1848): 11: 475。

69. "Heilige Schriften des neuen Testaments," *Staats-Lexikon* (1847): 6: 668; Gotllieb Christian Abt, "Atheismus," *Staats-Lexikon* (1845): 1: 755, 752, 754.

70. Andrew Gould, *Origins of Liberal Dominance: State, Church and Party in Nineteenth-Century Europe* (Ann Arbor: University of Michigan Press, 1999), 75.

71. 我不清楚他们是否已经自称为自由派犹太人，我能找到的这个词最早的使用例子是在 Moses Hess 1862 年寄往罗马和耶路撒冷的第八封信，其中他提到了"德意志犹太人的自由派圈子""自由派犹太人"和"自由派基督教徒"。参见 http：//www. zionism - israel. com/zionism _ documents. htm。

72. Dagmar Herzog, https：//www. ohio. edu/chastain/rz/strg. htm, and *Intimacy and Exclusion：Religious Politics in Baden 1803 - 1849* (Princeton：Princeton University Press, 1996), 117.

73. 德意志自由派的反犹主义参见 Marcel Stoeltzer, *The State, the Nation and the Jews：Liberalism and the Anti-Semitism in Bismarck's Germany* (Lincoln：University of Nebraska Press, 2008)。

74. Malcolm Chase, *Chartism：A New History* (Manchester：Manchester University Press, 2007).

75. Etienne Cabet, *Le vrai Christianisme suivant Jésus Christ* (Paris, 1846)；Edward Berenson, *Populist Religion and Left-Wing Politics in France* (Princeton：Princeton University Press, 1984).

76. Giuseppe Mazzini, "On the Duties of Man" (London, 1862).

第四章　品格问题

1. William Fortescue, "Morality and Monarchy：Corruption and the Fall of the Regime of Louis-Philippe in 1848," *French History* 16, no. 1 (2002)：83 - 100.

2. Mill, 转引自 Georgios Varouxakis, "French Radicalism through the Eyes of John Stuart Mill," *History of European Ideas* 30 (2004)：450。

3. John Stuart Mill, "Vindication of the French Revolution of February 1848," in *The Collected Works of John Stuart Mill*, vol. 20, ed. John M. Robson (Toronto：University of Toronto Press, 1985), 325, http：//oll. libertyfund. org/titles/235.

4. 转引自 Eugene Curtis, *The French Assembly of 1848 and American Constitutional Doctrine* (New York：Columbia University, 1918), 83。

5. 转引自 David Barclay, *Frederick William Ⅳ and the Prussian Monarchy 1840 -*

1862（Oxford: Oxford University Press, 1995），134。

6. 转引自 Tim Chapman, *The Risorgimento: Italy, 1815 – 1871*（Humanities e-books, 2010），42。

7. *Journal des Débats*，引自 John Merriman, *The Agony of the Left: Repression of the Left in Revolutionary France*（New Haven, CT: Yale University Press, 1978），24。

8. Adolphe Thiers, *De la propriété*（Paris: Paulin, 1848），179.

9. Quoted in Michael Burleigh, *Earthly Powers: The Clash of Religion and Politics in Europe from the French Revolution to the Great War*（New York: HarperCollins, 2005），208.

10. Adolphe Thiers, *De la propriété*, 383.

11. 转引自 Pamela Pilbeam, *French Socialists before Marx: Workers, Women and the Social Question in France*（Montreal: McGill-Queen's University Press, 2000），69。

12. 转引自 Roger D. Price, *Napoleon Ⅲ and the Second Empire*（London: Routledge, 1997），254。

13. Allan Mitchell, *The Divided Path: The German Influence on Social Reform in France after 1870*（Chapel Hill: University of North Carolina Press, 2010），10.

14. Mill, "Vindication of the French Revolution," 354.

15. 参见 Alexandre Laya, *France et Amérique ou des institutions républicaines*（1850）and Auguste Romieu, *L'ère des Césars*（1850），这本书一年后被译为德文。

16. *Histoire de Jules César*, t. 1, 280, 转引自 Pierre Rosanvallon, *La Démocratie inachevée*（Paris: Gallimard, 2000），194。

17. Melvin Richter, "Tocqueville, Napoleon and Bonapartism," in *Reconsidering Tocqueville's Democracy in America*, ed. S. E. Eisenstadt（New Brunswick, NJ: Rutgers University Press, 1988），110 – 45.

18. Varouxakis, "French Radicalism."

19. 转引自 David Barclay, " Prussian Conservatives and the Problem of Bonapartism," in *Dictatorship in History and Theory*: *Bonapartism*, *Caesarism and Totalitarianism*, ed. P. R. Baehr and Melvin Richter (Cambridge: Cambridge University Press, 2004), 67。

20. Burleigh, *Earthly Powers*, 210.

21. Joseph Gaume, *Le ver rongeur des sociétés modernes ou le paganisme dans l'éducation* (Paris, 1851), 1 – 2.

22. Juan Donoso Cortés, 转引自 Thomas Neill, "Juan Donos Cortés: History and 'Prophesy,' " *Catholic History Review* 40 (January 1955): 403。

23. Ibid. , 401.

24. 转引自 Michael Gross, *The War against Catholicism*: *Liberalism and the Anti-Catholic Imagination in Nineteenth-Century Germany* (Ann Arbor: University of Michigan Press, 2004), 48, 93。

25. Vierhaus, "Liberalismus," 77.

26. 转引自 James Sheehan, " The German States and the European Revolution," in *Revolution and the Meanings of Freedom in the Nineteenth Century*, ed. Isser Woloch (Stanford: Stanford University Press, 1996), 275。

27. Alexis de Tocqueville, *Recollections*: *The French Revolution of 1848*, ed. J. P. Mayer and A. P. Kerr, trans. George Lawrence (New Brunswick, NJ: Trans-action, 2003), 35, 74.

28. Richard Rohrs, " American Critics of the French Revolution of 1848," *Journal of the Early Republic* 14, no. 3 (Autumn 1994): 376.

29. W. R. Greg, "Difficulties of Republican France," *Edinburgh Review* 92 (1850): 523 – 24.

30. *Aberdeen Journal*, March 29, 1848.

31. *Bristol Gazette*, July 8, 1852, 转引自 Andrew Robertson, *The Language of Democracy*: *Political Rhetoric in the United States and Britain*, *1790 – 1900* (Charlottesville: University of Virginia Press, 2005), 112。

32. Frédéric Bastiat, *The Law*, in *Œuvres complètes*, 1：97.

33. "Economie politique," in *Dictionnaire de l'économie politique*, vol. 1, ed. Ch. Coquelin et Guillaumin (Paris, 1873), 666.

34. Frédéric Bastiat, *Harmonies of Political Economy* (London, 1860).

35. John Stuart Mill, *Autobiography*, in *The Collected Works of John Stuart Mill*, vol. 1, ed. John M. Robson and Jack Stillinger (Toronto：University of Toronto Press, 1981), 241, http：//oll. libertyfund. org/titles/242.

36. John Stuart Mill, preface to the third edition of *Principles of Political Economy*, in *The Collected Works of John Stuart Mill*, vol. 2, ed. John M. Robson (Toronto：University of Toronto Press, 1965), http：// oll. libertyfund. org/titles/102.

37. 密尔对社会主义观点的有力解释，可参见 Alan Kahan, *Aristocratic Liberalism：The Social and Political Thought of Jacob Burckhardt, John Stuart Mill and Alexis de Tocqueville* (New Brunswick, NJ：Transaction, 2001)。

38. François Huet, *La Science de l'Esprit* (Paris, 1864), 306.

39. François Huet, *Le Règne social du christianisme* (Paris, 1853).

40. Charles Dupont-White, *L'Individu et l'état* (Paris：Guillaumin, 1856, 1865), 5.

41. Charles Dupont-White, *Essai sur les relations du travail* (Paris：Guillaumin, 1846), 358, 369, 346.

42. Tocqueville, *Democracy in America*, bk. 3, chap. 9.

43. 转引自 Timothy M. Roberts, *Distant Revolutions：1848 and the Challenge to American Exceptionalism* (Charlottesville：University of Virginia Press, 2009), 91。

44. Giuseppe Mazzini, *An Essay on the Duties of Man Addressed to Working Men* (New York, 1892), 64–69, 原文为意大利文，1860 年出版。

45. John Stuart Mill, "On the Subjection of Women," in *On Liberty and Other Writings*, ed. Stefan Collini (Cambridge：Cambridge University Press,

1989）.

46. Sarah Grimké, *Letters on the Equality of the Sexes and the Condition of Women* (Boston, 1838), 11.

47. Mill, "On the Subjection of Women," 138.

48. 转引自 Gross, *War against Catholicism*, 201。

49. John Stuart Mill, "Inaugural Address Delivered to the University of St. Andrews," in *The Collected Works of John Stuart Mill*, vol. 21, ed. John M. Robson, introduction by Stefan Collini (Toronto: University of Toronto Press, 1984), 244, http: //oll. libertyfund. org/titles/255.

50. John Stuart Mill, "Utility of Religion," in *The Collected Works of John Stuart Mill*, vol. 10, ed. John M. Robson (London: Routledge and Kegan Paul, 1985), 422, http: //oll. libertyfund. org/titles/241.

51. 转引自 Gregory Claeys, "Mazzini, Kossuth and British Radicalism, 1848 – 1854," *Journal of British Studies* 28, no. 3 (1989): 237。

52. Johann Bluntschli, *Staatswörterbuch in drei Bänden*, ed. Edgar Löning (Zürich, 1871 –72), 2: 479.

53. Jules Simon, *La religion naturelle* (Paris, 1857).

54. J. J. Clamageran, *De l'état actuel du protestantisme en France* (Paris, 1857).

55. 转引自 Gross, *War against Catholicism*, 93。

56. 转引自 Stefan-Ludwig Hoffmann, "Brothers and Strangers? Jews and Freemasons in Nineteenth Century Germany," *German History* 18, no. 2 (2000): 157。

57. 转引自 Robin Healy, *The Jesuit Specter in Imperial Germany* (Leiden: Brill, 2003), 48, 着重号为本书作者所加。

58. "Jews," in Bluntschli, *Staatswörterbuch*, 2: 306 – 11.

59. "Freemasonry," in Bluntschli, *Staatswörterbuch*, 1: 684 – 86.

60. 转引自 Stefan-Ludwig Hoffmann, "Civility, Male Friendship and Masonic Sociability in Nineteenth-Century Germany," *Gender and History* 13, no. 2

288 / 自由主义被遗忘的历史

(2001): 231。

61. *Essays on Church and State*, ed. Douglas Woodruff (London, 1834), 82, 42, 37, 71.

第五章　恺撒主义和自由民主： 拿破仑

1. Karl Marx, *The Eighteenth Brumaire of Louis Bonaparte*, quoted by David Baguley, *Napoleon Ⅲ and His Regime: An Extravaganza* (Baton Rouge: Louisiana State University Press, 2000), 277, and Richard Price, *Napoleon Ⅲ and the Second Empire* (London: Routledge, 1997), 3.

2. 转引自 Timothy M. Roberts, *Distant Revolutions: 1848 and the Challenge to American Exceptionalism* (Charlottesville: University of Virginia Press, 2009), 140。

3. Ibid. , 143.

4. Aurelian Craiutu and Jeremy Jennings, "The Third 'Democracy': Tocqueville's Views of America after 1840," *American Political Science Review* 98, no. 3 (2004): 391 – 404.

5. Tocqueville, *Democracy in America*, bk. 4, chap. 6.

6. Napoleon Ⅲ , *History of Julius Caesar* (New York, 1865), 1: xi – xiv.

7. 例如 V. Vidal, *L'opposition libérale en 1863* (Paris, 1863); *La Coalition libérale*, par. Ernest Duvergier de Hauranne (Paris, 1869); *L'Union libérale et les partis*, par. E. Wiart (Paris, 1870); *Programme libéral par Louis de Lavalette* (Paris, 1869); C. de Senneval, *Napoléon Ⅲ et la France libérale* (Paris, 1861); Henri Galos, *Le Gouvernement libéral en France*, *Extrait de la Revue des deux mondes*, September 1, 1869。

8. Jules Simon, *La politique radicale* (Paris, 1868), quoted by Française Melonio, "Les libéraux français et leur histoire," in *Les libéralismes*, *la théorie politique et l'histoire*, ed. Siep Stuurman (Amsterdam: Amsterdam University Press, 1994), 36.

9. Edouard de Laboulaye, *Le parti libéral*, *son programme*, *son avenir*, 5th ed.

（Paris，1864），v.

10. Galos，*Le Gouvernement libéral en France*，10.

11. 这篇文章译为英文后发表在 *Cyclopaedia of Political Science*，*Political Economy*，*and of the Political History of the United States*：*By the Best American and European Writers*，vol. 2，ed. John J. Lalor（1881；New York：Merrill，1889）。

12. Montalembert，*L'Eglise libre dans l'Etat libre. Extrait du Journal de Bruxelles des 25 et 26 août 1863*（Brussels，1863），19，132.

13. *L'Eglise Libre dans l'Etat Libre. Discours prononcés au congrès catholique de Malines par Le Comte de Montalembert*（Paris：Douniol，1863），17.

14. Walter Bagehot，"Caesarianism as It Now Exists，" in *The Collected Works of Walter Bagehot*，vol. 4，ed. St. Johns-Stevas（London，1868），111 – 16.

15. 转引自 Peter Baehr，*Caesarism，Charisma and Fate：Historical Sources and Modern Resonances in the Work of Max Weber*（New Brunswick，NJ：Transaction，2009），40。

16. "Libéralisme，" published as an appendix to Lucien Jaume，*L'individu efface ou le paradoxe du libéralisme français*（Paris：Fayard，1997），557 – 67.

17. Louis Veuillot，*L'Illusion libérale*，5th ed.（Paris，1866），99.

18. Albert Réville，*Théodore Parker. Sa vie et ses oeuvres. Un chapitre de l'histoire de l'abolition de l'esclavage aux Etats-Unis*（Paris，1865），237.

19. Speech at Peoria，Illinois，October 16，1854，in *Collected Works of Abraham Lincoln*，vol. 2（Ann Arbor：University of Michigan Digital Library Production Services，2001），276.

20. Agénor de Gasparin，*Les Etats-Unis en 1861：Un grand peuple qui se relève*（Paris，1861）；*L'Amérique devant l'Europe，principes et interêts*（Paris，1862），483.

21. *Collected Works of Abraham Lincoln*，vol. 5，ed. Roy P. Basler（New Brunswick，NJ：Rutgers University Press，1953），355 – 56，转引自

Timothy Verhoeven, *Transatlantic Anti-Catholicism: France and the United States in the Nineteenth Century* (New York: Palgrave Macmillan, 2010), 39。

22. 转引自 Leslie Butler, "The Mugwump Dilemma. Democracy and Cultural Authority in Victorian America" (PhD diss. , Yale University, 1997), 165; Leslie Butler, *Critical Americans: Victorian Intellectuals and Transatlantic Liberal Reform* (Chapel Hill: University of North Carolina Press, 2007), 69, 83; "England and America," *Atlantic Monthly* 14, no. 86 (December 1864): 756; Butler, *Critical Americans*, 86; Adam I. P. Smith, " ' The Stuff Our Dreams Are Made Of': Lincoln in the English Imagination," in *The Global Lincoln*, ed. Richard Carwardine and Jay Sexton (Oxford: Oxford University Press, 2011), 125; Butler, *Critical Americans*, 89。

23. Luca Codignola, "The Civil War: The View from Italy," *Reviews in American History* 3, no. 4 (1975): 457 – 61.

24. Pope Pius IX to Jefferson Davis, in Varina Davis, *Jefferson Davis: Ex-president of the Confederate States of America: A Memoir by His Wife Varina Davis* (Baltimore: Nautical and Aviation Publishing Company, 1990), 2: 448.

25. 转引自 John McGreevy, *Catholicism and American Freedom: A History* (New York: Norton, 2003), 85。

26. Charles de Montalembert, "La Victoire du Nord aux Etats-Unis," in *OEuvres polémiques et diverses de M. le comte de Montalembert t. 3* (Paris: Lecoffre Fils et Cie, Successeurs, 1868), 345.

27. Giuseppe Mazzini, "To Our Friends in the United States," in *A Cosmopolitanism of Nations: Giuseppe Mazzini's Writings on Democracy, Nation Building, and International Relations*, ed. Stefano Recchia and Nadia Urbinati, trans. Stefano Recchia (Princeton: Princeton University Press, 2009).

28. Charles Norton, "American Political Ideas," *North American Review* 101,

no. 209（1865）: 550 – 66.

29. Stephen Sawyer, "An American Model for French Liberalism: The State of Exception in Edouard Laboulaye's Constitutional Thought," *Journal of Modern History* 85, no. 4（2013）: 739 – 71.

30. *Speeches, Correspondence and Political Papers of Carl Schurz*, vol. 2, ed. Frederic Bancroft（New York: Putnam, 1913）, 356.

31. *Liberator*, March 11, 1864.

32. 转引自 Cedric Collyer, "Gladstone and the American Civil War," in *Proceedings of the Leeds Philosophical and Literary Society*（Leeds: Leeds Philosophical and Literary Society, 1944 – 52）。

33. Stephen Peterson, "Gladstone, Religion, Politics and America: Perceptions in the Press"（PhD diss. , University of Stirling, 2013）.

34. Max Weber, *Politics as a Vocation*, in *Max Weber's Complete Writings on Academic and Political Vocations*, ed. John Dreijmans, trans. Gordon Wells（New York: Algora, 2008）, 183.

35. *Speeches of the Right Honourable William Ewart Gladstone, M. A. , in South-West Lancashire, October, 1868*（Liverpool, n. d. ）, 27.

36. 转引自 David W. Bebbington, *The Mind of Gladstone: Religion, Mind and Politics*（Oxford: Oxford University Press, 2004）, 282。

37. Alan Kahan, *Liberalism in Nineteenth-Century Europe: The Political Culture of Limited Suffrage*（New York: Palgrave Macmillan, 2003）135.

38. 转引自 Stefan Collini, *Public Moralists: Political Thought and Intellectual Life in Britain*（Oxford: Oxford University Press, 1991）, 65。

39. Bebbington, *Mind of Gladstone*, 257。

40. 转引自 John Vincent, *The Foundations of the Liberal Party*（London: Constable, 1966）, 160。

41. Baehr, *Caesarism, Charisma and Fate*；还可以参见 Peter Baehr, "Max Weber as a Critic of Bismarck," *European Journal of Sociology* 29, no. 1（1988）: 149 – 64。

42. 转引自 Jonathan Steinberg, *Bismarck*: *A Life* (Oxford: Oxford University Press, 2013), 247, 244。

43. Hermann Beck, *The Origins of the Authoritarian Welfare State in Prussia*: *Conservatives*, *Bureaucracy and the Social Question*, *1815 – 70* (Ann Arbor: University of Michigan Press, 1997).

44. "Liberalismus," in Hermann Wagener, *Staatslexikon*, vol. 12 (Berlin, 1863), 279 – 80.

45. 转引自 James J. Sheehan, *German Liberalism in the Nineteenth Century* (New York: Humanity Books, 1995), 117。

46. 转引自 Peter Baehr, ed., *Caesarism*, *Charisma and Fate*: *Historical Sources and Modern Resonances in the Work of Max Weber* (New York: Transaction, 2008), 36, https://www.researchgate.net/publication/ 265729593_ Caesarism_ Charisma_ and_ Fate/overview。

47. 转引自 Verhoeven, *Transatlantic Anti-Catholicism*, 173。

48. 转引自 Michael Gross, *The War against Catholicism*: *Liberalism and the Anti-Catholic Imagination in Nineteenth-Century Germany* (Ann Arbor: University of Michigan Press, 2004), 207, 258, 着重号为本书作者所加。

49. 转引自 Francis Arlinghaus, "British Public Opinion and the Kulturkampf, 1871 – 1875," *Catholic Historical Review* 34, no. 4 (January 1949): 389。

50. *Fraser's Magazine* (1873), 转引自 Arlinghaus, "British Public Opinion," 392。

51. 转引自 McGreevy, *Catholicism and American Freedom*, 100; Peterson, "Gladstone, Religion, Politics and America," 111; McGreevy, *Catholicism and Ameri can Freedom*, 99。

52. 转引自 McGreevy, *Catholicism and American Freedom*, 107。

53. 转引自 Richard Shannon, *Gladstone*: *God and Politics* (New York: Continuum, 2007), 263。

54. 转引自 Arlinghaus, "British Public Opinion," 395。

55. Oskar Klein-Hattingen, *Geschichte des Deutschen Liberalismus*, vol. 2

（Berlin, 1912）, 649.

56. 转引自 Steinberg, *Bismarck*, 108, 着重号为原文。

第六章　争取教育世俗化的斗争

1. *Beneficia Dei*, June 4, 1871.

2. *New York Times*, April 17, 1871.

3. 转引自 Nancy Cohen, *The Reconstruction of American Liberalism, 1865 –
1914* （Chapel Hill: University of North Carolina Press, 2002）。

4. Alfred Fouillée, *La Réforme intellectuelle et morale* （Paris, 1871）.

5. Georgios Varouxakis, "French Radicalism through the Eyes of John Stuart
Mill," *History of European Ideas* 30 （2004）: 457.

6. 转引自 John McGreevy, *Catholicism and American Freedom: A History* （New
York: Norton, 2003）, 114。

7. 转引自 *Dictionnaire de pédagogie et d'instruction primaire*, partie 1, tome 1,
ed. Ferdinand Buisson （Paris: Hachette, 1887）, 1090。

8. Eugène Spuller, "La République et l'enseignement" （1884）, in *Education de
la démocratie troisième série de conférences populaires* （Paris, 1892）, 30 –
31.

9. 转引自 Patrick Cabanel, "Catholicisme, protestantisme et laïcité: reflexion sur
la trace religieuse dans l'histoire contemporaine de la France," *Modern &
Contemporary France* 10, no. 1 （2002）: 92。

10. George Chase, "Ferdinand Buisson and Salvation by National Education,"
in *L'offre d'école: éléments pour une étude comparée des politiques éducatives
au XIXe siècle: actes du troisième colloque international, Sèvres, 27 – 30
septembre 1981* （Paris: Publications de la Sorbonne, 1983）, 263 – 75.

11. 转引自 Patrick Cabanel, *Le Dieu de la République. Aux sources protestantes
de la laïcité （1860 – 1900）* （Rennes: Presses Universitaires de Rennes,
2003）, 63。

12. Ferdinand Buisson, *L'Ecole et la nation en France. Extrait de l'Année*

Pédagogique（1913），15.

13. Pierre Ognier, *Une école sans Dieu? 1880 – 1895. L'invention d'une moral laïque sous la IIIème république*（Toulouse：Presses universitaires du Mirail，2008），33.

14. 拉布莱第一次将曼的思想介绍给法国人。*Revue pédagogique* 出版了他的作品选段，1888 年 出 版 了 *Horace Mann, son oeuvre et ses écrits*，第二版于 1897 年出版。

15. Ognier, *Une école sans Dieu?*, 34.

16. 参见 Paul Bert, *L'instruction civique à l'école：notions fondamentales*（Paris，1882）。

17. Judith Surkis, *Sexing the Citizen：Morality and Masculinity in France, 1870 – 1920*（Ithaca, NY：Cornell University Press, 2011），48.

18. 这里我主要是参考了 Sanford Elwitt, *The Making of the Third Republic：Class and Politics in France, 1868 – 1884*（Baton Rouge：Louisiana State University Press, 1975）。

19. Jules Simon，转引自 Sandra A. Horvath, "Victor Duruy and the Controversy over Secondary Education for Girls," *French Historical Studies* 9，no. 1（1975）：83 – 104。

20. Ferdinand Buisson, "Filles," in *Dictionnaire de pédagogie et d'instruction primaire*, partie 1, tome 1（Paris, 1887），1011 – 25.

21. Henri Marion, *L'éducation des jeunes filles*（Paris, 1902）.

22. 例如可参见 *L'homme, la famille et la société considérés dans leurs rapports avec le progrès moral de l'humanité*, vol. 2, *La famille*（Paris, 1857），15 – 16。

23. Bishop McQuaid and Francis E. Abbot, *The Public School Question, as Understood by a Catholic American Citizen, and by a Liberal American Citizen. Two Lectures, before the Free Religious Association, in Horticultural Hall, Boston*（Boston：Free Religious Association, 1876）.

24. Amy Hackett, "The Politics of Feminism in Wilhelmine Germany, 1890 –

1918"（PhD diss. , Columbia University, 1976）, 15.

25. Elizabeth Cady Stanton, Susan B. Anthony, and Matilda Joslyn Gage, eds. , *History of Woman Suffrage*, 3 vols. （London, 1887）.

26. *New York Daily Tribune*, March 18, 1895, 101.

27. Patrick Carey, *Catholics in America: A History* （Westport, CT: Praeger, 2004）.

28. 转引自 Roderick Bradford, *D. M. Bennett: The Truth Seeker* （Amherst, NY: Prometheus Books, 2006）, 356。

29. Linda Gordon, "Voluntary Motherhood: The Beginnings of Feminist Birth Control in the United States," *Feminist Studies* 1, nos. 3 – 4 （1973）: 11.

30. Ibid. , 11.

31. E. Lynn Lynton, "The Revolt against Matrimony," *Forum* 19 （January 1891）: 585, 593.

32. Timothy Verhoeven, *Transatlantic Anti-Catholicism: France and the United States in the Nineteenth Century* （New York: Palgrave Macmillan, 2010）.

33. 转引自 Sandra Horvath, "Victor Duruy and the Controversy over Secondary Education for Girls," *French Historical Studies* 9, no. 1 （1975）: 94。

34. Ibid. , 88.

35. 由 National Catholic Welfare Conference 于 1939 首次译为英文并在美国出版。英文版标题 "*What Is Liberalism?*" 的挑衅意味没有那么浓。

36. Robert Cross, *The Emergence of Liberal Catholicism in America* （Chicago: Quadrangle, 1968）, 201 – 2.

37. Ibid. , 201 – 2.

38. 转引自 Jay Dolan, *The American Catholic Experience: A History from Colonial Times to the Present* （Garden City, NY: Doubleday, 1987）, 312。

39. *Histoire critique du catholicisme libéral jusqu'au pontificat de Léon XIII* （Saint-Dizier, 1897）.

40. Pope Leo XIII, *Testem Benevolentiae Nostrae: Concerning New Opinions, Virtue, Nature and Grace, with Regard to Americanism* （1899）, http: //

www. papalencyclicals. net/leo13/l13teste. htm.

41. Benjamin Martin Jr. , "The Creation of the Action Libérale Populaire： An Example of Party Formation in Third Republic France," *French Historical Studies* 9 , no. 4（1976）： 660 – 89.

第七章　两种自由主义——旧与新

1. *Jahrbücher für Nationalökonomie und Statistik* 21（1873）： 122.

2. 转引自 Robert Adcock， *Liberalism and the Emergence of American Political Science： A Transatlantic Tale*（Oxford： Oxford University Press, 2014）, 83。

3. Paul Leroy-Beaulieu, *L'Etat Moderne et ses fonctions*, troisième ed. , revue et augmenté（1889; Paris： Guillaumin, 1900）.

4. Paul Cère, *Les populations dangereuses et les misères sociales*（Paris, 1872）, 116, 306, 转引自 John Weiss, "Origins of the French Welfare State： Poor Relief in the Third Republic, 1871 – 1914," *French Historical Studies* 13 , no. 1（1983）： 47 – 78。

5. Charles Gide, "The Economic Schools and the Teaching of Political Economy in France," *Political Science Quarterly* 5 , no. 4（1890）： 603 – 35.

6. Richard White, *The Republic for Which It Stands： The United States during Reconstruction and the Gilded Age, 1865 – 1896*（Oxford： Oxford University Press, 2017）.

7. 转引自 Adcock, *Liberalism and the Emergence of American Political Science*, 47。

8. E. L. James, "History of Political Economy," in *Cyclopaedia of Political Science, Political Economy, and of the Political History of the United States： By the Best American and European Writers*, vol. 2, ed. John J. Lalor（1881; New York： Merrill, 1889）.

9. Herbert Spencer, *The Man versus the State*, in *Political Writings*, ed. John Offer（Cambridge： Cambridge University Press, 1993）, 77 – 78.

10. William Graham Sumner, *What Social Classes Owe Each Other*（New York,

1883).

11. Sidney Fine, *Laissez Faire and the General-Welfare State* (Ann Arbor: University of Michigan Press, 1969), 56

12. *Daily Chronicle*, January 30, 1896, 4, quoted by Peter Weiler, *The New Liberalism: Liberal Social Theory in Great Britain, 1889 – 1914* (London: Routledge, 1982), 66.

13. John A. Hobson, *The Crisis of Liberalism: New Issues of Democracy* (London: P. S. King & Son, 1909), 3, xiii.

14. "Are We all Socialists Now?," *Speaker*, May 13, 1893, 转引自 Michael Freeden, *The New Liberalism* (Oxford: Clarendon, 1978), 26。

15. Winston Spencer Churchill, *Liberalism and the Social Problem: A Collection of Early Speeches as a Member of Parliament* (London: Hodder & Stoughton, 1909), 43.

16. Francis A. Walker, "Socialism," in *Discussions in Economics and Statistics* (1887; New York, 1899), 2: 250.

17. "Socialism and Communism," in Johann Bluntschli, *Staatswörterbuch in drei Bänden*, ed. Edgar Löning (Zürich, 1871 – 72), 3: 476 – 97.

18. Serge Audier, *Le Socialisme libéral* (Paris: La Découverte, 2006).

19. Léon Bourgeois, *Essai d'une philosophie de la Solidarité* (Paris, 1907), 34.

20. Leonard T. Hobhouse, *Democracy and Reaction* (London: T. Fisher Unwin, 1904), 229.

21. Hobson, *Crisis of Liberalism*, 3, 92, 138.

22. *Journal des débats*, March 16, 1889, 1.

23. 转引自 Judith Surkis, *Sexing the Citizen: Morality and Masculinity in France, 1870 – 1920* (Ithaca, NY: Cornell University Press, 2011), 130。

24. Hobson, *Crisis of Liberalism*, 132.

25. Churchill, *Liberalism and the Social Problem* (1909), a speech delivered in 1908 under the title "Liberalism and Socialism."

26. Mrs. Humphrey Ward 畅销但极具争议的 *Robert Elsemere* (1888) 中的一

个角色以他为原型。

27. 转引自 G. F. A. Best，"The Religious Difficulties of National Education in England, 1800 – 70," *Cambridge Historical Journal* 12, no. 2（1956）：171，着重号为本书作者所加。

28. Joseph Henry Allen, *Our Liberal Movement in Theology*（Boston：Roberts Brothers, 1892）.

29. 转引自 William Shanahan, "Friedrich Naumann：A Mirror of Wilhelmian Germany," *Review of Politics* 13, no. 3（1951）：272。

30. Richard Ely, "The Next Thing in Social Reform," *Methodist Magazine* 36（December 1892）：151.

31. John A. Hobson, *The Social Problem：Life and Work*（London：James Nisbet, 1902）, 214.

32. 转引自 Thomas Leonard, *Illiberal Reformers：Race, Eugenics and American Economics in the Progressive Era*（Princeton：Princeton University Press, 2016）, 74。

33. Ibid. , 110.

34. Ibid. , 50.

35. Ibid. , 170.

36. Karen Offen, "Depopulation, Nationalism, and Feminism in Fin-de-Siècle France," *American Historical Review* 89, no. 3（1984）：648 – 76；Philip Nord, "The Welfare State in France 1870 – 1914," *French Historical Studies* 18, no. 3（1994）：821 – 38.

37. Herbert Samuel, *Contemporary Liberalism in England*（London, 1902）, 246, 249, 250.

38. 转引自 Millicent Fawcett, *Women's Suffrage：A Short History of a Great Movement*（CreateSpace, 2016）。

39. David Morgan, *Suffragists and Liberals：The Politics of Woman Suffrage in England*（Lanham, MD：Rowman & Littlefield, 1975）；Constance Rover, *Women's Suffrage and Party Politics in Britain 1866 – 1914*（London：

Routledge, 1967）；还可参见 Brian H. Harrison, *Separate Spheres*: *The Opposition to Women's Suffrage in Britain* (London: Croom Helm, 1978); Allison L. Sneider, *Suffragists in an Imperial Age*: *U. S. Expansion and the Woman Question, 1870 – 1929* (Oxford: Oxford University Press, 2008)。

40. 转引自 Amy Hackett, "The Politics of Feminism in Wilhelmine Germany, 1890 – 1918" (PhD diss. , Columbia University, 1976), 397。

41. Ibid. , 688.

42. Samuel, *Contemporary Liberalism*, 251.

43. Ibid. , 251.

44. Quoted by Hackett, "Politics of Feminism," 715, 721, 718, 799.

45. Ibid. , 324.

46. Ibid. , 618, 621.

47. Ibid. , 716 – 20.

48. 转引自 Fawcett, *Women's Suffrage*, 95。

49. 转引自 Hackett, "Politics of Feminism," 173, 715。

50. Ibid. , 721.

51. Walker, "The Present Standing of Political Economy" (1879), reprinted in Walker, *Discussions in Economics and Statistics*, 1: 318.

52. Alfred Fouillée, *La propriété sociale et la démocratie* (Paris: Hachette, 1884).

53. Beatrice Webb, July 30, 1886, quoted by Emma Rothschild, *Economic Sentiments*: *Adam Smith, Condorcet and the Enlightenment* (Cambridge, MA: Harvard University Press, 2001), 65.

第八章　自由主义成为美国的理念

1. "Liberalism in America," New Republic 21 (December 31, 1919).

2. David Green, *Shaping Political Consciousness*: *The Language of Politics in America from McKinley to Ronald Reagan* (Ithaca, NY: Cornell University Press, 1987), 76.

3. 转 引 自 Ronald J. Pestritto, *Woodrow Wilson and the Roots of Modern Liberalism* (*Lanham, MD: Rowman & Littlefield*, 2005), 57 - 58。

4. 转 引 自 *A Cosmopolitanism of Nations: Giuseppe Mazzini's Writings on Democracy, Nation Building, and International Relations*, ed. Stefano Recchia and Nadia Urbinati, trans. Stefano Recchia (Princeton: Princeton University Press, 2009), 3。

5. J. L. Hammond, cited in Peter Weiler, *The New Liberalism: Liberal Social Theory in Great Britain, 1889 - 1914* (New York: Routledge, 2017), 85.

6. Leonard T. Hobhouse, *Democracy and Reaction* (London: T. Fisher Unwin, 1904), 47.

7. Robert Lowe, "Imperialism," *Fortnightly Review* 24 (1878), reprinted in Peter Cain, ed., *Empire and Imperialism: The Debate of the 1870s* (South Bend, IN: Saint Augustine's Press, 1999), 268.

8. Gladstone, "England's Mission," 转引自 Peter Cain, "Radicals, Gladstone, and the Liberal Critique of Disraelian 'Imperialism,'" in *Victorian Visions of Global Order*, ed. Duncan Bell (Cambridge: Cambridge University Press, 2007), 229。

9. 转 引 自 Peter Weiler, *The New Liberalism: Liberal Social Theory in Great Britain, 1889 - 1914* (London: Routledge, 1982), 98。

10. Leslie Butler, *Critical Americans: Victorian Intellectuals an* 的 *Transatlantic Liberal Reform* (Chapel Hill: University of North Carolina Press, 2007), 255, 46, 231.

11. John Hobson, *Imperialism: A Study* (London: George Allen & Unwin, 1902). The phrase is repeated often.

12. 转引自 Gregory Claeys, *Imperial Sceptics: British Critics of Empire, 1850 - 1920* (Cambridge: Cambridge University Press, 2010), 238。

13. Leonard T. Hobhouse, *Democracy and Reaction* (London: T. Fisher Unwin, 1904), 47.

14. Herbert Samuel, *Contemporary Liberalism in England* (London, 1902),

332.

15. Ibid. , 324.

16. Lucien Prévost-Paradol, *La France nouvelle* (Paris: Michel Levy Frères, 1868).

17. 例如可参见 "colonies," in *Nouveau dictionnaire d'économie politique* (Paris: Guillaumin, 1900), 1: 432 – 48。

18. Samuel, *Contemporary Liberalism*, 325.

19. Ibid. , 330, 着重号为本书作者所加。

20. John Burgess, "Germany, Great Britain and the US," *Political Science Quarterly* 19 (1904): 904.

21. Edward Dicey, "The New American Imperialism," *Nineteenth Century: A Monthly Review*, September 1898, 487 – 501, 489, 501.

22. John W. Burgess, *Reconstruction and the Constitution, 1866 – 1876* (New York: Charles Scribner's Sons, 1903), 133.

23. Charles Merriam, *A History of American Political Theories* (New York: Macmillan, 1920), 314, emphasis added.

24. William Gladstone, "Kin beyond the Sea," *North American Review* 264 (September – October 1878): 185, 212, 181, 182.

25. 转引自 Reginald Horsman, *Race and Manifest Destiny* (Cambridge, MA: Harvard University Press, 2009), 293。

26. Andrew Carnegie, "A Look Ahead," *North American Review* 156, no. 439 (June 1893).

27. Lymon Abbott, "The Basis for an Anglo-American Understanding," *North American Review* 166, no. 498 (1898): 521.

28. 例如可参见 G. Valbert, "La supériorité des Anglo-Saxons et le livre de M. Demolins," *Revue des deux Mondes* 67 (1897): 697 – 708; Gabriel Tarde, *Sur la prétendue décadence des peuples latins* (Bordeaux, 1901)。

29. 还可参见 See also George Santayana, "Classic Liberty," *New Republic* 4 (August 21, 1915): 65 – 66; "German Freedom," *New Republic* 4

（August 28, 1915）: 94 – 95; "Liberalism and Culture," *New Republic* 4 （September 4, 1915）: 123 – 25。

30. Alan Brinkley, *Liberalism and Its Discontents* （Cambridge, MA: Harvard University Press, 1998）, 85.

31. Irving Fisher, "Economists in Public Service: Annual Address of the President," *American Economic Review* 9, no. 1, suppl. （1991）: 7.

32. Arthur Moeller van den Bruck, *Sozialismus und Aussenpolitik* （Breslau: W. G. Korn, 1933）, 100.

33. Benito Mussolini, *The Political and Social Doctrine of Fascism*, trans. Jane Soames （London: Hogarth, 1934）, 17 – 19.

34. 转引自 John Weiss, *The Fascist Tradition* （New York: Harper & Row, 1967）, 9。

35. Ludwig von Mises, *Liberalism in the Classical Tradition*, trans. Ralph Raico （New York: Foundation for Economic Education, 1985）, 199.

36. John Dewey, "Toward a New Individualism," in *The Later Works of John Dewey, 1925 – 1953*, vol. 5: *1929 – 1930. Essays: The Sources of a Science of Education, Individualism, Old and New, and Construction and Criticism*, ed. Jo Ann Boydston （Carbondale: Southern Illinois University Press, 1984）, 85.

37. John Dewey, "The Meaning of the Term 'Liberalism,' " in *The Later Works of John Dewey, 1925 – 1953*, vol. 14: *1939 – 1941. Essays, Reviews and Miscellany*, ed. Jo Ann Boydston （Carbondale: Southern Illinois University Press, 2008）, 253.

38. 转引自 Green, *Shaping Political Consciousness*, 119。

39. Franklin Delano Roosevelt, "Introduction to Franklin Delano Roosevelt's Public Papers and Addresses," cited by Samuel Eliot Morison, *Freedom in Contemporary Society* （Boston: Little, Brown, 1956）, 69. 1943 年，纽约州自由党就是为罗斯福助选而成立的，现在仍存在。

40. Henry Agard Wallace, *American Dreamer: A Life of Henry Wallace* （New

York: Norton, 2000).

41. William Beveridge, *Why I Am a Liberal* (London: Jenkins, 1945), 64.

42. 转引自 Alan Brinkley, *The End of Reform: New Deal Liberalism in Recession and War* (New York: Vintage, 2011), 158; Theodore Rosenof, "Freedom, Planning, and Totalitarianism: The Reception of F. A. Hayek's *Road to Serfdom*," *Canadian Review of American Studies* 5 (1974): 150 – 60。

43. Green, *Shaping Political Consciousness*, chaps. 4 – 5; and Ronald Rotunda, *The Politics of Language: Liberalism as Word and Symbol* (Iowa City: University of Iowa Press, 1986), chap. 4.

44. "Taft, in Defining Liberalism, Warns of a Gradual Loss of Privileges," *Omaha Evening World-Herald*, February 14, 1948, 5.

45. 参见论述他的章节: Angus Burgin, *The Great Persuasion: Reinventing Free Markets since the Depression* (Cambridge, MA: Harvard University Press, 2015)。

46. See Mario Rizzo, "Libertarianism and Classical Liberalism: Is There a Difference?," *ThinkMarkets*, February 5, 2014, https://thinkmarkets. wordpress. com/2014/02/05/libertarianism – and – classical – liberalism – is – there – a – difference.

47. Burgin, *Great Persuasion*, chap. 5.

48. Arthur Murphy, "Ideals and Ideologies, 1917 – 1947," *Philosophical Review* 56 (1947): 386.

后 记

1. *Les Libéraux*, ed. Pierre Manent (Paris: Gallimard, 2001), 13.

2. Daniel J. Mahoney, introduction to Pierre Manent, *Modern Liberty and Its Discontents: Pierre Manent*, ed. and trans. Daniel J. Mahoney and Paul Senton (Lanham, MD: Rowman & Littlefield, 1998), 8.

3. Alan Brinkley, *The End of Reform: New Deal Liberalism in Recession and War* (New York: Vintage, 2011).

4. Friedrich A. Hayek, *The Road to Serfdom* (Chicago: University of Chicago Press, 2007), 58.

5. 转引自 James Chappel, "The Catholic Origins of Totalitarianism Theory in Interwar Europe," *Modern Intellectual History* 8, no. 3 (2011): 579。

6. "The Pathos of Liberalism," *Nation*, September 11, 1935; see also "The Blindness of Liberalism," *Radical Religion*, (Autumn 1936).

7. 转引自 Alan Brinkley, *Liberalism and Its Discontents* (Cambridge, MA: Harvard University Press, 2000), 106, 86。

8. Reinhold Niebuhr, "Let the Liberal Churches Stop Fooling Themselves!," *Christian Century* 48 (March 25, 1931).

9. Thomas P. Neill, *The Rise and Decline of Liberalism* (Milwaukee: Bruce, 1953). See Neill's self-description at http://www.catholicauthors.com/neill.html.

10. James Burnham, *Suicide of the West: An Essay on the Meaning and Destiny of Liberalism* (New York: Encounter, 1964).

11. 转引自 Chappel, "Catholic Origins of Totalitarianism Theory," 590。

12. Eric Voegelin, *The New Science of Politics: An Introduction* (Chicago: University of Chicago Press, 1987), 178.

13. 伯林的演讲稿很容易在网上或者其他地方找到。

14. John Plamenatz, ed., *Readings from Liberal Writers, English and French* (New York: Barnes & Noble, 1965).

15. Judith Shklar, "The Liberalism of Fear," in *Liberalism and the Moral Life*, ed. Nancy Rosenblum (Cambridge, MA: Harvard University Press, 1989), 21 – 38.

16. 一个重要的例外是 Karen Offen, "Defining Feminism: A Comparative Historical Approach," *Signs* 14, no. 1 (1988): 119 – 57; Amy Hackett, "The Politics of Feminism in Wilhelmine Germany, 1890 – 1918" (PhD diss., Columbia University, 1976), 反对女权主义研究中的 "美国偏见"，她指的是过度强调权利作为女权主义的一个目标。

17. Isaac Kramnick, *Republicanism and Bourgeois Radicalism: Political Ideology in Late Eighteenth Century England and America* (Ithaca, NY: Cornell University Press, 1990), 35.

18. Friedrich Sell, *Die Tragödie des deutschen Liberalismus* (Stuttgart: DVA, 1953).

19. 例如 Ralf Dahrendorf, Hajo Holborn, Leonard Krieger, James Sheehan, and Theodore Hamerow 等人的作品。

20. Hans Vorländer, "Is There a Liberal Tradition in Germany?," in *The Liberal Political Tradition: Contemporary Reappraisals*, ed. James Meadowcroft (Cheltenham: Edward Elgar, 1996).

21. 对德国"非自由主义"的优秀文献回顾和批评，参见 Konrad Jarausch, "Illiberalism and Beyond: German History in Search of a Paradigm," *Journal of Modern History* 55, no. 2 (1983): 268 – 84。

22. Geoff Eley, "James Sheehan and the German Liberals: A Critical Appreciation," *Central European History* 14, no. 3 (1981): 273 – 88.

23. David Blackbourn and Richard J. Evans, eds. , *The German Bourgeoisie: Essays on the Social History of the German Middle Class from the Late Eighteenth to the Early Twentieth Century* (London: Routledge, 1991).

24. Jack Hayward, review *of L'individu effacé, History of European Ideas* 24, no. 3 (1998): 239 – 42.

25. Pierre Rosanvallon, *Le capitalisme utopique. Critique de l'idéologie économique* (Paris: Seuil, 1979).

26. Sudhir Hazareesingh, *From Subject to Citizen: The Second Empire and the Emergence of Modern French Democracy* (Princeton: Princeton University Press, 1998), 166, 163.

27. Lucien Jaume, *L'individu effacé ou le paradoxe du libéralisme françaisis* (Paris: Fayard, 1997), 14.

28. Raymond Polin, *Le libéralisme, oui* (Paris: Editions de La Table Ronde, 1984), 186.

29. Philippe Raynaud, "Constant," in *New French Thought*, ed. Mark Lilla (Princeton: Princeton University Press, 2014), 85.

30. François Furet and Mona Ozouf, *Le siècle de l'avènement republican* (Paris: Gallimard, 1993), 20–21.

31. Manent, *Modern Liberty and Its Discontents.*

32. "The Rise of Illiberal Democracy" 是 Fareed Zaria 刊发于 *Foreign Affairs* 76, no. 6 (November-December 1997): 22–43 上的一篇重要文章的标题。还可以参见 William Galston, "The Growing Threat of Illiberal Democracy," *Wall Street Journal*, January 3, 2017。

33. 例如可参见 Peter Berkowitz, *Virtue and the Making of Modern Liberalism* (Princeton: Princeton University Press, 1999); William Galston, *Liberal Purposes* (New York: Cambridge University Press, 1991); and Rosenblum, *Liberalism and the Moral Life*。

参考文献

方法论

Ball, Terence, James Farr, and Russell L. Hanson. "Editors' Introduction." In Ball, Farr, and Hanson, *Political Innovation and Conceptual Change*, 1 – 5.

————, eds. *Political Innovation and Conceptual Change.* Cambridge: Cambridge University Press, 1989.

Ball, Terence. *Transforming Political Discourse: Political Theory and Conceptual History.* Oxford: Blackwell, 1988.

Burke, Martin, and Melvin Richter, eds. *Why Concepts Matter: Translating Social and Political Thought.* Leiden: Brill, 2012.

Farr, James. "Understanding Conceptual Change Politically." In Ball, Farr, and Hanson, *Political Innovation and Conceptual Change*, 24 – 49.

Freeden, Michael. *Ideologies and Political Theory: A Conceptual Approach.* Oxford: Clarendon, 1996.

Hampshire-Monk, Iain, Karin Tilmans, and Frank van Vree, eds. *History of Concepts: Comparative Perspectives.* Amsterdam: Amsterdam University Press, 1998.

Koselleck, Reinhart. *The Practice of Conceptual History: Timing History, Spacing Concepts.* Translated by T. S. Presener et al. Stanford: Stanford University Press, 2002.

Pocock, J. G. A. "Verbalizing a Political Act: Towards a Politics of Speech." In *Language and Politics*, edited by Michael Shapiro, 25 – 43. Oxford: Wiley Blackwell, 1984.

Richter, Melvin. "Begriffsgeschichte and the History of Ideas." *Journal of the History of Ideas* 48, no. 2 (1987): 247 – 63.

————. *The History of Political and Social Concepts: A Critical Introduction.* New York: Oxford University Press, 1995.

————. "Reconstructing the History of Political Languages: Pocock, Skinner and the Geschichtliche Grundbegriffe." *History and Theory* 29, no. 1 (1990): 38 – 70.

Sebastián, Javier Fernández, ed. *Political Concepts and Time: New Approaches to Conceptual History.* Santander: Cantabria University Press, 2011.

Skinner, Quentin. "Meaning and Understanding in the History of Ideas." *History and Theory* 8 (1969): 3 – 53. Reprinted in *Meaning and Context: Quentin Skinner and His Critics*, edited by James Tully. Princeton: Princeton University Press, 1988.

————. "Language and Social Change." In *The State of the Language*, edited by Christopher Ricks and Leonard Michaels, 562 – 78. Berkeley: University of California Press, 1980.

Steinmetz, Willibald, Michael Freeden, and Javier Fernández Sebastián, eds. *Conceptual History in the European Space.* New York: Berghahn, 2017.

论自由、慷慨和自由主义概念的学术作品

Bell, Duncan. "What Is Liberalism?" *Political Theory* 42, no. 6 (2014): 682 – 715.

Bertier de Sauvigny, Guillaume de. "Libéralisme. Aux origines d'un mot." *Commentaire*, no. 7 (1979): 420 – 24.

————. "Liberalism, Nationalism, Socialism: The Birth of Three Words." *Review of Politics* 32 (1970): 151 – 52.

Claeys, Gregory. "'Individualism,' 'Socialism' and 'Social Science': Further Notes on a Conceptual Formation 1800 – 1850." *Journal of the History of Ideas* 47, no. 1 (1986): 81 – 93.

Cox, Richard. "Aristotle and Machiavelli on Liberality." In *The Crisis of Liberal Democracy*, edited by Kenneth L. Deutsch and Walter Soffer, 125 – 47. Albany: State University of New York Press, 1987.

Guerzoni, Guido. "Liberalitas, Magnificentia, Splendor: The Classic Origins of Italian Renaissance Lifestyles." *History of Political Economy* 31, suppl. (1999): 332 – 78.

Gunnell, John G. "The Archaeology of American Liberalism." *Journal of Political Ideologies* 6, no. 2 (2001): 125 – 45.

Hamburger, Philip. "Liberality." *Texas Law Review* 78, no. 6 (2000): 1215 – 85.

Leonhard, Jörn. "From European Liberalism to the Languages of Liberalisms: The Semantics of *Liberalism* in European Comparison." *Redescriptions* 8 (2004): 17 – 51.

————. *Liberalismus. Zur historischen Semantik eines europäische Deutungsmusters.* Munich: R. Oldernbourg Verlag, 2001.

Manning, C. E. "'Liberalitas' — The Decline and Rehabilitation of a Virtue." *Greece & Rome* 32, no. 1 (April 1985): 73 – 83.

Opal, Jason M. "The Labors of Liberality: Christian Benevolence and National Prejudice in the American Founding." *Journal of American History* 94 (2008): 1082 – 1107.

Rotunda, Ronald. *The Politics of Language: Liberalism as Word and Symbol.* Iowa City: University of Iowa Press, 1986.

Sahagun, Alberto. "The Birth of Liberalism: The Making of Liberal Political Thought in Spain, France and England 1808 – 1823." PhD diss., Washington University in St. Louis, 2009.

Sebastián, Javier Fernández. "Liberales y Liberalismo en Espana, 1810 – 1850. La Forja de un Concepto y la Creacion de una Identidad Politica." In *La aurora de la libertad. Los primeros liberalism en el mundo iberomaricano*, edited by Javier Fernández Sebastián, 265 – 306. Madrid: Marcial Pons Historia,

2012.

————. "Liberalismos nacientes en el Atlántico iberoamericano. 'Liberal' como concepto y como identitad política, 1750 – 1850. " In *Iberconceptos*, edited by

Javier Fernández Sebastián. Vol. 1, *Diccionario político y social del mundo iberoamericano*: *La era de las revoluciones*, *1750 – 1850*, edited by C. Aljovìn de Losada et al. Madrid: Fundación Carolina-SECC-CEPC, 2009.

————. "The Rise of the Concept of 'Liberalism': A Challenge to the Centre/Periphery Model?" In *Transnational Concepts*, *Transfers and the Challenge of the Peripheries*, edited by Gürcan Koçn, 182 – 200. Istanbul: Istanbul Technical University Press, 2008.

Thomson, Arthur. " 'Liberal': Några anteckningar till ordets historia. " In *Festskrift tillägnad Theodor Hjelmqvist pä sextiårsdagen den 11 april 1926*, 147 – 91. Lund: Carl Bloms Boktryckeri, 1926.

Vierhaus, Rudolf. "Liberalismus. " In *Geschichtliche Grundbegriffe. Historisches Lexikon zur politisischsozialen Sprache in Deutschland*, vol. 3, edited by Reinhart Koselleck, Otto Bruner, and Werner Conze, 744 – 85. Stuttgart: E. Klett, 1972 – 93.

Walther, Rudolf. "Economic Liberalism. " Translated by Keith Tribe. *Economy and Society* 13, no. 2 (1984): 178 – 207.

自由主义宗教及其批评者

Aner, Karl. *Die Theologie der Lessingzeit*. Halle: Niemeyer, 1929.

Arlinghaus, Francis A. "British Public Opinion and the *Kulturkampf* in Germany, 1871 – 75. " *Catholic Historical Review* 34, no. 4 (1949): 385 – 413.

Best, G. F. A. "The Religious Difficulties of National Education in England, 1800 – 70. " *Cambridge Historical Journal* 12, no. 2 (1956): 155 – 73.

Biagini, Eugenio F. "Mazzini and Anticlericalism: The English Exile. "

In Giuseppe Mazzini and the Globalisation of Democratic Nationalism, *1830 – 1920*, edited by C. A. Bayly and Eugenio F. Biagini, 145 – 66. Oxford: Oxford University Press, 2008.

Bigler, Robert. *The Politics of German Protestantism: The Rise of the Protestant Church Elite in Prussia, 1815 – 1848.* Berkeley: University of California Press, 1972.

Blackbourn, David. "Progress and Piety: Liberalism, Catholicism and the State in Imperial Germany." *History Workshop Journal* 26 (1988): 57 – 78.

Bokenkotter, Thomas. *Church and Revolution: Catholics and the Struggle for Democracy and Social Justice.* New York: Random House, 2011.

Buehrens, John. *Universalists and Unitarianism in America: A People's History.* Boston: Skinner House Books, 2011.

Burleigh, Michael. *Earthly Powers: The Clash of Religion and Politics in Europe from the French Revolution to the Great War.* New York: HarperCollins, 2005.

Cabanel, Patrick. *Le Dieu de la République. Aux sources protestantes de la laïcité (1860 – 1900)* . Rennes: Presses universitaires de Rennes, 2003.

——————. *Les Protestants et la République.* Paris: Editions Complexe, 2000.

Carey, Patrick. *Catholics in America: A History.* Westport, CT: Praeger, 2004.

Carlsson, Eric. "Johann Salomo Semler, the German Enlightenment and Protestant Theology's Historical Turn." PhD diss. , University of Wisconsin-Madison, 2006.

Clark, Christopher, and Wolfram Kaiser, eds. *Culture Wars: Secular-Catholic Conflict in Nineteenth-Century Europe.* Cambridge: Cambridge University Press, 2003.

Cross, Robert. *The Emergence of Liberal Catholicism in America.* Chicago: Quadrangle, 1968.

Dolan, Jay. *The American Catholic Experience: A History from Colonial Times to the Present.* Garden City, NY: Doubleday, 1987.

Dorrien, Gary. *The Making of American Liberal Theology: Imagining Progressive*

Religion, 1805 – 1900. Louisville: Westminster John Knox, 2001.

Douglass, R. Bruce, and David Hollenbach, eds. *Catholicism and Liberalism.* Cambridge: Cambridge University Press, 1994.

Grodzins, Dean. *American Heretic: Theodore Parker and Transcendentalism.* Chapel Hill: University of North Carolina Press, 2002.

Gross, Michael. "The Catholics' Missionary Crusade and the Protestant Revival in Nineteenth-Century Germany." In *Protestants, Catholics and Jews in Germany, 1800 – 1914*, edited by H. Walser Smith, 245 – 66. New York: Berg.

———. *The War against Catholicism: Liberalism and the Anti-Catholic Imagination in Nineteenth-Century Germany.* Ann Arbor: University of Michigan Press, 2005.

Hamburger, Philip. *Separation of Church and State.* Cambridge, MA: Harvard University Press, 2002.

Heimert, Alan. *Religion and the American Mind.* Cambridge, MA: Harvard University Press, 1968.

Herzog, Dagmar. "Anti-Judaism in Intra-Christian Conflicts: Catholics and Liberals in Baden in the 1840s." *Central European History* 27 (1994): 267 – 81.

———. *Intimacy and Exclusion: Religious Politics in Pre-revolutionary Baden.* Princeton: Princeton University Press, 1996.

Hill, Ronald. *Lord Acton.* New Haven, CT: Yale University Press, 2000.

Hollinger, David. *After Cloven Tongues of Fire: Protestant Liberalism in Modern American History.* Princeton: Princeton University Press, 2013.

Hopkins, Charles Howard. *The Rise of the Social Gospel in American Protestantism, 1865 – 1915.* New Haven, CT: Yale University Press, 1940.

Hurth, Elisabeth. "Sowing the Seeds of 'Subversion': Harvard's Early Göttingen Students." In *Studies in the American Renaissance*, edited by Joel Myerson, 91 – 106. Charlottesville: University of Virginia Press, 1992.

Isabella, Maurizio. "Citizens or Faithful? Religion and the Liberal Revolutions of the 1820s in Southern Europe. " *Modern Intellectual History* 12, no. 3 (2015): 555 – 78.

Jacoby, Susan. *Freethinkers: A History of American Secularism.* New York: Metropolitan Books, 2005.

Joskowicz, Ari. *The Modernity of Others: Jewish Anti-Catholicism in Germany and France.* Stanford: Stanford University Press, 2014.

Kittelstrom, Amy. *The Religion of Democracy: Seven Liberals and the American Moral Tradition.* New York: Penguin, 2015.

Kroen, Sheryl. *Politics and Theater: The Crisis of Legitimacy in Restoration France.* Berkeley: University of California Press, 2000.

————. " Revolutionizing Religious Politics during the Restoration. " *Historical Studies* 21, no. 1 (1998): 27 – 53.

Kuklick, Bruce. *Churchmen and Philosophers: From Jonathan Edwards to John Dewey.* New Haven, CT: Yale University Press, 1985.

Lee, James Mitchell. "Charles Villers and German Thought in France, 1797 – 1804. " *Proceedings of the Annual Meeting of the Western Society for French History* 25 (1998): 55 – 66.

Lyons, Martyn. " Fires of Expiation: Book-Burnings and Catholic Missions in Restoration France. " *French History* 10, no. 2 (1996): 240 – 66.

MacKillop, I. D. *The British Ethical Societies.* Cambridge: Cambridge University Press.

Martin, Benjamin, Jr. " The Creation of the Action Libérale Populaire: An Example of Party Formation in Third Republic France. " *French Historical Studies* 9, no. 4 (1976): 660 – 89.

McGreevy, John. *Catholicism and American Freedom. A History.* New York: Norton, 2003.

Meyer, Michael. *Response to Modernity: A History of the Reform Movement in Judaism.* Detroit: Wayne State University Press, 1995.

Moyn, Samuel. "Did Christianity Create Liberalism?" *Boston Review* 40, no. 1

(2015): 50 – 55.

Murphy, Howard R. "The Ethical Revolt against Christian Orthodoxy in EarlyVictorian England." *American Historical Review* 60 (1955): 800 – 817.

Nord, Philip. "Liberal Protestants." In *The Republican Moment: Struggles for Democracy in Nineteenth-Century France*, edited by Philip Nord, 90 – 114. Cambridge, MA: Harvard University Press, 1998.

Perreau-Saussine, Emile. *Catholicism and Democracy: An Essay in the History of Political Thought*. Translated by Richard Rex. Princeton: Princeton UniversityPress, 2012.

Phayer, J. Michael. "Politics and Popular Religion: The Cult of the Cross in France, 1815 – 1840." *Journal of Social History* 2, no. 3 (1978): 346 – 65.

Printy, Michael. "Protestantism and Progress in the Year XII: Charles Villers' *Essay on Spirit and Influence of Luther's Reformation* (1804)." *Modern Intellectual History* 9, no. 2 (2012): 303 – 29.

Rader, Benjamin. "Richard T. Ely: Lay Spokesman for the Social Gospel." *Journal of American History* 53, no. 1 (1966): 61 – 74.

Riasanovsky, Maria. "Trumpets of Jericho: Domestic Missions and Religious Revivalin France." PhD diss., Princeton University, 2001.

Richter, Melvin. *The Politics of Conscience: T. H. Green and His Age*. Cambridge, MA: Harvard University Press, 1974.

————. "T. H. Green and His Audience: Liberalism as a Surrogate Faith." *Review of Politics* 18, no. 4 (1956): 444 – 72.

Rosenblatt, Helena. *Liberal Values: Benjamin Constant and the Politics of Religion*. Cambridge: Cambridge University Press, 2008.

————. "Sismondi, from Republicanism to Liberal Protestantism." In *Sismondi: Républicanisme moderne et libéralisme critique / Modern Republicanism and Critical Liberalism*, edited by Béla Kapossy and Pascal Bridel, 123 – 43. Geneva: Slatkine, 2013.

Ross, Ronald J. *The Failure of Bismarck's Kulturkampf: Catholicism and State Power in Imperial Germany, 1871 – 1887.* Washington, DC: Catholic University of America Press, 1998.

Rurup, Reinhard. "German Liberalism and the Emancipation of the Jews." *Leo Baeck Institute Yearbook* 20 (1975): 59 – 68.

Sevrin, Ernst. *Les missions religieuses en France sous la Restauration, 1815 – 1830.* Saint-Mandé: Procure des prêtres de la Miséricorde, 1948.

Sperber, Jonathan. "Competing Counterrevolutions: The Prussian State and the Catholic Church." *Central European History* 19 (1986): 45 – 62.

Stoetzler, Marcel. *The State, the Nation, and the Jews: Liberalism and the Antisemitism Dispute in Bismarck's Germany.* Lincoln: University of Nebraska Press, 2008.

Vance, Norman. *The Sinews of the Spirit: The Ideal of Christian Manliness in Victorian Literature and Religious Thought.* Cambridge: Cambridge University Press, 1985.

Verhoeven, Timothy. *Transatlantic Anti-Catholicism: France and the United States in the Nineteenth Century.* New York: Palgrave Macmillan, 2010.

Weill, Georges. *Histoire du Catholicisme libéral en France 1828 – 1908.* Paris: F. Alcan, 1909.

Wright, Conrad. *The Beginnings of Unitarianism in America.* Boston: Beacon, 1960.

————. *The Liberal Christians.* Boston: Beacon, 1970.

经济自由主义、社会主义和福利国家的起源

Adcock, Robert. *Liberalism and the Emergence of American Political Science: A Transatlantic Tale.* Oxford: Oxford University Press, 2014.

Audier, Serge. *Le Socialisme libéral.* Paris: La Découverte, 2006.

Beck, Hermann. *The Origins of the Authoritarian Welfare State in Prussia: Conservatives, Bureaucracy and the Social Question, 1815 – 70.* Ann Arbor:

University of Michigan Press, 1997.

Chase, Malcom. *Chartism: A New History.* Manchester: Manchester University Press, 2007.

Claeys, Gregory. *Citizens and Saints: Politics and Anti-politics in Early British Socialists.* Cambridge: Cambridge University Press, 1989.

————. " 'Individualism,' 'Socialism' and 'Social Science': Further Notes on a Conceptual Formation 1800 – 1850. " *Journal of the History of Ideas* 47, no. 1 (1986): 81 –93.

————. *Machinery, Money and the Millennium: From Moral Economy to Socialism 1815 – 1860.* Princeton: Princeton University Press, 1987.

Cohen, Nancy. *The Reconstruction of American Liberalism, 1865 – 1914.* ChapelHill: University of North Carolina Press, 2002.

Collini, Stefan. *Liberalism and Sociology: L. T. Hobhouse and Political Argument in England, 1880 – 1914.* Cambridge: Cambridge University Press, 1983.

Digeon, Claude. *La Crise Allemande de la pensée française* (1870 – 1914). Paris: PUF, 1959.

Dorfman, Joseph. " Role of the German Historical School in American Economic Thought. " *American Economic Review* 45, no. 2 (1955): 17 – 28.

Fine, Sidney. *Laissez Faire and the General-Welfare State.* Ann Arbor: University of Michigan Press, 1969.

————. " Richard T. Ely, Forerunner of Progressivism, 1880 – 1901. " *Mississippi Valley Historical Review* 37 (1951): 599 – 624.

Forcey, Charles. *The Crossroads of Liberalism. Croly, Weyl, Lippmann and the Progressive Era 1900 – 1925.* Oxford: Oxford University Press, 1961.

Forget, Evelyn. "Jean-Baptiste Say and Spontaneous Order. " *History of Political Economy* 33, no. 2 (2001): 193 – 218.

Freeden, Michael. *Liberal Languages: Ideological Imaginations and Twentieth-Century Progressive Thought.* Princeton: Princeton University Press, 2005.

—————. *Liberalism Divided*: *A Study in British Political Thought*, 1914 – 1939. Oxford: Oxford University Press, 1986.

—————. *The New Liberalism*. Oxford: Clarendon, 1978.

Fried, Barbara. *The Progressive Assault on Laissez Faire*: *Robert Hale and the First Law and Economics Movement*. Cambridge, MA: Harvard University Press, 1998.

Fries, Sylvia. "*Staatstheorie* and the New American Science of Politics. " *Journal of the History of Ideas* 34, no. 3 (1973): 391 – 404.

Gambles, Anna. *Protection and Politics in Conservative Economic Discourse*, *1815 – 1852*. Suffolk: Boydell Press, 1999.

Goldman, Eric. *Rendezvous with Destiny*: *A History of Modern American Reform*. New York: Ivan R. Dee, 2001.

Green, David. *Shaping Political Consciousness*: *The Language of Politics from McKinley to Reagan*. Ithaca, NY: Cornell University Press, 1987.

Hart, David M. "Class Analysis, Slavery and the Industrialist Theory of History in French Liberal Thought, 1814 – 1830: The Radical Liberalism of Charles Comte and Charles Dunoyer. " http: //davidmhart. com/liberty/Papers/ComteDunoyer/CCCD-PhD/CCCD-longthesis1990. pdf.

Hayward, J. E. S. "The Official Social Philosophy of the French Third Rep: Léon Bourgeois and Solidarism. " *International Review of Social History* 6 (1961): 19 – 48.

—————. "Solidarity: The Social History of an Idea in Nineteenth-Century France. " *International Review of Social History* 4 (1959): 261 – 84.

Herbst, Jurgen. *The German Historical School in American Scholarship*: *A Study in the Transfer of Culture*. Ithaca, NY: Cornell University Press, 1965.

Hirsch, Jean-Pierre. "Revolutionary France, Cradle of Free Enterprise. " *American Historical Review* 94 (1989): 1281 – 89.

Hirsch, Jean-Pierre, and Philippe Minard. " 'Libérez-nous, Sire, protégez-nous beaucoup ': Pour une histoire des pratiques institutionnelles dans l'industrie française, XVIIIème – XIXème siècles. " In *La France n'est-elle pas douée pour l'industrie?*, edited by Louis Bergeron and Patrice Bourdelais, 135 – 58. Paris: Belin, 1998.

Horn, Jeff. *The Path Not Taken: French Industrialization in the Age of Revolution, 1750 – 1830.* Cambridge, MA: MIT Press, 2006.

Horne, Janet. *A Social Laboratory for Modern France: The Musée Social and the Rise of the Welfare State.* Durham, NC: Duke University Press, 2002.

Kloppenberg, James. *Uncertain Victory: Social Democracy and Progressivism in European and American Thought, 1870 – 1920.* New York: Oxford University Pres, 1986.

Koven, Seth, and Sonya Michel, eds. *Mothers of a New World: Maternalist Politics and the Origins of Welfare States.* New York: Routledge, 1993.

Leroux, Robert. *Political Economy and Liberalism in France: The Contributions of Frédéric Bastiat.* New York: Routledge, 2011.

Levy, David. *Herbert Croly of the New Republic: The Life and Thought of an American Progressive.* Princeton: Princeton University Press, 1985.

Lutfalla, Michel. "Aux Origines du libéralisme économique en France: Le *Journal des Economistes.* Analyse du contenu de la première série 1841 – 1853. " *Revue d'histoire économique et sociale* 50 (1972): 495 – 516.

Mandler, Peter. *Liberty and Authority in Victorian Britain.* Oxford: Oxford University Press, 2006.

Minart, Gérard. *Frédéric Bastiat (1801 – 1850): La croisé du libreéchange.* Paris: Editions Harmattan, 2004.

Mitchell, Allan. *The Divided Path: The German Influence on Social Reform in France after 1870.* Chapel Hill: University of North Carolina Press, 2010.

Moon, Parker Thomas. *The Labor Problem and the Social Catholic Movement in France: A Study in the History of Social Politics.* New York: Macmillan, 1921.

Myles, Jack. "German Historicism and American Economics: A Study of the

Influence of the German Historical School on American Economic Thought. " PhD diss. , Princeton University, 1956.

Nord, Philip. "Republicanism and Utopian Vision: French Freemasonry in the 1860s and 1870s. " *Journal of Modern History* 63, no. 2 (1991): 213 – 29.

————. "The Welfare State in France 1870 – 1914. " *French Historical Studies* 18, no. 3 (1994): 821 –38.

Palen, Marc-William. *The " Conspiracy" of Free Trade. The Anglo-American Struggle over Empire and Economic Globalisation, 1846 – 1896.* Cambridge: Cambridge University Press, 2016.

Pilbeam, Pamela. *French Socialists before Marx: Workers, Women and the Social Question in France.* Montreal: McGill-Queen's University Press, 2000.

Roberts, David. *The Victorian Origins of the British Welfare State.* New Haven, CT: Yale University Press, 1960.

Rodgers, Daniel. *Atlantic Crossings: Social Politics in a Progressive Age.* Cambridge, MA: Harvard University Press, 2000.

Rohr, Donald. *The Origins of Social Liberalism in Germany.* Chicago: University of Chicago Press, 1963.

Ross, Dorothy. *The Origins of American Social Science.* Cambridge: Cambridge University Press, 1992.

Russell, Dean. "Frederic Bastiat and the Free Trade Movement in France and England, 1840 – 1850. " PhD thesis, University of Geneva, 1959.

Ryan, Alan. *John Dewey and the High Tie of American Liberalism.* New York: Norton, 1997.

Schäfer, Axel R. *American Progressives and German Social Reform, 1875 – 1920: Social Ethics, Moral Control and the Regulatory State in a Transatlantic Context.* Stuttgart: Franz Steiner Verlag, 2000.

Seidman, Steven. *Liberalism and the Origins of European Social Theory.* Berkeley: University of California Press, 1984.

Sherman, Dennis. "The Meaning of Economic Liberalism in Mid-Nineteenth

Century France. " *History of Political Economy* 6, no. 2 (1974): 171 –99.

Sorenson, Lloyd R. "Some Classical Economists, *Laissez Faire*, and the Factory Acts. " *Journal of Economic History* 12, no. 3 (1952): 247 –62.

Steiner, Philippe. "Competition and Knowledge: French Political Economy as a Science of Government. " In *French Liberalism from Montesquieu to the Present Day*, edited by Raf Geenens and Helena Rosenblatt, 192 – 207. Cambridge: Cambridge University Press, 2012.

————. "Jean-Baptiste Say, la société industrielle et le libéralisme. " In *La Pensée libérale. Histoire et controverses*, edited by Gilles Kévorkian, 105 – 32. Paris: Ellipses, 2010.

Stettner, Edward. *Shaping Modern Liberalism: Herbert Croly and Progressive Thought.* Lawrence: University Press of Kansas, 1993.

Stone, Judith. *The Search for Social Peace: Reform Legislation in France, 1890 – 1914.* Albany: State University of New York Press, 1985.

Todd, David. *L'Identité économique de la France. Libre-échange et protectionnisme, 1814 – 1851.* Paris: Grasset, 2008.

Tyrell, Ian. *Reforming the World: The Creation of America's Moral Empire.* Princeton: Princeton University Press, 2010.

Walker, Kenneth O. "The Classical Economists and the Factory Acts. " *Journal of Economic History* 1, no. 2 (1941): 168 – 77.

Walther, Rudolf. "Economic Liberalism. " Translated by Keith Tribe. *Economy and Society* 13, no. 2 (1984): 178 – 207.

Warshaw, Dan. *Paul Leroy-Beaulieu and Established Liberalism in France.* DeKalb: Northern Illinois University Press, 1991.

Weiler, Peter. *The New Liberalism: Liberal Social Theory in Great Britain, 1889 – 1914.* London: Routledge, 1982.

Weiss, John. "Origins of the French Welfare State: Poor Relief in the Third Republic, 1871 – 1914. " *French Historical Studies* 13, no. 1 (1983): 47 – 78.

White, Lawrence H. "William Leggett: Jacksonian Editorialist as Classical Liberal Political Economist." *History of Political Economy* 18, no. 2 (1986): 307 – 24.

殖民地、盎格鲁－撒克逊主义、种族

Anderson, Stuart. *Race and Rapprochement: Anglo-Saxonism and Anglo-American Relations, 1895 – 1904*. Madison, NJ: Fairleigh Dickinson University Press, 1981.

Ballantyne, Tony. "The Theory and Practice of Empire-Building. Edward Gibbon Wakefield and "Systematic Colonisation." In *The Routledge History of Western Empires*, edited by Robert Aldrich and Kirsten McKenzie, 89 – 101. London: Routledge, 2014.

Belich, James. *Replenishing the Earth: The Settler Revolution and the Rise of the Anglo-World, 1783 – 1939*. Oxford: Oxford University Press, 2009.

Bell, Duncan. *The Idea of Greater Britain: Empire and the Future of World Order 1860 – 1900*. Princeton: Princeton University Press, 2007.

————. *Reordering the World: Essays on Liberalism and Empire*. Princeton: Princeton University Press, 2016.

Buheiry, Marwan. "Anti-colonial Sentiment in France during the July Monarchy: The Algerian Case." PhD diss., Princeton University, 1973.

Burrows, Mathew. "'Mission Civilisatrice': French Cultural Policy in the Middle East, 1860 – 1914." *Historical Journal* 29, no. 1 (1986): 109 – 35.

Cain, Peter. "Character, 'Ordered Liberty' and the Mission to Civilize: British Moral Justification of Empire, 1870 – 1914." *Journal of Imperial and Commonwealth History* 40, no. 4 (2012): 557 – 78.

————, ed. *Empire and Imperialism: The Debate of the 1870s*. South Bend, IN: Saint Augustine's Press, 1999.

————. *Hobson and Imperialism*. Oxford: Oxford University Press, 2002.

————. "Radicals, Gladstone, and the Liberal Critique of Disraelian

'Imperialism. '" In *Victorian Visions of Global Order*, edited by Duncan Bell, 215 – 39. Cambridge: Cambridge University Press, 2007.

Claeys, Gregory. *Imperial Sceptics: British Critics of Empire, 1850 – 1920*. Cambridge: Cambridge University Press, 2010.

Conklin, Alice. *A Mission to Civilize: The Republican Idea of Empire in France and West Africa, 1895 – 1930*. Stanford: Stanford University Press, 1997.

Conrad, Sebastian. *German Colonialism: A Short History*. Cambridge: Cambridge University Press, 2012.

Cullinane, Michael Patrick. *Liberty and American Anti-Imperialism, 1898 – 1909*. New York: Palgrave Macmillan, 2012.

Davis, David Brion. *The Problem of Slavery in the Age of Revolution 1770 – 1823*. New York: Vintage, 2014.

Démier, Francis. "Adam Smith et la reconstruction de l'empire français au lendemain de l'episode révolutionnaire. " *Cahiers d'économie politique* 27, no. 1 (1996): 241 – 76.

Freeden, Michael. "Eugenics and Progressive Thought: A Study in Ideological Affinity. " *Historical Journal* 22, no. 3 (1979): 645 – 71.

————. "Eugenics and Progressive Thought: A Study in Ideological Affinity. " In *Liberal Languages, Ideological Imaginations and Twentieth-Century Progressive Thought*, 144 – 72. Princeton: Princeton University Press, 2005.

Gallagher, John, and Ronald Robinson. "The Imperialism of Free Trade. " *Economic History Review*, 2nd ser. , 6 (1953): 1 – 15.

Gavronsky, Serge. "Slavery and the French Liberals an Interpretation of the Role of Slavery in French Politics during the Second Empire. " *Journal of Negro History* 51, no. 1 (1966): 36 – 52.

Gerstle, Gary. *American Crucible: Race and Nation in the Twentieth Century*. Princeton: Princeton University Press, 2017.

Hall, Ian, ed. *British International Thinkers from Hobbes to Namier*. New York: Palgrave Macmillan, 2009.

Haller, Mark H. *Eugenics: Hereditarian Attitudes in American Thought.* New Brunswick, NJ: Rutgers University Press.

Hart, David M. "Class Analysis, Slavery and the Industrialist Theory of History in French Liberal Thought, 1814 – 1830: The Radical Liberalism of Charles Comte and Charles Dunoyer. " http: //davidmhart. com/liberty/ Papers/ComteDunoyer/CCCD-PhD/CCCD-longthesis1990. pdf.

Hofstadter, Richard. *Social Darwinism in American Thought.* Boston: Beacon, 1944.

Horsman, Reginald. "The Origins of Racial Anglo-Saxonism in Great Britain before 1850. " *Journal of the History of Ideas* 37, no. 3 (1976): 387 – 410.
————. *Race and Manifest Destiny.* Cambridge, MA: Harvard University Press, 2009.

Kahan, Alan. "Tocqueville: Liberalism and Imperialism. " In *French Liberalism from Montesquieu to the Present Day,* edited by Raf Geenens and Helena Rosenblatt, 152 – 68. Cambridge: Cambridge University Press, 2012.

Kevles, Daniel J. *In the Name of Eugenics: Genetics and the Uses of Human Heredity.* Cambridge, MA: Harvard University Press, 1998.

Klaus, Alisa. "Depopulation and Race Suicide: Maternalism and Pronatalist Ideologies in France and the United States. " In *Mothers of a New World: Maternalist Politics and the Origins of Welfare States,* edited by Seth Koven and Sonya Michel, 188 – 212. New York: Routledge, 1993.

Koebner, Richard, and Helmut Dan Schmidt. *Imperialism: The Story and Significance of a Political Word.* Cambridge: Cambridge University Press, 1964.

Kramer, Paul. "Empires, Exceptions, and Anglo-Saxons: Race and Rule between the British and United States Empire, 1880 – 1910. " *Journal of American History* 88, no. 4 (2002): 1315 – 53.

Kwon, Yun Kyoung. "When Parisian Liberals Spoke for Haiti: French Anti-slavery Discourses on Haiti under the Restoration, 1814 – 30. " *Atlantic*

Studies: *Global Currents* 8, no. 3 (2011): 317 – 41.

Leonard, Thomas. *Illiberal Reformers*: *Race*, *Eugenics and American Economics in the Progressive Era.* Princeton: Princeton University Press, 2016.

Losurdo, Domenico. *Liberalism*: *A Counter-History.* Translated by Gregory Elliott. London: Verso, 2011.

Matthew, H. C. G. *The Liberal Imperialists*: *The Ideas and Politics of a Post-Gladstonian élite.* Oxford: Oxford University Press, 1973.

Mehta, Uday. *Liberalism and Empire*: *A Study in Nineteenth-Century British Social Thought.* Chicago: University of Chicago Press, 1999.

Moses, Dirk, ed. *Genocide and Settler Society.* Oxford: Oxford University Press, 2004.

Pitt, Alan. "A Changing Anglo-Saxon Myth: Its Development and Function in French Political Thought, 1860 – 1914. " *French History* 14, no. 2 (2000): 150 – 73.

Pitts, Jennifer. "Political Theory of Empire and Imperialism. " *Annual Review of Political Science* 13 (2010): 211 – 35.

————. "Republicanism, Liberalism and Empire in Post-revolutionary France. " In *Empire and Modern Political Thought*, edited by Sankar Muthu, 261 – 91. Cambridge: Cambridge University Press, 2012.

————. *A Turn to Empire*: *The Rise of Imperial Liberalism in Britain and France.* Princeton: Princeton University Press, 2009.

Plassart, Anna. "'Un impérialiste libéral?' Jean-Baptiste Say on Colonies and the Extra-European World. " *French Historical Studies* 32, no. 2 (2009): 223 – 50.

Richter, Melvin. "Tocqueville on Algeria. " *Review of Politics* 25, no. 3 (1963): 362 – 98.

Ryan, A. "Introduction. " In *J. S. Mill's Encounter with India*, edited by Martin I. Moir, Douglas M. Peers, and Lynn Zastoupil, 3 – 17. Toronto: University of Toronto Press, 1999.

Schneider, William. "Toward the Improvement of the Human Race: The History of Eugenics in France." *Journal of Modern History* 54, no. 2 (1982): 268–91.

Searle, G. R. *The Quest for National Efficiency. A Study in British Politics and Political Thought, 1899–1914.* Berkeley: University of California Press, 1971.

Semmel, Bernard. *The Liberal Ideal and the Demons of Empire: Theories of Imperialism from Adam Smith to Lenin.* Baltimore: Johns Hopkins University Press, 1993.

————. *The Rise of Free Trade Imperialism: Classical Political Economy, the Empire of Free Trade and Imperialism 1750–1850.* Cambridge: Cambridge University Press, 1970.

Sessions, Jennifer. *By Sword and Plow: France and the Conquest of Algeria.* Ithaca, NY: Cornell University Press, 2015.

Steiner, Philippe. "Jean-Baptiste Say et les colonies ou comment se débarrasser d'un héritage intempestif." *Cahiers d'économie politique* 27–28 (1996): 153–73.

Sullivan, E. P. "Liberalism and Imperialism: J. S. Mill's Defense of the British Empire." *Journal of the History of Ideas* 44, no. 4 (1983): 599–617.

Taylor, Miles. "Imperium et Libertas?" *Journal of Imperial and Commonwealth History* 19, no. 1 (1991): 1–23.

Todd, David. "Transnational Projects of Empire in France, c. 1815–c. 1870." *Modern Intellectual History* 12, no. 2 (2015): 265–93.

Welch, Cheryl. "Colonial Violence and the Rhetoric of Evasion: Tocqueville on Algeria." *Political Theory* 31, no. 2 (2003): 235–64.

Winks, Robin. "Imperialism." In *The Comparative Approach to American History*, edited by C. Vann Woodward, 253–70. Oxford: Oxford University Press, 1998.

Wolfe, Patrick. "Settler Colonialism and the Elimination of the Native." *Journal of Genocide Research* 8, no. 4 (2006): 387–409.

自由国际主义

Adams, Iestyn. *Brothers across the Ocean: British Foreign Policy and the Origins of the Anglo-American Special Relationship 1900 – 1905*. London: I. B. Tauris, 2005.

Bayly, C. A. "Rammohan Roy and the Advent of Constitutional Liberalism in India, 1800 – 1830. " *Modern Intellectual History* 4 (2007): 25 – 41.

——————. *Recovering Liberties: Indian Thought in the Age of Liberalism and Empire*. Cambridge: Cambridge University Press, 2011.

Bell, Duncan. "Beyond the Sovereign State: Isopolitan Citizenship, Race and Anglo-American Union. " *Political Studies* 62, no. 2 (2014): 418 – 34

Hall, Ian, ed. *British International Thinkers from Hobbes to Namier*. New York: Palgrave Macmillan, 2009.

Isabella, Maurizio. *Risorgimento in Exile: Italian Emigres and the Liberal International in the Post-Napoleonic Era*. Oxford: Oxford University Press 2009.

Neely, Sylvia. "The Politics of Liberty in the Old World and the New: Lafayette's Return to America. " *Journal of the Early Republic* 6 (1986): 151 – 71.

Recchia, Stefano, and Nadia Urbinati, eds. *A Cosmopolitanism of Nations: Giuseppe Mazzini's Writings on Democracy, Nation Building, and International Relations*. Translated by Stefano Recchia. Princeton: Princeton University Press, 2009.

Rodriguez, Jaime, ed. *The Divine Charter: Constitutionalism and Liberalism in Nineteenth-Century Mexico*. Lanham, MD: Rowman & Littlefield, 2007.

Smith, Denis Mack. *Mazzini*. New Haven, CT: Yale University Press, 1994.

自由教育

Acomb, Evelyn. *The French Laic Laws (1879 – 1889): The First Anticlerical

Campaign of the Third French Republic. New York: Columbia University Press, 1941.

Beisel, Neisel. *Imperiled Innocents: Anthony Comstock and Family Reproduction in Victorian America.* Princeton: Princeton University Press, 1997.

Bradford, Roderick. *D. M. Bennett: The Truth Seeker.* Amherst, NY: Prometheus Books, 2006.

Burnham, John C. "The Progressive Era Revolution in American Attitudes toward Sex. " *Journal of American History* 59, no. 4 (1973): 885 – 908.

Cabanel, Patrick. *Le Dieu de la République. Aux sources protestantes de la laïcité (1860 – 1900)* . Rennes: Presses Universitaires de Rennes, 2003.

Chase, George. "Ferdinand Buisson and Salvation by National Education. " In *L'offre d'école: éléments pour une étude comparée des politiques éducatives au XIXe siècle: actes du troisième colloque international, Sèvres, 27 – 30 septembre 1981*, 263 – 75. Paris: Publications de la Sorbonne, 1983.

Clark, Linda L. *Schooling the Daughters of Marianne.* Albany: State University of New York Press, 1984.

Frisken, Amanda. "Obscenity, Free Speech, and ' Sporting News ' in 1870s America. " *Journal of American Studies* 42, no. 3 (2008): 537 – 77.

Gordon, Linda. "Voluntary Motherhood: The Beginnings of Feminist Birth Control in the United States. " *Feminist Studies* 1, nos. 3 – 4 (1973): 5 – 22.

Harrigan, Patrick J. "Church, State, and Education in France from the Falloux to the Ferry Laws: A Reassessment. " *Canadian Journal of History* 36, no. 1 (2001): 51 – 83.

Horvath, Sandra A. "Victor Duruy and the Controversy over Secondary Education for Girls. " *French Historical Studies* 9, no. 1 (1975): 83 – 104.

Katznelson, Ira, and Margaret Weir. *Schooling for All: Class, Race, and the Decline of the Democratic Ideal.* New York: Basic Books, 1985.

Kimball, Bruce. *Orators and Philosophers: A History of the Idea of Liberal Education.*

New York: Teachers College Press, 1986.

Lefkowitz Horowitz, Helen. *Rereading Sex: Battles over Sexual Knowledge and Suppression in Nineteenth-Century America.* New York: Knopf, 2002.

Ligou, Daniel. *Frédéric Desmons et la franc-maçonnerie sous la 3e république.* Paris: Gedlage, 1966.

Loeffel, Laurence. *La Morale à l'école selon Ferdinand Buisson.* Paris: Tallandier, 2013.

Margadant, Jo Burr. *Madame le Professeur: Women Educators in the Third Republic.* Princeton: Princeton University Press, 1990.

Nash, Margaret. *Women's Education in the United States, 1780 - 1840.* New York: Palgrave Macmillan, 2005.

Ognier, Pierre. *Une école sans Dieu? 1880 - 1895. L'invention d'une moral laïque sous la IIIème république.* Toulouse: Presses universitaires du Mirail, 2008.

Ozouf, Mona. *L'Ecole, l'Eglise et la République.* Paris: PTS, 2007.

Ponteil, Felix. *Histoire de l'enseignement, 1789 - 1965.* Paris: Sirey, 1966.

Prost, Antoine, *L'enseignement en France, 1800 - 1967.* Paris: Armand Colin, 1968.

Rabban, David. *Free Speech in the Forgotten Years, 1870 - 1920.* Cambridge: Cambridge University Press, 1999.

Sears, Hal D. *The Sex Radicals: Free Love in High Victorian America.* Lawrence: University Press of Kansas, 1977.

Stock-Morton, Phyllis. *Moral Education for a Secular Society: The Development of Morale Laïque in Nineteenth-Century France.* Albany: State University of New York Press, 1988.

Warren, Sidney. *American Freethought, 1860 - 1914.* New York: Columbia University Press, 1943.

女权主义

Allen, Ann Taylor. " Spiritual Motherhood: German Feminists and the

Kindergarten Movement, 1848 – 1911. ” *History of Education Quarterly* 22 , no. 3 (1982) : 319 – 39.

Barry, David. *Women and Political Insurgency: France in the Mid-Nineteenth Century.* Basingstoke : Macmillan , 1996.

Clawson, Ann. *Constructing Brotherhood: Class, Gender, and Fraternalism.* Princeton : Princeton University Press, 1989.

Falchi, Federica. “Democracy and the Rights of Women in the Thinking of Giuseppe Mazzini. ” *Modern Italy* 17 (2012) : 15 – 30.

Frazer, Elizabeth. “Feminism and Liberalism. ” In *The Liberal Political Tradition: Contemporary Reappraisals*, edited by James Meadowcroft, 115 – 37. Cheltenham : Edward Elgar, 1996.

Gleadle, Kathryn. *The Early Feminists: Radical Unitarians and the Emergence of the Women's Rights Movement, 1831 – 51.* New York : Palgrave Macmillan, 1995.

Hackett, Amy. “The Politics of Feminism in Wilhelmine Germany, 1890 – 1918. ” PhD diss. , Columbia University, 1976.

Hartley, Christie, and Lori Watson. “Is a Feminist Political Liberalism Possible?” *Journal of Ethics and Social Philosophy* 5 , no. 1 (2010) : 1 – 21.

Hause, Steven. *Women's Suffrage and Social Politics in the French Third Republic.* Princeton : Princeton University Press, 1984.

Hirsch, Pamela. “Mary Wollstonecraft: A Problematic Legacy. ” In *Wollstonecraft's Daughters: Womanhood in England and France, 1780 – 1920*, edited by Clarissa Campbell-Orr, 43 – 60. Manchester : Manchester University Press, 1996.

MacKinnon, Catherine. *Toward a Feminist Theory of the State.* Cambridge, MA : Harvard University Press, 1989.

Morgan, David. *Suffragists and Liberals: The Politics of Woman Suffrage in England.* Lanham, MD : Rowman & Littlefield, 1975.

Moses, Claire Goldberg. *French Feminism in the 19th Century.* Albany : State

University of New York Press, 1985.

Nussbaum, Martha C. "The Feminist Critique of Liberalism." Lindley Lecture, University of Kansas, 1997. Offen, Karen. "Defining Feminism: A Comparative Historical Approach." *Signs* 14, no. 1 (1988): 119 – 57.

————. "Depopulation, Nationalism, and Feminism in Fin-de-Siècle France." *American Historical Review* 89, no. 3 (1984): 648 – 76.

Ozouf, Mona. *Les mots des femmes: essai sur la singularité francaise.* Paris: Fayard, 1995.

Pugh, Martin. "Liberals and Women's Suffrage, 1867 – 1914." In *Citizenship and Community: Liberals, Radicals and Collective Identities in the British Isles, 1865 – 1931*, edited by Eugenio F. Biagini, 45 – 65. Cambridge: Cambridge University Press, 1996.

Riot-Sarcey, Michèle. *La démocratie à l'épreuve des femmes: trois figures critiques du pouvoir, 1830 – 1848.* Paris: A. Michel, 1994.

Schaeffer, Denise. "Feminism and Liberalism Reconsidered: The Case of Catharine MacKinnon." *American Political Science Review* 95, no. 3 (2001): 699 – 708.

Scott, Joan. *Only Paradoxes to Offer: French Feminists and the Rights of Man.* Cambridge, MA: Harvard University Press, 1997.

Zirelli, Linda. "Feminist Critiques of Liberalism." In *Cambridge Companion to Liberalism*, edited by Steven Wall, 355 – 80. Cambridge: Cambridge University Press, 2015.

自由派领导人、品格、恺撒主义

Baehr, Peter. *Caesarism, Charisma and Fate: Historical Sources and Modern Resonances in the Work of Max Weber.* New Brunswick, NJ: Transaction, 2009.

————. "Max Weber as a Critic of Bismarck." *European Journal of Sociology* 29, no. 1 (1988): 149 – 64.

Beaven, Brad, and John Griffiths. "Creating the Exemplary Citizen: The Changing Notion of Citizenship in Britain 1870 – 1939. " *Contemporary British History* 22, no. 2 (2008): 203 – 25.

Bebbington, David W. *The Mind of Gladstone: Religion, Mind and Politics.* Oxford: Oxford University Press, 2004.

Biagini, Eugenio. *Liberty, Retrenchment and Reform: Popular Liberalism in the Age of Gladstone*, 1860 – 1880. Cambridge: Cambridge University Press, 2004.

Carrington, Tyler. "Instilling the 'Manly' Faith: Protestant Masculinity and the German Jünglingsvereine at the fin de siècle. " *Journal of Men, Masculinities and Spirituality* 3, no. 2 (2009): 142 – 54.

Carwardine, Richard, and Jay Sexton, eds. *The Global Lincoln.* Oxford: Oxford University Press, 2011.

Chevallier, Pierre. *Histoire de la franc-maçonnerie française 1725 – 1945.* Paris: Fayard, 1974.

————. *La Séparation de l'église et l'école. Jules Ferry et Léon XIII.* Paris: Fayard, 1981.

Collini, Stefan. "The Idea of 'Character' in Victorian Political Thought. " *Transactions of the Royal Historical Society* 35 (1985): 29 – 50.

————. *Public Moralists: Political Thought and Intellectual Life in Britain.* Oxford: Oxford University Press, 1991.

Davis, Michael. *The Image of Lincoln in the South.* Knoxville: University of Tennessee Press, 1971.

Gollwitzer, Heinz. "The Caesarism of Napoleon III as Seen by Public Opinion in Germany. " *Economy and Society* 16 (1987): 357 – 404.

Gray, Walter D. *Interpreting American Democracy in France: The Career of Edouard Laboulaye, 1811 – 1883.* Newark: University of Delaware Press, 1994.

Hamer, D. A. "Gladstone: The Making of a Political Myth. " *Victorian Studies* 22 (1978): 29 – 50.

————. *Liberal Politics in the Age of Gladstone and Rosebery.* Oxford: Oxford

University Press, 1972.

Hoffmann, Stefan-Ludwig. "Civility, Male Friendship and Masonic Sociability in Nineteenth-Century Germany." *Gender and History* 13, no. 2 (2001): 224 – 48.

————. *The Politics of Sociability: Freemasonry and German Civil Society, 1840 – 1918.* Translated by Tom Lampert. Ann Arbor: University of Michigan Press, 2007.

Kahan, Alan. "The Victory of German Liberalism? Rudolf Haym, Liberalism, and Bismarck." *Central European History* 22, no. 1 (1989): 57 – 88.

Mandler, Peter. *The English National Character: The History of an Idea from Edmund Burke to Tony Blair.* New Haven, CT: Yale University Press, 2006.

Mork, Gordon R. "Bismarck and the 'Capitulation' of German Liberalism." *Journal of Modern History* 43, no. 1 (1971): 59 – 75.

Mosse, George L. "Caesarism, Circuses, and Monuments." *Journal of Contemporary History* 6, no. 2 (1971): 167 – 82.

Nord, Philip. "Republicanism and Utopian Vision: French Freemasonry in the 1860s and 1870s." *Journal of Modern History* 63 (1991): 213 – 29.

Parry, Jonathan P. *Democracy and Religion: Gladstone and the Liberal Party 1867 – 1875.* Cambridge: Cambridge University Press, 1989.

————. "The Impact of Napoleon III on British Politics, 1851 – 1880." *Transactions of the Royal Historical Society* 11 (2001): 147 – 75.

Peterson, Merril D. *Lincoln in American Memory.* New York: Oxford University Press, 1995.

Peterson, Stephen. "Gladstone, Religion, Politics and America: Perceptions in the Press." PhD diss., University of Stirling, 2013.

Richter, Melvin. "Tocqueville and the French Nineteenth Century Conceptualizations of the Two Bonapartes and Their Empires." In *Dictatorship in History and Theory: Bonapartism, Caesarism and Totalitarianism,* edited by P. R. Baehr and Melvin Richter, 83 – 102. Cambridge: Cambridge University Press, 2004.

Scott, John. *Republican Ideas and the Liberal Tradition in France.* New York: Columbia University Press, 1951. Shannon, Richard. *Gladstone: God and Politics.* New York: Continuum, 2007.

Sproat, John G. *"The Best Men": Liberal Reformers in the Gilded Age.* Oxford: Oxford University Press, 1968.

Steinberg, Jonathan. *Bismarck: A Life.* Oxford: Oxford University Press, 2013.

Testritto, Ronald J. *Woodrow Wilson and the Roots of Modern Liberalism.* Lanham, MD: Rowman & Littlefield, 2005.

Thomas, Daniel H. "The Reaction of the Great Powers to Louis Napoleon's Rise to Power in 1851." *Historical Journal* 13, no. 2 (1970): 237 – 50.

Tudesq, André-Jean. "La légende napoléonienne en France en 1848." *Revue historique* 218 (1957): 64 – 85.

Wyke, Maria. *Caesar in the USA.* Berkeley: University of California Press, 2012.

早期的法国自由派

Alexander, Robert. *Rewriting the French Revolutionary Tradition.* Cambridge: Cambridge University Press, 2003.

Berlin, Isaiah. "Two Concepts of Liberty." In *Four Essays on Liberty*, 118 – 72. Oxford: Oxford University Press, 1969.

Craiutu, Aurelian. "Faces of Moderation: Mme de Staël's Politics during the Directory." *Jus Politicum*, no. 6 (2008). http://juspoliticum.com/article/Faces – of – Moderation – Mme – de – Stael – s – Politics – during – the – Directory – 380. html.

————. *Liberalism under Siege: The Political Thought of the French Doctrinaires.* Lanham, MD: Lexington Books, 2003.

————. *A Virtue for Courageous Minds: Moderation in French Political Thought,*

1748 - 1830. Princeton: Princeton University Press, 2012.

Fontana, Bianca-Maria. *Benjamin Constant and the Post-revolutionary Mind.* New Haven, CT: Yale University Press, 1991.

————. *Germaine de Staël: A Political Portrait.* Princeton: Princeton University Press, 2016.

————. *The Invention of the Modern Republic.* Cambridge: Cambridge University Press, 1994.

Girard, Louis. *Les libéraux français: 1814 - 1875.* Paris: Aubier, 1985. Gunn, J. A. W. *When the French Tried to Be British: Party, Opposition, and the Quest for Civil Disagreement, 1814 - 1848.* Montreal: McGill-Queen's University Press, 2009.

Hazareesingh, Sudhir. *From Subject to Citizen: The Second Empire and the Emergence of Modern French Democracy.* Princeton: Princeton University Press, 1998.

Holmes, Stephen. *Benjamin Constant and the Making of Modern Liberalism.* New Haven, CT: Yale University Press, 1984.

Jainchill, Andrew. *Reimagining Politics after the Terror: The Republican Origins of French Liberalism.* Ithaca, NY: Cornell University Press, 2008.

Jardin, André. *Histoire du libéralisme politique: de la crise de l'absolutisme à la Constitution de 1875.* Paris: Hachette Littérature, 1985.

Jaume, Lucien. *L'individu effacé ou le paradoxe du libéralisme français.* Paris: Fayard, 1997.

Jennings, Jeremy. *Revolution and the Republic: A History of Political Thought in France since the Eighteenth Century.* Oxford: Oxford University Press, 2011.

Kalyvas, Andreas, and Ira Katznelson. *Liberal Beginnings: Making a Republic for the Moderns.* Cambridge: Cambridge University Press, 2008.

Kelly, George. *The Humane Comedy: Constant, Tocqueville and French Liberalism.* Cambridge: Cambridge University Press, 1992.

————. "Liberalism and Aristocracy in the French Restoration." *Journal of the*

History of Ideas 26, no. 4 (1965): 509 – 30.

Manent, Pierre. *An Intellectual History of Liberalism.* Translated by Rebecca Balinski. Princeton: Princeton University Press, 1995.

Paulet-Grandguillot, Emmanuelle. *Libéralisme et démocratie: De Sismondi à Constant, à partir du Contrat social* (1801 – 1806). Geneva: Slatkine, 2010.

Rosanvallon, Pierre. *Le moment Guizot.* Paris: Galimard, 1985.

Rosenblatt, Helena. *Liberal Values: Benjamin Constant and the Politics of Religion.* Cambridge: Cambridge University Press, 2008.

Rosenblatt, Helena, ed. *Cambridge Companion to Constant.* Cambridge: Cambridge University Press, 2009.

Spitz, Jean-Fabien. *Le Moment républicain en France.* Paris: Gallimard, 2005.

Spitzer, Alan B. *Old Hatreds and Young Hopes: The French Carbonari against the Bourbon Restoration.* Cambridge, MA: Harvard University Press, 1971.

Tenenbaum, Susan. "Staël: Liberal Political Thinker." In *Germaine de Staël: Crossing the Borders*, edited by Madelyn Gutwirth, Avriel Goldberger, and Karyna Szmurlo, 159 – 63. New Brunswick, NJ: Rutgers University Press, 1991.

Vincent, Steven K. *Benjamin Constant and the Birth of French Liberalism.* New York: Palgrave Macmillan, 2011.

Whatmore, Richard. *Republicanism and the French Revolution: An Intellectual History of Jean-Baptiste Say's Political Economy.* Oxford: Oxford University Press, 2000.

后　记

Bellamy, Richard. *Liberalism and Modern Society: An Historical Argument.* University Park: Pennsylvania State University Press, 1992.

Berkowitz, Peter. *Virtue and the Making of Modern Liberalism.* Princeton: Princeton University Press, 1999.

Brinkley, Alan. *The End to Reform: New Deal Liberalism in Recession and War.* New York: Vintage, 1995.

————. *Liberalism and Its Discontents*. Cambridge, MA: Harvard University Press, 2000.

Burgin, Angus. *The Great Persuasion: Reinventing Free Markets since the Depression*. Cambridge, MA: Harvard University Press, 2015.

Canto-Sperber, Monique. *Le libéralisme et la gauche*. Paris: Pluriel, 2008.

————. "Pourquoi les démocrates ne veulent-ils pas être libéraux?" *Le Débat* 131 (2004): 109 – 26.

Chappel, James. "The Catholic Origins of Totalitarianism Theory in Interwar Europe." *Modern Intellectual History* 8, no. 3 (2011): 561 – 90.

Christofferson, Michael Scott. "An Antitotalitarian History of the French Revolution: Français Furet's Penser la Révolution françise in the Intellectual Politics of the Late 1970s." *French Historical Studies* 22, no. 4 (1999): 557 – 611.

————. "Français Furet between History and Journalism, 1958 – 1965." *French History* 15, no. 4 (2001): 421 – 47.

Diggins, John Patrick. *The Lost Soul of American Politics: Virtue, Self-Interest, and the Foundations of Liberalism*. Chicago: University of Chicago Press, 1984.

Eley, Geoff. "James Sheehan and the German Liberals: A Critical Appreciation." *Central European History* 14, no. 3 (1981): 273 – 88.

Galston, William. "The Growing Threat of Illiberal Democracy." *Wall Street Journal*, January 3, 2017.

————. *Liberal Purposes*. New York: Cambridge University Press, 1991.

Gauchet, Marchel. *L'Avènement de la démocratie II: La crise du libéralisme*. Paris: Gallimard, 2007.

Gerstle, Gary. "The Protean Character of American Liberalism." *American Historical Review* 99, no. 4 (1994): 1043 – 73.

Glendon, Mary Ann. *Rights Talk: The Impoverishment of Political Discourse*. New York: Free Press, 1993.

Hartz, Louis. *The Liberal Tradition in America: An Interpretation of American Political Thought since the Revolution*. New York: Harcourt Brace, 1955.

Hulliung, Mark, ed. *The American Liberal Tradition Reconsidered: The Contested Legacy of Louis Hartz.* Lawrence: University Press of Kansas, 2010.

Jarausch, Konrad. "Illiberalism and Beyond: German History in Search of a Paradigm. " *Journal of Modern History* 55, no. 2 (1983): 268 – 84.

Jarausch, Konrad, and Larry Eugene Jones, eds. *In Search of a Liberal Germany: Studies in the History of German Liberalism from 1789 to the Present.* Oxford: Berg, 1990.

Jaume, Lucien. *L'individu effacé ou le paradoxe du libéralisme français.* Paris: Fayard, 1997.

Jones, Gareth Stedman. *Masters of the Universe: Hayek, Friedman, and the Birth of Neoliberal Politics.* Princeton: Princeton University Press, 2012.

Jones, Larry Eugene. *German Liberalism and the Dissolution of the Weimar Party System, 1918 – 1933.* Chapel Hill: University of North Carolina Press, 1988

Krieger, Leonard. *The German Idea of Freedom: History of a Political Tradition.* Chicago: University of Chicago Press, 1957.

Langewiesche, Dieter. *Liberalism in Germany.* Translated by Christiane Bannerji. Princeton: Princeton University Press, 2000.

Laski, Harold. *The Rise of European Liberalism.* London: Unwin Books, 1962.

Macpherson, C. B. *The Political Theory of Possessive Individualism: From Hobbes to Locke.* Oxford: Oxford University Press, 1962.

Mosse, George L. *The Crisis of German Ideology: Intellectual Origins of the Third Reich.* New York: Schocken, 1981.

Moyn, Samuel. "The Politics of Individual Rights: Marcel Gauchet and Claude Lefort. " *French Liberalism from Montesquieu to the Present Day*, edited by Raf Geenens and Helena Rosenblatt, 291 – 310. Cambridge: Cambridge University Press, 2012.

Neill, Thomas P. *The Rise and Decline of Liberalism.* Milwaukee: Bruce, 1953.

Nemo, Philippe, and Jean Petitot, eds. *Histoire du libéralisme en Europe.* Paris:

PUF, 2006.

Rosanvallon, Pierre. "Fondement et problèmes de l'illibéralisme français. " In *La France du nouveau siècle*, edited by Thierry de Montbrial, 85 – 95. Paris: PUF, 2000.

Rosenblum, Nancy L. *Another Liberalism: Romanticism and the Reconstruction of Liberal Thought.* Cambridge, MA: Harvard University Press, 1987.

————, ed. *Liberalism and the Moral Life.* Cambridge: Harvard University Press, 1987.

Ruggiero, Guido de. *The History of European Liberalism.* Translated by G. Collingwood. Boston: Beacon, 1927.

Sawyer, Stephen, and Iain Stewart, eds. *In Search of the Liberal Moment: Democracy, Anti-totalitarianism, and Intellectual Politics in France since* 1950. New York: Palgrave Macmillan, 2016.

Sell, Friedrich C. *Die Tragödie des deutschen Liberalismus.* Stuttgart: Deustche Verlags-Anstalt, 1953.

Sheehan, James J. *German Liberalism in the Nineteenth Century.* New York: Humanity Books, 1995.

Shklar, Judith. "The Liberalism of Fear. " In *Political Thought and Political Thinkers*, 3 – 20. Chicago: University of Chicago Press, 1998.

Siedentop, Larry. *Inventing the Individual: The Origins of Western Liberalism.* Cambridge, MA: Harvard University Press, 2014.

Stern, Fritz. *The Politics of Cultural Despair: A Study in the Rise of Germanic Ideology.* Berkeley: University of California Press, 1961.

Strauss, Leo. *Liberalism: Ancient and Modern.* Chicago: University of Chicago Press, 1968.

Zakaria, Fareed. *The Future of Freedom: Illiberal Democracy at Home and Abroad.* New York: Norton, 2007.

————. "The Rise of Illiberal Democracy. " *Foreign Affairs* (November-December 1997): 22 – 43.

索　引

图书在版编目（CIP）数据

自由主义被遗忘的历史：从古罗马到 21 世纪／（美）
海伦娜·罗森布拉特（Helena Rosenblatt）著；徐曦白
译．－－北京：社会科学文献出版社，2020.10
书名原文：The lost history of liberalism：from
ancient Rome to the twenty－first century
ISBN 978－7－5201－6569－3

Ⅰ.①自… Ⅱ.①海… ②徐… Ⅲ.①自由主义－政
治思想史－研究－西方国家 Ⅳ.①D091.5
中国版本图书馆 CIP 数据核字（2020）第 081906 号

自由主义被遗忘的历史
—— 从古罗马到 21 世纪

著　　者／〔美〕海伦娜·罗森布拉特（Helena Rosenblatt）
译　　者／徐曦白

出 版 人／谢寿光
责任编辑／刘　娟

出　　版／社会科学文献出版社·甲骨文工作室（分社）（010）59366527
　　　　　地址：北京市北三环中路甲 29 号院华龙大厦　邮编：100029
　　　　　网址：www.ssap.com.cn
发　　行／市场营销中心（010）59367081　59367083
印　　装／北京盛通印刷股份有限公司

规　　格／开本：889mm×1194mm　1/32
　　　　　印张：11.375　字数：263 千字
版　　次／2020 年 10 月第 1 版　2020 年 10 月第 1 次印刷
书　　号／ISBN 978－7－5201－6569－3
著作权合同
登 记 号／图字 01－2019－3643 号
定　　价／65.00 元

本书如有印装质量问题，请与读者服务中心（010－59367028）联系